◉ 北京市教委2012年度人文社会科学研究计划面上项目（SM201212448001）研究成果

北京城乡
一体化进程中农村产业发展研究

◎ 马俊哲　等　著

中国农业科学技术出版社

图书在版编目（CIP）数据

北京城乡一体化进程中农村产业发展研究 / 马俊哲等著 .—北京：中国农业科学技术出版社，2017. 5

ISBN 978-7-5116-3085-8

Ⅰ. ①北… Ⅱ. ①马… Ⅲ. ①农业产业-产业发展-研究-北京②城乡一体化-研究-北京 Ⅳ. ①F327. 1②F299. 271

中国版本图书馆 CIP 数据核字（2017）第 104526 号

责任编辑 徐定娜
责任校对 李向荣

出 版 者 中国农业科学技术出版社
北京市中关村南大街 12 号 邮编：100081
电 话 （010）82109707/82105169（编辑室）
（010）82109702（发行部） （010）82109709（读者服务部）
传 真 （010）82109707
网 址 http://www.castp.cn
经 销 者 各地新华书店
印 刷 者 北京科信印刷有限公司
开 本 787 mm×1 092 mm 1/16
印 张 16
字 数 330 千字
版 次 2017 年 5 月第 1 版 2017 年 5 月第 1 次印刷
定 价 36. 00 元

《北京城乡一体化进程中农村产业发展研究》

项目研究人员

主　持　人：马俊哲

成　　　员：李　颖　王　弢　胡　鑫　黄冠华　刘　欣
周　敏　毕洁颖　李连瑞　张进华　朱京燕
汪海燕　吕　娜

研究报告执笔：马俊哲　李　颖　王　弢　胡　鑫　黄冠华
刘　欣　周　敏　毕洁颖

前　　言

城乡一体化是我国现代化和城市化发展的一个新阶段。城乡一体化就是要把工业与农业、城市与乡村、城镇居民与农村居民作为一个整体，统筹谋划、综合研究，通过体制改革和政策调整，促进城乡在规划建设、产业发展、市场信息、政策措施、生态环境保护、社会事业发展的一体化，改变长期形成的城乡二元结构，实现城乡在政策上的平等、产业发展上的互补、国民待遇上的一致，让农村居民享受到与城镇居民同样的文明和实惠，使整个城乡经济社会全面、协调、可持续发展。实际上，城乡一体化是随着生产力的发展，而促进城乡居民生产方式、生活方式和居住方式变化的过程，使城乡人口、技术、资本、资源等要素相互融合，逐步达到城乡之间在经济、社会、文化、生态、空间、政策（制度）上协调发展的过程。

北京作为特大型城市，一直将加快推进城乡一体化作为建设具有中国特色世界城市的发力点之一。事实上，2008 年 12 月，在中共北京市委十届五次全会上，通过了《中共北京市委关于率先形成城乡经济社会发展一体化新格局的意见》，其提出到 2020 年在全国率先形成城乡经济社会发展一体化的新格局。实际上，北京市提出的率先形成城乡经济社会发展一体化新格局，就是要按照科学发展观要求，着眼于建设“人文北京、科技北京、绿色北京”，充分发展城市在资金、人才、技术、信息等方面的优势，充分挖掘农村地区在生态环境、发展空间等方面的巨大潜力，加大城乡统筹力度，在全国率先建立起“以工促农、以城带乡”的长效机制，率先在统筹城乡规划、产业布局、基础设施建设、公共服务等方面取得突破，率先构建起新型的工农、城乡关系，促进公共资源在城乡之间均衡配置，促进生产要素在城乡之间自由流动，促进城乡经济社会的融合互动、优势互补和互利共赢。

为率先形成城乡经济社会发展一体化新格局，北京市在“十二五”时期就提出，利用五年时间，着力实现六个“一体化”的重点任务，予以重点推进。实际上，六个“一体化”即城乡规划一体化、城乡产业一体化、城乡基础设施一体化、城乡公共服务一体化、城乡劳动和社会保障一体化、城乡社会管理一体化。由于产业是整个经济的基本形态，因而从此可以看出，城乡产业一体化发展是城乡一体化最为核心的内容，亦即城乡产业一体化在城乡一体化发展中扮演着重要角色，是全面实现城乡一体化的重要支撑与保障。因此可以说，如果没有城乡产业一体化发展的支撑，就不可能形成真正的城乡经济一体化，进而也不可能实现城乡的一体化发展。事实上，所谓的城乡产业发展一体化，一方面要求把城乡作为一个整体，统筹考虑其资源禀赋和区位优势，进而来谋划产业布局和调整优化产业结构；另一方面则要求农村产业的融合发展，即在包括城乡在内的一定区域内统筹协调一二三产业的结构和布局，并使之融为一体。

鉴于此，考虑到北京郊区在城乡一体化进程中的农村产业发展实际和未来走向，北京农业职业学院组织项目组积极筹划，申请北京市教育委员会2012年度人文社会科学研究计划面上项目并获得了立项（批准号：SM201212448001）。几年来，项目组通过查阅资料、深入调研、组织研讨等，做了大量研究工作，也获得了许多新的认识。现在向各位读者呈现的是其开展研究的主要成果，希望获得各位同仁的指导和批评，以使之不断得到充实和完善！

在项目研究过程中，参阅了大量研究资料与文献，也得到了许多同行专家的指导与帮助，特别是中国人民大学周立教授、北京市农村工作委员会范子文研究员、北京农学院唐衡副教授、北京农业职业学院鄢毅平教授、北京市农村经济研究中心杨秋玲与刘树两位副研究员等对研究报告的形成和内容修改进行了许多具体指导和热情帮助，在此一并表示诚挚的谢意！此外，对为本书出版给予热情支持与帮助的中国农业科学技术出版社的李雪主任和徐定娜责任编辑，也表示衷心的感谢！

马俊哲

2017年3月16日

目　　录

一、概述 ………………………………………………………… (1)
（一）本项目研究的意义 ……………………………………………… (1)
（二）国内外同类研究综述 …………………………………………… (2)
（三）本项目研究的方法及重点、难点与创新点 ……………………… (12)

二、城乡一体化的基础理论 ……………………………………………… (14)
（一）马克思等对城乡关系的论述 …………………………………… (14)
（二）二元经济结构理论 ……………………………………………… (15)
（三）极化—涓滴效应学说 …………………………………………… (16)
（四）田园城市理论 …………………………………………………… (17)
（五）有机疏散理论 …………………………………………………… (17)
（六）可持续发展理论 ………………………………………………… (17)

三、城乡一体化及我国的城乡产业一体化研究 ………………………… (19)
（一）城乡一体化及其产业发展的有关概念与内涵 ………………… (19)
（二）城乡产业关系的演变历程及其规律 …………………………… (36)
（三）我国的城乡产业一体化发展 …………………………………… (38)

四、北京的城乡一体化与农村产业发展研究 …………………………… (50)
（一）北京的城乡一体化发展 ………………………………………… (50)
（二）北京郊区农村产业的地位、演变与结构布局 ………………… (56)
（三）北京郊区农村产业发展现状 …………………………………… (62)
（四）北京郊区农村产业发展的特点与经验 ………………………… (72)
（五）北京郊区农村产业发展展望 …………………………………… (75)

五、北京郊区农业发展研究 …………………………………………………………（78）
（一）北京郊区农业的发展历程 ……………………………………………………（78）
（二）北京郊区农业的现状、类型与特点 …………………………………………（85）
（三）北京郊区农业发展的制约因素 ………………………………………………（110）
（四）北京郊区农业发展展望 ………………………………………………………（113）

六、北京郊区农村非农产业发展研究……………………………………………………（118）
（一）北京郊区农村非农产业发展的历程 …………………………………………（118）
（二）北京郊区农村非农产业的现状、来源类型与运行特点 ……………………（121）
（三）当前北京郊区农村非农产业发展的条件 ……………………………………（127）
（四）北京郊区农村非农产业发展展望 ……………………………………………（130）

七、国内外城乡一体化过程中的农村产业发展比较研究…………………………………（132）
（一）国外部分城市的农村产业发展情况 …………………………………………（132）
（二）国内部分城市的农村产业发展情况 …………………………………………（140）

八、城乡一体化进程中北京郊区农村产业发展面临的挑战与对策建议…………………（147）
（一）城乡一体化进程中北京郊区农村产业发展面临的挑战与问题 ……………（147）
（二）城乡一体化进程中北京郊区农村产业发展的对策建议 ……………………（152）

附录　部分有关的“十三五”时期规划与政策文件 ……………………………………（160）
北京市“十三五”时期城乡一体化发展规划 ………………………………………（160）
北京市“十三五”时期现代产业发展和重点功能区建设规划 ……………………（187）
北京市“十三五”时期都市现代农业发展规划 ……………………………………（214）
北京市农村工作委员会关于加快转变农业发展方式深入推进农村产业融合发展的
实施意见………………………………………………………………………………（237）
农业部等八部门联合印发京津冀现代农业协同发展规划（2016—2020年） ……（243）

一、概　述

（一）本项目研究的意义

改革开放以来，我国农村的经济社会发展取得了举世瞩目的成就，为我国的社会主义现代化建设奠定了坚实的基础。但是由于历史、体制、观念等多方面的原因，“三农”问题仍然是制约我国整个国民经济和社会发展的瓶颈，“三农”问题的解决成为当前我国改革开放和社会主义现代化建设的主要任务，尤其是党的“十八大”提出了全面建成小康社会的奋斗目标以后，乡村建设与发展更成为我国现代化建设的重点和难点。

二元经济社会结构的存在是导致我国城乡差距形成并不断扩大的一个根本原因。统筹城乡发展是指改变“城市工业、乡村农业”的二元思维方式，将城市和乡村的发展紧密结合起来，统一协调，以全面建成小康社会为目标，解决城市和乡村发展不平衡的问题。世界发达国家和地区都经历过大量农村劳动力转移到二、三产业，大量农村居民变成城市居民，城乡发展差距逐渐变小的发展阶段。但他们没有出现或很少出现如上述我国那样突出的“三农”问题。

实践证明，仅仅立足于“三农”本身，无法从根本上解决“三农”问题，而且也无法让农村繁荣和农民富裕起来。农村的真正繁荣和农民的真正富裕，最终要依靠城乡一体化建设，要依靠农村产业的大力发展。因此，党的“十六大”指出：“统筹城乡经济社会发展，建设现代农业，发展农村经济，增加农民收入，是全面建设小康社会的重大任务。”进而，党的十六届三中全会进一步提出了“五个统筹”① 的要求，把“统筹城乡发展”作为“五个统筹”的首要内容。实际上，“统筹城乡发展”，就是要跳出传统的就农业论农业、就农村论农村、就农民论农民的局限，就是要站在国民经济发展的全局上和统筹城乡发展的高度上研究和解决“三农”问题，其核心就是要利用统筹城乡发展这一科学发展理念来解决重中之重的“三农”问题，促进城乡的均衡发展。

对产业布局和产业结构调整、统筹城乡发展、城镇化以及城市化等方面的研究，目前在经济学领域关注颇多。然而，关于把产业发展与城乡一体化相结合，探索两者之间的互

---

① 即统筹城乡发展，统筹区域发展，统筹经济社会发展，统筹人与自然和谐发展，统筹国内发展和国外开放。

动发展关系的研究还比较少。本项目力图依据城乡一体化和产业发展的理论，在京津冀协同发展的大背景下，对北京城乡一体化进程中的农村产业发展，在与其他城市进行比较研究的基础上，以统筹城乡发展理论为指导，进一步明确北京农村产业发展的方向、重点，并提出相应的政策建议。

（二）国内外同类研究综述

2008 年 12 月，北京市委十届五次全会通过了《中共北京市委关于率先形成城乡经济社会发展一体化新格局的意见》，明确了推进城乡一体化的指导思想、目标任务、重大原则和重点工作。这是新形势下贯彻落实科学发展观的重大举措，是建设繁荣、文明、和谐、宜居的首善之区，努力使首都各项工作走在全国前列的必然要求。关于城乡一体化的研究，国内外学者已有很多成果。

马克思地域分工理论是马克思在《资本论》中阐述的重要思想之一。其主要内容为“一切发达的、以商品交换为媒介的分工的基础都是城乡的分离。可以说，社会的全部经济史，都概括为这种对立的运动”，即划分为城市与乡村两大地域分工部门。一般而言，城市是以工业和商业为主的现代产业部门的聚集，乡村则是以农业为主的传统产业部门的聚集。同时，马克思也指出需要“通过消除旧的分工，进行生产教育，变换工种，共同享受大家创造出来的福利，以及城乡融合，使全体成员的才能得到全面的发展”。因此，对大城市地区需要统筹城乡产业发展，在城乡一体化的进程中，逐步改变这种单一的城市与农村产业发展状况，延长产业链条，实现城乡产业优势互补，促进城乡经济发展的良性互动。同时，马克思等还认为，城乡关系的改变是整个社会面貌改变的动力①。在当时农村经济落后于城市的情况下，马克思等分析并指出了农业发展和农业现代化过程中城乡出现差别的原因及对策，预见了城乡和谐发展的前景。

从德国经济学家约翰·海因里希·冯·杜能（Johan Heinrich von Thunnen，1826）② 和

① 邹慧．列宁的农村建设理论研究［D］．山东曲阜：曲阜师范大学，2011.

② 19 世纪欧洲城市的兴起，城市周围农产品商品率迅速提高，对市场的依赖变大。在这一背景下，杜能提出了“农业区位论”。杜能认为，围绕一座城市，有六个同心的环状农业圈层。依据农产品的运输成本，由于第一圈层最接近城市，则主要生产不易运输和不易保存的农产品；第二圈层主要生产林业产品，以便解决城市居民的木材和薪柴问题；第三圈层为谷物和饲料作物的轮作栽培区，且谷物种植面积不能低于 50%；第四圈层为谷物、牧草和休耕轮作区，且谷物种植面积不能低于 40%；第五圈层是距离城市最远的谷物生产区，实行三圃轮作制（即将耕地分为面积大体相等的休闲地、春播地、秋冬播地三个耕作区；作物也在各区轮作，春播作物或大麦或燕麦或豆类，秋冬播作物或小麦或黑麦；耕地和作物分别依次逐年轮换，三年一个循环）；第六圈层主要发展养殖业。

阿尔弗雷德·韦伯（Alfred Weber，1909、1914）① 到美国经济学家阿瑟·刘易斯（Arthur Lewis，1954）②、法国经济学家佛朗索瓦·佩鲁（Francois Perroux，1950、1955）③、美国经济学家艾伯特·赫希曼（Albort Hirchman，1958）④、美国经济地理学家约翰·弗里德曼（John Fredmann，1966）⑤ 等，都把城乡经济关系看成是以城市为中心、先城市后乡村的一种联系与互动；强调以先发展城市，后带动乡村地区的发展。本质上看，这是“城市—工业”导向的城乡产业发展思想。美国经济学家西奥多·威廉·舒尔茨（Theodore W. Schultz，1964）⑥、迈克尔·李普顿（Michael Lipton，1977）⑦ 等则坚持了不同观点，强调乡村产业的重要作用。美国学者朗迪勒里（Rondinelli，1983）提出了“次级城市发展战略”⑧，

---

① 在1909—1914年间，韦伯提出了“工业区位论”。韦伯认为，工业区位应当选在生产成本最小的地方，影响生产成本的因素较多，起决定作用的是运输费用、劳动力费用和集聚费用。

② 1954年，阿瑟·刘易斯提出了拐点理论，用以解释在经历快速工业化的农业经济体中工资是如何保持低位的。其中的劳动力从过剩走向短缺的转折点被称为路易斯拐点。阿瑟·刘易斯认为，工业化启动之初，劳动力从生产率低下的农村向城市工业部门的重新分配有助于推动快速增长。但这种发展的成果超出比例地流向企业所有者，因为农村过剩劳动力的“深潭”确保了薪资保持低位。随着农村过剩劳动力向城市非农产业的逐步转移，农村过剩劳动力逐渐减少，最终就会枯竭，这时就会出现拐点。

③ 在1950—1955年间，佩鲁提出了“增长极”（growth pole）的概念。他认为，经济增长并非同时出现在所有地方，它以不同的强度首先出现在一些增长点或增长极上，然后通过不同的渠道向外扩散，并对整个经济产生不同的最终影响。

④ 1958年，赫希曼在他的《经济发展战略》一书中提出了不平衡增长理论，其为非均衡增长论的理论之一。核心内容包括三大部分：“引致投资最大化”原理、“联系效应”理论和优先发展“进口替代工业”原则。他主张发展中国家应有选择地在某些部门进行投资，通过其外部经济使其他部门逐步得到发展的经济学说。

⑤ 1966年，弗里德曼提出了“中心-边缘理论”。这一理论指出：在整个空间经济结构中，城市是核心地区，处于支配地位，而小城镇和乡村等边缘地区则不断地输出各种资源，逐渐走向衰退或相对停滞状态。但是，当工业化发展到一定阶段日趋成熟时，上述过程就会出现逆转，即由处于中心地位的城市向边缘地带扩散，从而逐步达到平衡发展，实现区域经济一体化。

⑥ 1964年，舒尔茨在他的《改造传统农业》一书中乐观地指出，农业可以成为经济增长的发动机，这已不容置疑。但是，政府必须向农业投资，这不仅要注意投向，还要对农民给予指导和鼓励。“一旦有了投资机会和有效的鼓励，农民将把黄沙变成黄金。”

⑦ 1977年，李普顿在他出版的《Why Poor People Stay Poor：A Study of Urban Bias in World Development》一书中提出了城市偏向理论。他认为，政府在经济社会发展过程中实施偏袒城市的政策，结果是有利于城市生产者和消费者，而不利于农村居民。鉴此，他提出三大重要论点：一是从公平角度来看，农村地区拥有绝大部分贫困人口，因而应实行由城市到农村的再分配；二是从效率角度来看，农村拥有绝大部分能推动经济增长的低成本生产要素，因而应将农村作为重要的投资场所；三是发展中国家应坚持城乡均衡化的发展战略，削弱甚至摒弃各种畸形的偏向城市战略，以实现城乡间的均衡发展。

⑧ “次级城市发展战略”即认为城市的规模等级是决定发展政策成功与否的关键，因此需要建立一个次级城市体系，以支持经济活动和行政功能在城乡间进行必不可少的传播，同时强调城乡联系作为平衡发展的推动力。

而加拿大学者麦吉（McGee，1991）提出了 Desakota 区域①，斯卡利特·爱泼斯坦（Tscarlett Epstein）与戴维·杰泽夫（David Jezeph）则提出了城乡合作模型②等，以平衡城乡产业发展，进而实现“田园城市”式的城乡相融③和城乡一体化④。

新中国建立初期，我国在计划经济体制的人为分工下，农村产业主要局限在第一产业，即当时的主导方针是“以粮为纲，全面发展”。改革开放后，计划经济体制逐渐被打破，我国广大农村特别是经济发达地区的农村出现了多产业全方位、大规模发展的局面，当时的显著标志就是乡镇企业（始称社队企业）的异军突起和“无农不稳、无工不富、无商不活”的思想认识。进入新的世纪以来，随着我国城乡二元结构问题的凸显，我国学者也开始关注统筹城乡发展、城乡一体化，以及其进程中农村产业的协调发展问题。

陈映（2005）认为，我国城乡二元结构的一个显著特征，是城乡产业严重分割、城乡产业关联性不强、城乡产业高度同构、产业布局不合理。要破除城乡二元结构，就要统筹城乡发展⑤。对此，陈锡文（2005）认为，实现城乡统筹是一个宽泛的内容体系，进入全面建设小康社会的阶段，如果不能首先在观念上打破城乡分割的思维，进而逐步在体制和政策体现城乡统筹的话，要真正全面建设小康社会是很困难的。加强城乡统筹，应该考虑农业、农村和农民三个层面⑥。张宏宇（2005）认为，统筹城乡发展，就应该考虑到农村公共品的供给、资源的有效利用、工业化城镇化与农业现代化之间的关系，以及劳动力流动与产业转移之间的关系，站在政策性高度对统筹城乡发展进行理性分析⑦。杨涛等（2006）认为，城乡统筹问题的实质是农村收入相对较低的问题，解决农民收入低就必须

① Desakota 区域即由原中心城市的工业向外扩散和乡村地区非农产业的发展而逐步形成的区域，也就是同时发生城市性行为和农村性行为的区域。

② 城乡合作模型于 2001 年提出，它是从第三世界国家的发展背景入手，提出的一个三维城乡合作模型，包括乡村增长区（Ruralgrowtharesa）、乡村增长中心（Ruralgrowcenters）、城市中心（Urbancenters），通过城乡之间的合作可以解决乡村与城市共同的贫困问题。

③ 1898 年，英国城市学家埃比尼泽·霍华德（Ebenezer Howard）在其代表作《明日：一条通向真正改革的和平道路》（1898 年出版，1902 年再版时改名为《明日的田园城市》）一书中提出了“田园城市”理论，明确倡导“用乡城一体的新社会结构形态来取代城乡对立的旧社会形态”。由于受诸多因素的限制，霍华德的“田园城市”并不是为了消灭城乡差别，只是消极地避开了城市和乡村的弊端。

④ 1961 年，美国著名城市地理学家刘易斯·芒福德（Lewis Mumford）指出：“城与乡，不能截然分开；城与乡，同等重要；城与乡，应当有机的结合在一起。对于城市与乡村哪一个更重要，应当说自然环境比人工环境更重要”。他主张通过分散权利来建造许多“新的城市中心”，从而形成一个更大的区域统一体，同时把城市和乡村两者的要素统一到这一多中心的统一体中来，通过以现有的城市为主体促进区域整体内部的发展，从而重建城乡之间的平衡，使全部居民在任何地方都能享受到同样的生活质量。

⑤ 陈映．统筹城乡产业发展的对策［J］．统计与决策，2005（21）：101-103.

⑥ 陈锡文．深化对统筹城乡经济社会发展的认识，扎实推进社会主义新农村建设［J］．小城镇建设，2005（11）：17-20.

⑦ 张红宇．关于城乡统筹推进过程中若干问题的思考［J］．管理世界，2005（09）：59-69，98.

提高农业效率问题，而提高农业效率就必须减少农村劳动力和对农业、农村进行支持，藉此最终实现城乡统筹①。赵保佑（2006）认为，要实现城乡经济社会协调发展，最终达到城乡一体化目标，必须科学构建城乡产业互动和人口同步转移的六大机制②。鞠正江等（2006）认为，统筹城乡经济发展，就是要统筹城乡经济资源，以实现城乡经济均衡增长和良性互动③。对于城乡统筹的路径，黄晋太（2007）认为，中国有几种模式可以选择：一是资源型工业化模式（以山西晋城、吕梁为代表），二是技术型工业化模式（以广东的惠州、佛山、东莞，浙江的宁波、温州、绍兴，江苏的苏南沿江地区等为代表），三是加工工业化模式（以东北地区、中部各省和西部省市区为代表，需要充分利用种植业、养殖业、经济林业和山区土特产的资源优势，大力发展生活日用品加工型产业，发展绿色经济产业化体系）④。而赵泽洪等（2008）则认为，在统筹城乡发展过程中"以城带乡、以工促农"的城乡产业互动机制，是城乡经济共同发展的根本所在，是实现社会经济和谐发展的根本出路⑤。任迎伟等（2008）从产业互动的视角研究城乡统筹。他们通过简化的城乡产业互动关系的演进模型，得出城乡产业关系是一个从无关联的初始状态到高层次的互动关系的动态演变过程⑥。政府在城乡产业互动层次高级化的过程中发挥着不可或缺的作用。全伟等（2009）通过对统筹城乡产业发展的认识，提出了推进城乡产业融合、构建城乡产业发展平台、确定统筹城乡发展的枢纽产业等统筹城乡产业发展的措施⑦。陈为邦等（2010）认为，"城市"与"农村"之间的统筹需要有"中间体"进行过渡与衔接，从而有效推动城乡产业融合、解决城乡经济断裂问题、促进城乡经济可持续发展，这是实现城乡统筹发展的前提工作，同时也是城乡统筹的核心与关键⑧。而曾万明（2011）认为，要统筹城乡产业发展，就要创新产业发展制度。要按照专业化生产、集约化经营和区域化布局的思路，优化调整农村产业结构的发展方向，大力实施"科技兴农"战略，着力提高农业生产效率，推进经济发展方式从粗放型向集约型转变，带动农村工业化、城市化水平的提高，推动农村产业结构升级。要鼓励和支持农村中小企业联合与重组，促进农村工业集

---

① 杨涛，罗必良．化解"三农"问题的基本逻辑［J］．华南农业大学学报，2006（02）：1-7.

② 赵保佑．科学构建城乡产业互动和人口同步转移机制［J］．学术论坛，2006（11）：114-118.

③ 鞠正江，周勇．建设社会主义新农村必须认识、处理好的几个关系［J］．中共山西省委党校学报，2006（05）：58-59.

④ 黄晋太．二元工业化与农村城市化——关于统筹城乡发展与解决"三农"问题的思考［J］．前进，2007（02）：52-53.

⑤ 赵泽洪，刘北卿．城乡统筹中产业互动效应的系统分析［J］．商业经济，2008（19）：114-116.

⑥ 任迎伟，胡国平．城乡统筹中产业互动研究［J］．中国工业经济，2008（08）：65-75.

⑦ 全伟，王方．统筹城乡产业发展及其对策研究［J］．改革与战略，2009（03）：41-42，68.

⑧ 陈为邦，潘斌．城乡统筹怎么统［J］．城市规划，2010（01）：59-60.

中集约、集聚、集群发展，提高企业的竞争能力。要统筹发展城市工业与农村工业，加强城乡工业的分工协作，形成一体化的产、供、销链条，推动城乡工业化同步协调发展。孔泾源（2011）认为，统筹城乡发展的根本方法是，统筹兼顾，把城乡作为一个整体地考虑并安排经济社会发展工作，并形成“以工促农、以城带乡”的长效机制①。吴丽娟等（2012）指出，城乡统筹包含的基本内容非常广泛，大致包括城乡政治（制度）、经济产业、社会服务、生态环境、特色资源以及空间布局统筹等六个方面，而城乡经济即城乡产业统筹，就是寻求城市地域与农村地域经济效率的协同，寻求城市与农村资源利用的平等，寻求市民与农民比较利益的一致，构建适合城乡发展优势且又相互补充的产业结构体系，以从影响经济发展的资源要素的有效配置方面协调城乡关系，缩小城乡差别，改变城乡二元经济结构，进而构建城乡融合、功能互补的发展格局②。叶裕民（2013）指出，统筹城乡发展是针对以城市为核心、以增长为导向的传统发展模式的弊病，坚持以人为本、将乡村的发展纳入区域发展的框架下统筹安排，建立城市与乡村之间开放融通的发展机制，面向全体国民构建发展机会和公共服务趋于均等的城乡一体化管理制度，联动解决城市化过程中的城市问题与乡村问题，解决双重二元结构问题，推进城乡一体化，建立中国现代社会结构③。他认为，统筹城乡发展的出发点和落脚点都在农村，但是其实施办法和路径不止于农村，而是要在城市与乡村之间、工业与农业之间建立良性互动机制。因此，统筹城乡发展范畴大于新型城市化，在新型工业化、新型城市化和农村现代化之间建立起良性循环系统，是协调同步推进新型工业化、新型城市化和农村现代化系统方法的集合，是中国跨越中等收入陷阱，全面实现现代化的战略选择。

对于城乡一体化，学者们从自己的研究重点出发，也纷纷提出了自己不同的观点和认识。赵树枫等（2001）提出城乡一体化发生在生产力水平或现代化和城市化水平相对较高的时期，是城市化的最高境界，是一种氛围、一种环境、一种感受④。袁以星等（2002）在《上海城乡一体化建设》中提出，城乡一体化是将郊区建设成与中心城市经济规模和综合实力相适应的、布局结构合理的、功能齐全的、多心多层的、组团式的都市城镇体系，是一个现代交通网络、和谐生态环境以及城乡共同繁荣、富裕、文明的形成过程⑤。洪银兴等（2003）认为⑥，城乡一体化是指城市与乡村两个不同特质的经济社会单元和人类聚

---

① 孔泾源，聂高民等．制度创新与统筹城乡发展［M］．北京：中国财政经济出版社，2011.

② 吴丽娟，刘玉亭，程慧．城乡统筹发展的动力机制和关键内容研究述评［J］．经济地理，2012（04）：113-118.

③ 叶裕民．中国统筹城乡发展的系统架构与实施路径［J］．城市规划学刊，2013（01）：1-9.

④ 赵树枫，陈光庭，张强．北京郊区城市化探索［M］．北京：首都师范大学出版社，2001.

⑤ 袁以星，冯小敏．上海城乡一体化建设［M］．上海：上海人民出版社，2002.

⑥ 洪银兴，陈雯．城乡一体化的科学内涵［J］．经济研究参考，2003（05）：32.

落空间，在一个相互依存的区域范围内谋求融合发展、协调共生的过程。而顾益康等（2003）认为，城乡一体化的目的就是要改变计划经济体制下形成的城乡差距发展战略，建立起地位平等、开放互通、互补互促、共同进步的城乡社会经济发展新格局①。王景新等（2005）认为，城乡一体化的内涵、层次、结构包含四个方面：一是城乡一体化是我国经济社会全面转型时期的科学发展观；二是城乡一体化是我国整体推进现代化的发展战略；三是城乡一体化是城乡现代交汇融合的发展过程；四是城乡一体化是国家和地区现代化不同发展阶段的一组相互承接的发展目标②。王小琪（2006）提出，要通过产业反哺、社会事业反哺、基础设施反哺、社会保障制度反哺和生态环境反哺来推进城乡协调发展，从创新财政支农机制和社会资本支农机制、推进农村综合改革、推进农村市场建设、推进城镇化的进程等角度来构建城乡统筹支撑体系③。刘兴萍（2007）在分析研究成都市城乡一体化实践的基础上指出，政府的推动在城乡一体化的建设中尤为重要，统一的规划则是推进城乡一体化的核心，倡导建立城乡一体的公共管理体制，加大对农村的基础设施建设，因地制宜地发展特色优势产业，以此谋求城乡经济社会的协调快速发展④。而黄坤明（2009）在实证研究了嘉兴、义乌、成都等地城乡一体化演进路径后，认为城乡一体化应该是民本自发和政府自觉“一体两翼、共同推进”的过程⑤。常春勤（2009）则论述了城乡一体化对农村产业发展的要求，认为在城乡一体化的框架之下，要优化农村产业结构、重点发展近农产业，拉长农业生产链，引导城市资金、技术、人才、管理等生产要素向农村流动，并按照城乡经济相融合的原则，促进城乡各产业有机联系和协调发展⑥。金钟（2009）主要从产业生命周期的角度考察产业的聚集与转移，认为城市衰退产业向城市郊区或者乡村地区转移，高新产业向城市中心聚集，是一个自然演进的过程。而产业向乡村地区的转移又会对移入地区的发展产生积极的影响，从而缩小城乡差别，实现城乡一体化⑦。梁丽（2009）通过对重庆市城乡产业的现状以及城乡产业分割的原因进行分析⑧，提出了推进城乡产业融合，优化产业结构，增强城乡产业关联度，以政府为主体、以深化

① 顾益康，绍峰．全面推进城乡一体化改革——新时期解决“三农”问题的根本出路［J］．中国农村经济，2003（01）：20-44.

② 王景新，李长江，曹荣庆，等．明日中国：走向城乡一体化［M］．北京：中国经济出版社，2005.

③ 王小琪．反哺农业还需翻越“五道坎”［J］．四川党的建设（城市版），2006（08）：62-68.

④ 刘兴萍．成都市城乡一体化的实践研究［D］．四川成都：西南交通大学，2007.

⑤ 黄坤明．城乡一体化路径演进研究：民本自发与政府自觉［M］．北京：科学出版社，2009.

⑥ 常春勤．城乡一体化视角的农村产业发展思路［J］．湖北农业科学，2009（11）：2900-2902.

⑦ 金钟．产业聚集、转移与城乡一体化［J］．黑龙江科技信息，2009（16）：85.

⑧ 梁丽．重庆市统筹城乡产业发展问题探析［J］．农业经济，2009（03）：76-78.

体制改革和政策创新为动力推动城乡产业统筹发展的对策措施。而张登国（2009）认为，城乡一体化的动力主要来自于产业发展、城乡利益差别、政府利益驱动、政府制度及信息化等①。王小鲁等（2010）提出，应调整城市发展的政策，城市化的建设过程要在市场化的指引下进行，需要产业支撑②。而厉以宁（2010）指出，发达的市场经济国家的城乡一体化都是双向的③。而迄今为止，我国正在推进的城乡一体化则是单向的④。双向的城乡一体化是指农民可以迁往城市居住，可以在城市工作或经营企业，而城市居民也可以迁往农村居住，可以在农村工作或经营企业。……可以设想，在双向城乡一体化推进到一定程度之后，除了仍有一部分农业中的散户而外，大体上有三类农业生产者：一是种植大户、养殖大户。他们是种植能手、养殖能手，通过转包、租赁、转让等方式，集中了土地，实现了规模经营，使农业劳动生产率和土地利用率大大提高。二是种植业、养殖业的农民专业合作社。这些专业合作社的骨干，一定是懂得经营、善于管理，并且在农业方面懂行的人才。他们同样从事规模经营，会使农业进一步发展。三是"龙头企业+农户"。这里所说的农户，可能是承包土地入股之后仍然留在龙头企业工作的人，也可能是承包土地入股后进城另谋出路的人。这一类农业生产者的最大优点是可以使农产品产业链有较大的延伸，并且在营销方面取得了好成绩。李兵弟（2011）则提出了城乡一体化模式，主要有：都市区辐射带动模式、经济廊道带动模式、小城镇带动模式或乡村自发模式等⑤。马庆斌（2012）将城乡一体化分为五个发展阶段：城乡融通阶段、"大"农村促进"小"城市阶段、农村与城市顺次改革并同步发展阶段、城市化加速而城乡差别渐次加剧阶段、城乡一体化新阶段⑥。吴丰华等（2013）则指出，我国城乡发展一体化的战略内容应该概括为：围绕城乡发展一体化一个目标，形成"里应"+"外合"两大机制，依循农业现代化、农村城镇化、农民市民化三条路径，关照东部、东北、中部和西部四大区域的差异性，破解城乡经济、社会、政治、文化、生态五重二元结构⑦。

另外，聂小刚（2002）根据城郊新农村城乡兼备的特性，总结出适合城郊新农村发展的六种主要模式，分别为城郊服务型、工业引导型、高效观光型、特色资源型、文化旅游

---

① 张登国．我国城乡一体化的动力体系研究［J］．乡镇经济，2009（11）：91-94.

② 王小鲁，夏小林．中国城市化路径与城市规模的经济学分析［J］．经济研究，2010（10）：85-95.

③ 厉以宁．论城乡一体化［J］．中国流通经济，2010（11）：7-10.

④ 即我国只有农民由农村向城市的迁移，而不存在城市居民向农村的迁移。

⑤ 李兵弟．中国城乡统筹规划的实践探索［M］．北京：中国建筑工业出版社，2011.

⑥ 马庆斌．我国城乡一体化的现状、问题与对策建议［J］．中国市场，2011（3）：75-79.

⑦ 吴丰华，白永秀．城乡发展一体化：战略特征、战略内容、战略目标［J］．学术月刊，2013（04）：86-94.

型、合作组织型，且不同发展模式的适用条件不同①。吴筠（2004）和赵立新等（2006）还研究了特色产业集群与城乡一体化的关系问题②③。而常春群（2009）指出，产业是城乡发展的重要支撑，产业发展搞上去了，城乡经济社会就会得到较快的发展，城乡居民收入也会有所提高④。因此，在城乡一体化发展中，要紧紧抓住产业这一重要环节。在城乡一体化的框架之下，现阶段农村产业发展的重点是：第一，优化农村产业结构，重点发展近农产业，拉长农业生产链，发展农村服务业和乡镇企业，引导城市资金、技术、人才、管理等生产要素向农村流动。并按照一、二、三产业互动、城乡经济相融的原则，促进城乡各产业有机联系，协调发展。以现代工业物质技术装备改造传统农业，以现代农业的发展促进二、三产业升级。第二，实现城乡产业布局一体化，就是指统筹城乡产业发展，科学布局区域产业规划，推动以工促农，既要重视城市产业发展又要合理安排乡（镇）企业和农村服务业的发展，科学配置城乡各生产要素，以实现城乡产业互相促进，协调发展。则牛凯（2012）认为，农村三大产业的均衡发展，既是农村商品经济和专业分工的必然结果，又是调整农村产业结构，加速农村经济商品化、现代化的客观要求，同时，也是保持我国农村经济持续增长和全面繁荣的必要条件⑤。他指出，尽管近年来我国农村经济面貌发生了前所未有的变化。但是从总体上看，我国农村三大产业的发展仍然处于不均衡的状态，农村第一产业集约化、现代化水平较低，致使其中大量隐性剩余劳动力未能从繁重的农牧业生产中解放出来；农村第二产业的发展尽管有力地促进了农村经济的发展，但其单位增加值下吸纳就业的能力远低于农村第三产业；而农村第三产业由于受农村第一、二产业发展不均衡，以及城市化进程较慢的影响，其内部行业结构布局不合理，劳动生产率低下，产业发展规模难以扩大，进而使农村第三产业落后的局面未能从根本上改变。农村三大产业在这种发展不均衡的状态下，内部结构性矛盾突出，产业发展互不协调，相互制约，阻碍了农村经济的快速发展。因此，优化农村经济结构，促进农村三大产业的均衡发展，已成为我国农村经济社会发展的当务之急。

张文茂等（2006）在《北京郊区城市化进程走向》一文中，论述了为实现北京郊区城市化的目标，应因地制宜地采取可行措施调整产业结构⑥。在近郊区重点发展高新技术产业、现代物流业和服务业，大力发展园艺型、生态型、服务型农业；郊区新城加快二三

① 聂小刚，刘涛．城郊新农村产业发展模式选择［J］．规划师，2009（S1）：101-103.

② 吴筠．产业集群成因探析［J］．甘肃社会科学，2004（03）：175-177，110.

③ 赵立新，关善勇．特色产业集群与城乡一体化［J］．当代经济研究，2006（11）：30-32.

④ 常春勤．城乡一体化视角的农村产业发展思路［J］．湖北农业科学，2009（11）：2900-2902.

⑤ 牛凯．中国农村三大产业均衡发展战略［J］．中国农业科技导报，2012（01）：7-17.

⑥ 张文茂，季虹，陈雪原．北京郊区城市化进程走向［J］．财经界，2006（02）：91-93.

产业集中布局，发展产业集群，加快新城第三产业的发展和结构升级，增加科教文卫、现代服务业的比重，提高新城的整体功能；对于郊区小城镇应明确功能定位，强化产业支撑；在一般农村地区，加大基础设施投入，推进新农村建设。这些研究结果对于北京农村产业的发展、结构调整具有很强的现实指导意义。张强（2006）通过对北京市城乡一体化发展的产业与空间战略研究认为，实现北京市城乡一体化发展，需要有多方面的支撑体系，包括产业支撑、规划支撑、政策支撑、体制支撑、工程支撑、资金支撑等，而产业发展的重点应该由“城市为主”转变为“城乡并重”，要妥善解决工业发展和城镇建设用地这一瓶颈问题，扩展郊区工业化和城市化的发展空间，以根据不同区域经济社会发展的特点实行区域分工①。而常志琦等（2011）研究了北京农村产业发展规划模式②。白希泰（2012）认为，北京农村产业发展的总体方向是：坚持城乡互动、产业融合和生态优先，在保证质量的基础上继续扩大生产，农村产业的发展要带动年轻劳动人口的就业，提升第一产业、优化第二产业和拓展第三产业③。农业产业发展要走可持续发展之路，在发展的同时兼顾人与自然的和谐，生态环境的保护以及工农业之间的平衡问题；在利用非农产业提升农村经济实力的同时，应兼顾产业间的平衡，关注就业率，并以保证和促进农民增产增收为主要目标。汪容容等（2013）则提出，为保证北京市城乡一体化发展战略更好的实施，在发展中，一是城乡一体化发展不能一蹴而就，既要分阶段分地区，又要全面推进；二是城乡一体化只是一个过程而不是目的，在各阶段要有一个清晰的目标，需要做统一规划、建设和管理；三是在城乡一体化发展的道路上，必然会遇到各种各样的新问题、困难和挫折，但是应该相信，城乡一体化道路是必然选择，经过不懈努力，北京市城乡差距必定会缩小，甚至被消灭④。

自 2014 年 2 月习近平总书记在北京主持召开座谈会，专题听取京津冀协同发展的工作汇报之后，京津冀协同发展已经真正上升为国家战略，北京、天津、河北三地在积极筹划如何更好地实现全方位的协同发展。实际上，京津冀区域经济合作开始于 20 世纪 80 年代，“京津冀一体化”这一概念的出现也已经有 20 多年时间⑤。1988 年，北京市与河北省环京地区的保定、廊坊、唐山、秦皇岛、张家口、承德 6 地市组建了环京经济协作区，协

---

① 张强．乡村与城市融合发展的选择［M］．北京：中国农业出版社，2006.

② 常志琦，李强．北京市新农村产业发展规划模式研究［J］．北京规划建设，2011（02）：121-126.

③ 白希泰．北京市农村产业建设对策研究［D］．北京：中国农业科学院，2012.

④ 汪容容，何蒲明，李瑾．北京市城乡一体化发展的现状和问题研究［J］．中国农学通报，2013（14）：81-85.

⑤ 张丽恒，王黎明，虞冬青，孟力，曲宁，仲成春．京津冀一体化的综述与借鉴［J］．天津经济，2014（04）：22-29.

作区以推进行业（系统）联合为突破口，带动企业间的联合与协作，相继创办了农副产品交易市场、工业品批发交易市场，组建了信息网络、科技网络、供销社联合会等行业协作组织，建立起地区企业间的广泛联系，卓有成效地推进了区域经济合作。1992 年以后，由于多种因素的影响，京津冀区域协作和区域组织逐步削弱，企业之间、地区政府之间无序竞争的局面日益突出，重复建设也愈演愈烈，京津冀区域与我国另两大都市圈——“长三角”和“珠三角”的差距也逐渐拉开。1996 年，国家在“九五”计划中将环渤海地区列为 7 个跨省区市经济区域的第二位。同年，北京市提出建立以京津为核心，包括河北省的 7 个市，面积共 16.8 万平方千米的“首都经济圈”。从此，京津冀区域经济合作进入了一个新的历史时期。2001 年，两院院士、清华大学教授吴良镛提出大北京规划，引起众多反响。2004 年 2 月，北京市、天津市、河北省三地有关官员在河北省廊坊市召开了京津冀区域经济发展的对策和建议的会议。在会上达成了“廊坊共识”，决定首先选择易于突破的领域开展合作。2005 年以来，是京津冀区域经济合作向纵深发展最具实质性的阶段。2005 年，《北京城市总体规划》提出京津冀应在多方面协作；天津滨海新区列入国家“十一五”规划（纲要）；首钢被批准搬迁至河北省曹妃甸；曹妃甸还被列为国家首批循环经济示范试点单位，中央多位高层领导频频到这一地区视察，三省市高层领导也频频互访，并且在我国建设史上规模空前巨大的投资项目纷纷落户这一地区。天津滨海新区计划在几年内投资达 5 000 亿元，曹妃甸“十一五”期间投资规模也将超过 1 000 亿元。同时，北京至天津、北京至石家庄、秦皇岛等地的铁路、高速公路建设也纷纷上马，建成通车。2006 年，“十一五”规划中收入了京津冀区域发展问题，国家发改委正式启动京津冀都市圈规划的编制。2010 年 10 月 22 日，河北省政府在三河召开加快推进“环首都经济圈”工作会议，圈定涿州市、涞水县等 13 个县（市）加快建设“环首都经济圈”。10 月 29 日召开的河北省加快推进城市化进程电视电话会议则明确提出，河北将整合廊坊市北三县（包括三河市、大厂回族自治县、香河县），建设京东新城，整合保定涿州和张家口怀来的周边地区资源分别建设京南新城和京北新城。三座环北京新城的城市人口力争到 2015 年分别达到 150 万人、100 万人、30 万人。2011 年 3 月，国家“十二五”规划纲要发布，提出“打造首都经济圈”。2013 年 5 月，习近平在天津调研时提出，要谱写新时期社会主义现代化的京津“双城记”；8 月，习近平在北戴河主持研究河北发展问题时，又提出要推动京津冀协同发展。此后，习近平多次就京津冀协同发展做出重要指示，强调解决好北京发展问题，必须纳入京津冀和环渤海经济区的战略空间加以考量，以打通发展的大动脉，更有力地彰显北京优势，更广泛地激活北京要素资源，同时天津、河北要实现更好发展也需要连同北京发展一起来考虑。总而言之，京津冀协同发展，核心是京津冀三地作为一个整体协同发展，要以疏解非首都核心功能、解决北京“大城市病”为基本出发点，调整优化城市布局和空间结构，构建现代化交通网络系统，扩大环境生态容量和空间，推进产业升级转移，推动公共服务共建共享，加快市场一体化进程，打造现代化新型首都圈，努力形成京津冀目标同向、措施一体、优势互补、互利共赢的协同发展新格局。实际上，京津冀协同发展战略的推进，也为北京城乡一体化进程中的农村产业发展提供了难得的机遇、平台和空间。

总之，国内外的学者都认识到二元经济结构下的产业发展对城乡一体化进程的制约，并分别从自己立题的角度进行了现状与成因分析，最后给出了政策建议。尽管城乡一体化的研究成果较多，但是把产业发展与城乡一体化二者结合起来，探索两者之间的互动发展关系的研究还是很少。尽管有一些这样的研究，但大多都是从宏观的层面去分析和研究两者的关系，很少有人专门对一个地区进行详细的研究，而专门对北京进行细致的研究的文献也不多见。本项目将在现有研究结果的基础上，取其精华，结合我国和北京的发展实际，对北京农村产业的发展做出深刻细致具体的分析，以能够为今后北京农村产业的发展指明方向，并找出实现途径。

（三）本项目研究的方法及重点、难点与创新点

1. 本项目研究所采用的方法

（1）理论分析与实证研究相结合方法

应用城乡一体化和产业发展的相关理论，对北京农村产业进行实证方面的研究和分析，并具体提出发展建议与对策。

（2）多途径获取资料的方法

通过咨询、调查、文献搜集、上网检索等多种有效方法，系统采集国内外城乡一体化进程中农村产业发展的研究成果和相关信息。

（3）比较分析法

通过国外与国内、横向与纵向的比较研究，力求对北京城乡一体化中的农村产业发展有更全面的认识和更科学的分析与把握。

2. 本项目研究的重点、难点与创新之处

（1）重点

在理论构架的基础上，将研究北京农村产业中对京郊发展贡献较大的农村产业和能为都市北京持续健康发展有重大贡献的产业。在京津冀协同发展的大背景下，以城乡一体化

为前提，充分考虑生态、可再生及可持续发展等要求，对北京郊区农村产业进行系统研究。

（2）难点

北京郊区各区经济发展不平衡，客观条件导致各有特色，在研究时，找出使京郊资源使用效率最高的有针对性的项目和措施较难。此外，国家推进京津冀协同发展的时间不长，尚处于探索之中，因而国家和京津冀三地在发展上不确定性因素较多，找出规律性的东西难度较大。

（3）创新点

一是在进行北京城乡一体化进程中的农村产业发展的研究时，将与上海、广州等国内城市和国外的一些典型的世界城市如纽约、巴黎、东京等进行横向比较，找出产业发展的差距和不足，借鉴其他城市的产业统筹发展经验；二是在城乡统筹及城乡一体化研究的文献中鲜见有对特大型城市特别是作为首都北京的郊区农村产业发展进行专门研究，由于北京特殊的地位，对其城乡一体化进程中的农村产业发展的研究尤为重要；三是在中央推进京津冀协同发展的背景下研究北京郊区农村产业发展问题，目前的文献还不多见。本研究将以城乡一体化为目标，以城乡统筹为手段，在系统研究北京农村产业发展的基础上，最后提出农村产业发展的思路与对策。

二、城乡一体化的基础理论

（一）马克思等对城乡关系的论述

对于城乡关系问题，马克思、恩格斯多有论述。他们认为，人类社会的发展进步，都是生产力和生产关系矛盾运动的结果。生产力的发展使得社会分工不断深化，城乡差别、城乡对立只是生产力发展到一定历史阶段的产物。随着生产力的发展，这种差别与对立也必将消失。恩格斯在《论住宅问题》一文中指出："消灭城市对立不是空想，正像消除资本家与雇佣工人的对立不是空想一样。"① 恩格斯认为只要使人口尽可能地平均分布于全国，使工业生产和农业生产发生紧密联系，并适应这一要求将交通工具快速扩充起来，就能使农民从愚昧状态下挣脱出来。他认为，消灭城乡差距、城乡对立都将从废除私有制开始。马克思认为，农村落后于城市与资本主义私有制密切相关，它阻碍了农村经济社会的发展。无产阶级夺取政权后，把农村和工业结合起来，大力发展农村经济，可以促使城乡对立逐步消失。马克思在《论土地国有化》中指出，随着社会经济的发展，人口的增加和集中，必然要在农业生产中采取集体的，有组织的劳动，并且只有在大规模耕种土地时广泛地利用现代科学技术，才能保证农业的发展。"把各小块土地结合起来并且在全部结合起来的土地上进行大规模经营……以便逐渐把农民合作社转变为更高级的形式，使整个合作社及其社员个人的权利和义务跟整个社会其他部门的权利和义务处于平等的地位。"② 通过合作社组合成大规模的经济，为城乡融合提供必要的条件。此外，还要调动农民参与政治的积极性，只有把农民经济和政治地位都提高，才有可能消除城乡差距和城乡对立。鉴于此，无产阶级专政国家要对农村给予强有力的支援。

事实上，马克思、恩格斯在创立历史唯物主义的过程中十分重视城乡关系问题，曾将城市与乡村分离和对立基础上形成的城乡关系作为一个基本的理论范畴，并在其经济社会研究中对不同历史时期的城乡关系进行了深刻分析。正如列宁所说："马克思和恩格斯的理论在这方面的一个基本原理，即城乡的对立破坏了工农业间必要的适应和相互依存关

① 中央编译局．马克思恩格斯选集（第1卷）［M］．北京：人民出版社，1995：276.

② 中央编译局．马克思恩格斯选集（第4卷）［M］．北京：人民出版社，1995：499.

系，因此随着资本主义转化为更高的形态，这种对立将会消失。"① 马克思在提出共产主义社会理论时，其中的一条重要内容就是消灭城乡差别，实现城乡一体化。对于城乡融合的条件，马克思认为"消除城市与乡村之间的对立是社会统一的首要条件之一，这个条件又取决于许多物质前提，而且一看就知道，这个条件单靠意志是不能实现的"②。恩格斯在《共产主义原理》中最早系统地阐述了城乡融合理论，指出要通过消除旧的分工，进行生产教育、变换工种、共同享受大家创造出来的福利以及城乡的融合，使全体成员的才能得到全面发展。他认为城乡融合的两个标志，即工人和农民之间阶级差别的消失和人口分布不均衡现象的消失，并指出："乡村农业人口的分散和大城市工业人口的集中只是工农业发展水平不够高的表现，它是进一步发展的阻碍。"③ 但是对于城乡融合后未来城市的命运，斯大林和恩格斯的看法不完全一样。恩格斯认为，随着城乡对立的消灭，大城市会趋向毁灭，虽然这是一个极长期的过程；而斯大林则认为，城乡对立消灭以后，不仅大城市不会毁灭，并且还要出现新的大城市，它们是文化最发达的中心，不仅是大工业的发展中心，而且是农产品加工和一切食品工业部门强大发展的中心④。从目前的科学技术水平来看，斯大林的看法可能更符合实际，因为斯大林显然已把城市和乡村有同等的生活条件作为实现城乡一体化的一个标志。

总结马列主义经典作家的城乡关系思想，可以发现，在城乡关系的发展趋向上，马列主义理论提出，城乡的分离、对立是阶级分化的结果，但是它的存在是社会进一步发展的重大障碍，未来的社会需要实现城乡融合；而城乡融合是一个漫长的历史过程，要通过发展社会生产力及推进城市化来实现；城乡关系往往会经历一个"无城乡差别——城乡分离——更高水平的均衡与融合"的历史过程。

（二）二元经济结构理论

二元经济结构理论是发展经济学的奠基性理论之一。所谓的"二元"是指发展中国家普遍存在的以传统生产方式为主的农业部门和以现代生产方式为主的工业部门。最早提出"二元结构"的是荷兰社会学家伯克（Booke J. H）。他在对印度尼西亚社会进行调查时，发现摆脱荷兰殖民统治的印度尼西亚社会，是一个界限分明的二元社会。在农村，主要依靠劳动力生产；在城市，主要依靠机器生产。他将此总结为二元结构社会。伯克的二元结

① 中央编译局．列宁全集（第4卷）[M]．北京：人民出版社，1990：136.
② 中央编译局．马克思恩格斯全集（第3卷）[M]．北京：人民出版社，2003：57.
③ 中央编译局．马克思恩格斯全集（第1卷）[M]．北京：人民出版社，2003：222.
④ 中央编译局．斯大林选集（下卷）[M]．北京：人民出版社，1979：558.

构思想为后来研究发展中国家的经济学家们配置了崭新的钥匙。从此以后，有关发展中国家的各种二元结构理论和发展模式如雨后春笋般涌现出来，为广大发展中国家脱离贫穷落后、走向富强发达指明了道路。

二元结构，确切地讲应该是城乡二元结构。二元结构社会不仅存在于发展中国家，发达国家在其发展初期同样也存在，只是在其从二元社会向一元社会转变过程中还没有学者明确提出二元结构理论，但他们的实践与后来的二元结构理论的主张极为相似。我国是一个典型的发展中大国，城乡二元结构特征极为明显，改革战略的实施过程也是将二元结构社会转变为一元结构社会的过程。在这个伟大的历史进程中，我们有理由、也有必要学习和借鉴国内外先进的发展经验和经济理论。二元经济结构理论曾经成为世界许多发展中国家的理论宝典，但要认识到任何一种理论都有其无法避免的局限性，只有取其精华，并结合实际情况，才能为我国经济发展找出恰当的道路。

（三）极化—涓滴效应学说

极化—涓滴效应是世界著名发展经济学家赫希曼（A. O. Hirshman）对一个国家内各区域之间的经济关系进行深入研究后提出的，以解释经济发达区域与欠发达区域之间的相互作用及影响。赫希曼认为，如果一个国家的经济增长率先在某个区域发生，那么它就会对其他区域产生作用。他指出，经济发达区域的增长对经济欠发达区域将产生不利和有利的作用，分别称为极化效应和涓滴效应，但在区域经济发展过程中，涓滴效应最终会大于极化效应而占据优势，原因是经济发达区域的发展长期来看将带动经济欠发达区域的经济增长。尤其是经济发达区域的发展会出现城市拥挤等环境问题，经济欠发达区域的落后则从国内市场需求方面限制了经济发达区域的经济扩张，国家经济发展也将因经济欠发达区域的资源没有得到充分利用而受到损害，于是国家将出面来干预经济发展，加强经济发达区域的涓滴效应，促进经济欠发达区域的经济发展，同时也有利于经济发达区域的经济继续增长。

各个国家和地区经济发展的实践证明，这种极化—涓滴效应是区域经济发展造成的城乡差距过大所产生的经济现象。目前，我国正处于经济体制转型期，正确审视并指导城乡经济社会统筹发展，仍是实现城乡一体化必须面对和解答的问题。为了实现城乡和谐发展，促进资源要素和劳动力的合理流动与优化配置，正确认识和运用这一学说，对于解决我国城乡经济发展失衡的问题具有重要的现实意义。

（四）田园城市理论

英国城市学家埃比尼泽·霍华德（Ebenezer Howard）的城乡一体化思想主要体现在他的田园城市理论中。他在《明日的田园城市》一书中设计了一个像田园城市风光的美好画面。他把城市作为中心，从中心向四周的农村地区延伸，并规定城市和农村的面积。政府办公厅、娱乐厅、体育馆、图书馆、画馆、画廊和医院等各种现代化的设施错落有致地在市中心排列开来，周边的农业用地采用最适合的经营方式，实现农村和城市多元化、多要素、多层次的有机结合。它在形式上或者图形上是一种对于城乡的园林式设计，实质上是对社会的一种根本变革，实现城市和乡村的有机融合。霍华德所倡导的田园城市对于我国的城乡一体化具有极其重要的借鉴意义，特别是对于在实践中解决诸如经济格局不合理、生态环境恶化、人地关系紧张、公共服务均等化等现实问题具有重要的指导意义。

（五）有机疏散理论

在城市化发展过程中，许多国家出现了因为城市过度集中而导致的系列城市发展弊病。芬兰裔美国建筑师埃罗·沙里宁（Eero Saarinen）针对这些问题提出了指导城市发展及结构布局的有机疏散理论。其核心思想是分割密集分布的城区，形成分散的的集镇，用具有生态保护意义的绿化地带把这些分散的集镇连接起来。这样，就形成了既有绿化带相联，又由绿化带相隔的城镇地域分布格局。从大的区域整体来看，则实现了城乡差距缩小，或者说取消了城乡差异的城乡区域均质体。有机疏散理论对于我们认识和解决城市无限制的“摊大饼式”扩张带来的一系列问题提供了思路。

（六）可持续发展理论

可持续发展理论主要强调的是既要生存又要发展的理念。它包括环境、经济、社会和区域的可持续发展。在资本主义发展过程中，人类不顾大自然的客观规律和承受能力，一味强调发挥人类的主观能动性，虽然使生产力达到前所未有的发展，但也使我们赖以生存的自然环境出现了非常难以解决的问题。于是在 20 世纪 70 年代和 80 年代，一些学者和国际机构提出了可持续发展观的理念，最开始是用于生态的可持续发展，后来很快引入到经济学理论中，现在成为人类经济和社会发展的基本指导思想。可持续发展理论经过几十年的发展，其内容非常丰富，含义极其深刻。仅从经济学角度就可以分为增长极限理论和知识经济理论，前者认为在城市化和工业化的不断发展过程中，人口不断增长，要消费大量的产品，科学技术的进步能提高生产的能力，但是自然界的资源总是有限的，增长也是有限的，这就要求我们实现城市与乡村的和谐发展，各要素的流动保持平衡。它既体现出了经济的活动目标，又表现出经济的发展手段。一方面强调经济要不断向前发展，人类文明要不断前进，另一方面，在这个过程中又要保护环境和节约资源，实现可持续发展。事实上，两者对立统一，既相互联系，又相互制约，是一个辩证的过程。可见，可持续发展理论是统筹城乡发展与城乡一体化的重要的理论基础。

三、城乡一体化及我国的城乡产业一体化研究

城乡关系问题是人类发展史上长期存在的一个重大问题。而在当社会发展步入现代化的历史进程，这一问题就进一步凸显出来，要求我们必须认真研究并加以解决。欲正确认识当前我国城乡关系所处的发展阶段并处理好现阶段城乡一体化特别是其中农村产业发展所面临的问题，有必要首先弄清楚城乡关系及城乡一体化的有关概念，以及我国城乡产业一体化的发展脉络和现实情况。

（一）城乡一体化及其产业发展的有关概念与内涵

1. 城乡关系的几个有关概念及内涵

（1）城乡关系的几个相关概念

所谓城乡关系也就是城市和乡村之间的关系。因此，在概念上应搞清什么是城市？什么是乡村？进而什么是城乡关系？

①城市。在人类社会的历史长河中，乡村、城市并不是从来就有的，而是一个逐步形成的过程。在原始社会早期，人类渔猎而食，随遇而栖，无所谓村落。到了原始社会的中期，随着生产工具的改善，人类掌握了一定的农业生产技术，开始有了耕种土地、照管作物、饲养畜禽等生产活动，人类开始定居下来，从而出现了最早的村落。至原始社会末期奴隶社会初期，交换进一步发展，出现了商人，产生了专门从事商品交换的部门——商业。随着工商业的发展，奴隶社会中逐渐产生了城市，开始了城市和乡村的对立。但由于生产力发展水平所限，奴隶社会及之后的封建社会，商品经济虽然有一定发展，但它基本上还是自然经济，城乡基本上是统一的农业社会。到封建社会后期，资本主义萌芽开始出现，新的生产组织方式以及工业革命的爆发，工商业的生产力迅速发展，人类逐渐进入工业社会，城乡差距开始迅速扩大。到了 20 世纪，生产力较为发达的资本主义国家，开始出现了城乡融合的趋势，并逐渐实现了城乡一体化。正如马克思主义经典作家所总结的“城乡依存——城乡对立——城乡一体化”三个辩证发展的阶段。可见，随着生产力的不断发展，城乡一体化是社会发展所必然出现的一种趋势。

城市，自从其产生以来便被视为人类文明的象征，是人类经济社会发展的必然产物。

但究竟什么是城市、城市的准确定义是什么？至今学界还没有一个统一的认识。美国城市学理论家刘易斯·芒福德就曾指出："人类用了 5 000 多年的时间，才对城市的本质和演变过程获得了一个局部的认识，也许要用更长的时间才能完全弄清它那些尚未被认识的潜在特性。"①

城市一词在汉语中可以拆分为"城"和"市"，它正好说明了城市的两种功能，"城"一般是指为了防御需要而修建的城墙，即人们在聚落上构筑的防御性设施，这种防御性设施在古代社会主要是垣墙，但也包含其他构筑物，如壕沟、栅栏等。在我国的历史文献中，有很多关于城的记载："神农之教曰：有石城十仞，汤池百步""鲧作城郭""夏鲧作城""鲧筑城以卫君，造郭以守民，此城郭之始也""禹避舜之子于阳城""夏后氏禹居阳城"。城是伴随着农业和定居生活的出现而产生的，是人类社会发展到一定阶段的产物，它的出现是原始人类同自然斗争的结果和农业产生后人类群团间掠夺战争的结果。而"市"则是为了商品交换的需要而固定设置的一个地方——市场。如《周易·系辞》中说："神农之时曰，日中为市，致天下之民，聚天下之货，交易而退，各得其所。"《周礼·地官》中也曾记载："大市，日昃而市，百姓为主；朝市，朝时而市，商贾为主；夕市，夕时而市，贩夫贩妇为主。"《孟子·公孙丑》中说："古之市也，以其所有，易其所无，有司者治之耳。"可见，市是人们进行交易的特殊场所。自从人类社会出现了商品交换，便产生了市。市的起源尽管很早，但起初并未设在城内，往往置于村外道旁或井旁，所以有"市井"之说。后来由于商品经济的不断发展，因交换扩大的需要，便在人口比较集中的城内或城边设市，"城"与"市"最终相互结合，城市方才产生。

城市是一个非常复杂的社会有机体，国内外诸多研究者从社会学、经济学、人口学、地理学等不同视角进行研究并给出了不同的解释，所以关于城市的定义一直是众说纷纭、莫衷一是。如在人口学中，城市是指人口高度聚集的地区，人口规模和密度是判断城市的标准；在地理学中，城市是指建筑物和基础设施密集的地区，是一种本质上不同于乡村的空间聚落；在经济学中，城市是指工业和服务业经济活动高度聚集的结果，是市场交换的中心；而在社会学中，城市之所以为城市，主要是形成了一种特有的生活方式——城市性（urbanism）②。也有从城市的功能特征角度给出的定义，如马克思就曾指出："城市本身表明了人口、生产工具、资本、享乐和需求的集中；而在乡村中所看到的却是完全相反的情况：孤立和分散。"③ 列宁认为："城市是经济、政治和人民精神生活的中心，是前进的主

① ［美］刘易斯·芒福德（著）；倪文彦，宋俊岭（译）. 城市发展史——起源、演变和前景［M］. 北京：中国建筑工业出版社，1989：1.

② 尤建新 . 城市定义的发展［J］. 上海管理科学，2006（03）：67-69.

③ 中央编译局 . 马克思恩格斯全集（第 3 卷）［M］. 北京：人民出版社，1972：57.

要动力。"① 韦伯说："城市永远是个'市场聚落'，它拥有一个市场，构成聚落的经济中心，在那儿城外的居民及市民以交易的方式取得所需的工业产品或商品。"② 也有学者提出："城市是人类文明的产物，是国家或地区的政治、经济、文化、教育、交通、金融、信息中心，是人类社会前进的动力。"③《中国文史百科》中关于城市的定义是："城市是一种依一定的生产方式和生活方式组合起来的居民点。一般说来，它是该地域更大范围内政治经济文化交通等方面的中心。"④《现代汉语词典》给出的解释是："人口集中、工商业发达、居民以非农业人口为主的地区，通常是周围地区的政治、经济、文化中心。"⑤ 还有一个试图把现今城市的主要特征说全，因而最近常被引用的定义："城市是以人为主体，以空间利用为特点，以聚集经济效益和人类社会进步为目的的一个集约人口、集约经济、集约科学文化的空间地域系统。"⑥

事实上，我国于 1955 年公布了第一个城镇确定的标准，采用人口规模和职能两个要素相结合的办法，规定市县人民政府所在地，常住人口大于 2 000 人，非农业人口超过 50%以上，即为城市型居民点。我国于 1990 年颁布的《中华人民共和国城市规划法》规定："城市是指国家按照行政建制设立的直辖市、市、镇"。《中共中央关于经济体制改革的决定》对我国城市的本质和特征做了最权威的表述："城市是我国经济、政治、科学技术、文化教育的中心，是现代工业和工人阶级集中的地方，在社会主义现代化建设中起主导作用。"⑦

综上所述，理解城市的基本含义，应把握以下几个基本要素：其一，城市具有较大的人口规模和较高的人口密度。按照我国现有的规定，将城市划分为五类七档：城区常住人口 50 万以下的城市为小城市，其中 20 万以上 50 万以下的城市为 Ⅰ 型小城市，20 万以下的城市为 Ⅱ 型小城市；城区常住人口 50 万以上 100 万以下的城市为中等城市；城区常住人口 100 万以上 500 万以下的城市为大城市，其中 300 万以上 500 万以下的城市为 Ⅰ 型大城市，100 万以上 300 万以下的城市为 Ⅱ 型大城市；城区常住人口 500 万以上 1 000 万以

---

① 中央编译局．列宁全集（第 19 卷）[M]．北京：人民出版社，1972：264.

② [德] 韦伯（著）；康乐，简惠美（译）．非正当性的支配——城市类型学 [M]．南宁：广西师范大学出版社，2005：4.

③ 隗瀛涛．重庆城市研究 [M]．成都：四川大学出版社，1989：前言．

④ 张岱年．中国文史百科 [M]．杭州：浙江人民出版社，1997：190.

⑤ 中国社会科学院语言研究所词典编辑室．现代汉语词典（第五版）[M]．北京：商务印书馆，2005：176.

⑥ 李铁映．城市问题是个战略问题．城市发展战略研究 [M]．北京：新华出版社，1985.

⑦ 谭仲池．城市发展新论 [M]．北京：中国经济出版社，2006：34.

下的城市为特大城市；城区常住人口 1 000 万以上的城市为超大城市①。其二，在城市居住的主要是非农业人口。正因为非农业人口多，因此与乡村不同。而且是集中居住在一起，从事非农产业为主，即以从事工业、商业服务业及其社会事业为主，这是城市产业属性明显不同于乡村区域的标志。其三，城市是某一或大或小区域范围内政治、经济、文化等方面综合的中心或某一方面的中心。城市在国家和地方中占据着中心地位，城市里相对集中了各种先进生产力要素和先进文化要素。其四，城市具有自己独特的文明，即城市文明。城市文明有别于乡村文明，这是因为城市在一定的区域内集中了各种在社会与文化方面具有异质性的人群，在城市文化上体现出自己独有的特点。城市是现代文明的集聚地，城市文明不断提高着城市居民的素质。

②乡村。关于乡村，《现代汉语词典》给出的解释是："主要从事农业、人口分布较城镇分散的地方。"② 许多国家以及世界银行都把"镇"划在农村范围内，将"城市"而不是"城镇"作为与乡村相对应的概念。但考虑到我国的特殊国情，我国的"乡村"并不包括镇。1983 年 10 月，中共中央发出《关于实行政社分开建立乡政府的通知》，规定建立乡镇政府作为基层政权组织，突出了镇的城市特质。根据这个《通知》，乡村是指城市和镇以外的其他地区，包括集镇和农村。集镇是指乡、民族乡人民政府所在地和经县人民政府确认由集市发展而成的作为农村一定区域经济、文化和生活服务中心的非建制镇；而农村是指集镇以外的地区。集镇具有城市和农村的双重属性和特征，但在实际上更接近于农村，处在农村的生活范围之中，所以划在乡村的范围③。

③城乡关系。城市和乡村分离是人类社会生产力发展到一定阶段引起的社会分工所导致的必然结果。城乡分离之后，城乡关系就随之产生。城乡关系主要是指城市和乡村之间在经济、政治、文化等方面的关系，其中最根本的是经济关系。城乡关系是广泛存在于城市和乡村之间的相互作用、相互影响、相互制约的普遍联系与互动关系，是一定社会条件中经济、政治、文化等诸多因素在城市和乡村两者关系上的集中反映。

城乡之间的经济关系，主要是指城乡在物质资料的生产、交换、分配、消费等方面所发生的各种关系。城市和乡村之间的经济联系从来就没有停止过。城市产生的主要原因在于社会分工和交换的发展。随着社会分工的出现，私有财产逐步兴起，商品交换日渐经常化，随之出现交易市场。在交易市场发展成为经济交换中心之后，早期城市随之产生。随

① 国务院印发《关于调整城市规模划分标准的通知》[EB/OL]. http://news.xinhuanet.com/2014-11/20/c_1113330964.htm.

② 中国社会科学院语言研究所词典编辑室. 现代汉语词典（第五版）[M]. 北京：商务印书馆，2005：1482.

③ 陈睿. 现代化进程中的中国城乡和谐问题研究 [D]. 北京：中共中央党校，2006.

着经济的发展，城市和乡村的经济联系越来越密切。城市不仅必须从乡村获得粮食，还必须从乡村获得生产原料以及从事生产的人。而乡村的生产也需要从城市得到资金、技术、商品等。城市和乡村之间的商品、劳务交易也越来越频繁。城乡之间的经济关系体现在人才、资金、土地、资源等在城乡之间的配置情况，体现在城市和乡村、工业和农业之间的商品、劳务交换情况，体现在城市居民和乡村居民在收入、分配、消费方面的差别等。

城乡关系在政治层面，主要指城市和乡村在国家政治体系中的地位。城市产生的原动力来自于经济交换行为的发展、壮大和定型。当经济交换中心规模逐渐扩大进而发展成为城市雏形之后，随之而来的就是社会结构的调整和政治职能的发展。统治者为了保护自身的经济利益，不断修建城墙、护城河及工事等防御设施，诸如此类的公共设施为政治功能、社会功能和军事功能的发挥提供了便利条件，于是城市的政治功能逐步扩展。在这样的历史背景下，城市和乡村在国家政治体系中的地位和作用便有了日益扩大的差异，城乡之间的政治关系随之形成，并延续至今。城乡之间的政治关系体现在是城市统治乡村，还是乡村统治城市，或者两者地位平等上，体现在城市居民和乡村居民享有政治权利的差别上，体现在政策等政治资源在城乡之间的配置上等。

城乡关系在文化层面，主要指城市文明与乡村文明的关系。城市和乡村是人类两大基本的聚居状态，在相当长的时间内，城市和乡村是彼此独立、相互封闭的，生活在其中的人们有着不同的相对独立的生产、生活环境。因此，在长期的实践活动中，形成了城市与乡村两种不同的文明，在物质、精神、制度方面均有所不同。

（2）城乡关系的发展阶段划分

一般来说，城乡关系的发展可以划分为以下 3 个阶段。

①前工业化阶段。这一阶段的城乡关系主要有以下 3 个特征：一是在经济上，这一时期的城市依赖于乡村。在这一时期，乡村是整个社会财富创造的源泉，不仅从事农业，而且还从事相当大部分的手工业和商业。乡村为整个社会提供了最基本的生活资料。而城市则很少从事物质生产活动，城市居民所需的大部分物质生活资料都来源于乡村。二是在政治上，这一时期的城市统治着乡村。城乡之间是一种政治上的隶属关系。这一时期的城市是朝廷、各级官吏、贵族的聚居地，乡村则是广大农民的聚居地，城市与乡村是统治与被统治的关系。但这种关系不是城乡居民之间的对立，而是统治阶级与被统治阶级之间的对立。“城乡分离的实质是统治阶级和被统治阶级之间的对立，国家组织与领土内居民的对立，一切都渲染着浓厚的政治色彩。村社向城堡、都城的统治者纳贡，以及城堡、都城的统治者组织村社兴修水利等经济活动，也与政治统治者有着不可分割的联系。”① 三是在

① 中央编译局．马克思恩格斯全集【第 46 卷（上）】［M］．北京：人民出版社，1979：480.

空间上，这一时期的城市和乡村仍然处于混沌合一的状态，城乡之间的分化尚处于萌芽状态。在这一时期，城市还没有独立的经济功能，城市连同属于它的土地是一个经济整体。这时的城乡关系表现为浑然一体的城乡统一，城市在经济上是乡村的附庸，只是作为政治、军事的据点而存在，对乡村有着强烈的依赖。城乡间除了统治阶级和被统治阶级的对立之外，这一时期城乡居民的生活方式和社会地位还没有出现重大分化，城乡关系整体上表现为混沌的统一。

②工业化阶段。工业化是人类社会在生产方式上的重大变革，它主要是指现代工业在一个国家的国民经济体系中逐步占据主导地位，整个国家渐渐建立起了一个独立而完整的国民经济体系和工业体系，从而实现由落后农业国到先进工业国的转变。在这一过程中，整个社会的生产力获得飞速发展。在工业化时期，城乡关系主要表现为农业部门对工业部门的贡献，乡村为城市的发展提供了最初的资本原始积累。农业和乡村除了为整个社会提供了生活必需的粮食之外，还为城市工业的发展提供原材料；同时还为城市工业的发展提供了源源不断的廉价劳动力和大量的资金支持。此外，乡村还为城市工业所生产的商品提供广阔的市场。但在不少发展中国家，乡村和农业的发展并未得到政府的足够重视，致使农业和乡村的生产力落后，农民的生活水平较低，这就造成乡村人口的购买力低下，乡村市场萎缩；在工业化过程的中后期，城乡关系开始发生重大变化。首先，城市工业的迅速发展为农业部门提供了先进的技术和新的观念，从而促进了传统农业的改造，推动了农业现代化；其次，城市工业经过长期的高速发展和积累，逐渐成熟并成为国民经济的绝对主体，其完全可以靠自身而获得进一步的发展。这时，城市工业就可以通过资金、技术等支持乡村的农业；国家可以通过政策、体制的倾斜，引导城市反哺乡村的发展。这一点在各国工业化过程中是一个共同的趋势。

③后工业化阶段。在这一阶段，城乡关系典型地表现为城乡一体化，城市和乡村相互依赖、相互促进、共同发展、共同繁荣。其实质在于城乡之间生产要素的自由流动，在互补的基础上，实现资源共享和合理配置。需要指出的是，城乡一体不是城乡一致，乡村不是城市社会在乡村地区的简单复制或模仿，而是乡村社会基于自身的特点形成与城市本质上不同、水平上接近的发展形态。也就是说，城乡一体化不是城乡之间的界限完全消失，而是在劳动方式、生活方式和文明水平趋于一致基础上的新型城乡关系的建立①。“随着生产力的发展，农业技术现代化、农业服务社会化、农业劳动知识化程度不断提高，城乡差别、工农差别、脑体差别大为缩小，尤其是农村小城镇的迅速发展和日益现代化，形成一批新兴的城镇，有力地推动了农村生活质量和社会环境日益趋向城市化。大量农民有条

---

① 陈国灿．江南社会农村城市化历史研究［M］．北京：中国社会科学出版社，2004.

件由乡村向城市转移，随着现代生产力的集中，从而使城市化水平不断提高。随着大城市承载能力的日趋饱和，产业和劳动力又不断从大城市向乡村尤其是小城镇转移扩散。这两种趋势的汇合，使城市和乡村向一体化迈进。”①

（3）我国城乡关系的历史回顾及发展趋势

我国城乡关系的演变是与我国的经济社会发展实践密不可分的。总的来看，自新中国成立以来，除20世纪70年代末至80年代中期农村改革出现乡村短期繁荣外，在其他各个时期，城市地区的发展都优于农村地区。在不同的历史阶段，我国的城乡关系也随之呈现出不同的特点。“农业支援工业，乡村支持城市”是我国城乡关系的重要历史特征，这一特征在铸就我国经济社会发展辉煌成就的同时，也引发了诸多困扰国家长治久安、持续发展的问题。

①新时期我国城乡关系发生了重大而深刻的变化。新中国成立以来，我国的城乡关系变化可以划分为两个阶段。第一阶段是从1949年新中国成立到党的十一届三中全会召开的30年中，我国实行的是城乡分治的政策，“以农补工”是这个阶段城乡关系的主要特点。通过工农产品价格的“剪刀差”，初步形成了比较完整的工业体系和国民经济体系，使城市实现了较快发展。但带来的问题是，工农业发展失调，粮食和其他生活日用品匮乏，城乡分割的户籍制度将农民牢牢捆绑在土地上，城乡之间缺少正常的市场联系。从而城乡二元结构由此形成，并成为制约我国经济社会协调发展的制度性因素。第二阶段是1979年至今，我国实行了充分调动农民积极性、促进农村发展的政策，城乡关系渐渐走上了健康发展的轨道。这个阶段的主要特点是乡村和城市共同发展，城市对乡村的辐射带动和乡村对城市的支持交替出现。国家放开了对农民的就业限制，逐渐形成了2.77亿人的农民工群体②。市场在资源配置中的决定性作用逐步形成并得到发挥，生产要素在城乡间自由流动，城乡交换关系逐步改善。特别是党的十六大以来，党和国家实行“工业反哺农业、城市支持农村”的方针和“多予少取放活”的政策取向，先后取消了农业税，对农民进行直接补贴，实施了新型农村合作医疗、免费义务教育和最低生活保障制度，启动了社会主义新农村建设，使广大农民享受到越来越多的公共服务。

②我国城乡分割的二元结构体制尚未从根本上改变，城乡差距仍然较为悬殊。改革开放以来，农村人口社会流动性越来越强，对城乡分隔的体制造成了巨大冲击。我国已进入了工业化的中期阶段，国民经济的主导产业由农业转变为非农产业，国民经济增长的动力

---

① 编写组．2004年中国城市发展报告［M］．北京：中国统计出版社，2005：29.

② 国家统计局．2015年全国农民工总量27747万人［EB/OL］．http：//www.ce.cn/xwzx/gnsz/gdxw/201602/29/t20160229_ 9167452.shtml.

主要来自于非农产业。工业化中期阶段将是由城乡分割走向城乡协调发展的关键阶段，要求调整国民经济分配格局，调整城乡就业结构，提升城镇化发展水平，深化经济和社会管理体制改革，在改变城乡二元结构，实现农业与工业平等发展，赋予城乡居民平等的就业权、教育权和发展权，建立平等和谐的城乡关系方面取得重大突破。

③统筹城乡发展成为解决我国“三农问题”的重要突破口。统筹城乡经济社会发展，是相对于城乡分割的“二元经济社会结构”而言的，它要求把农村经济与社会发展纳入整个国民经济与社会发展全局之中进行通盘筹划，综合考虑，以城乡经济社会一体化发展为最终目标，统筹城乡物质文明、政治文明、精神文明和生态环境建设，统筹解决城市和农村经济社会发展中出现的各种问题，打破城乡界线，优化资源配置，把解决好“三农”问题放在优先位置，更多地关注农村、关心农民、支持农业，实现城乡共同繁荣。统筹城乡经济社会发展的实质是给城乡居民平等的发展机会，通过城乡布局规划、政策调整、国民收入分配等手段，促进城乡各种资源要素的合理流动和优化配置，不断增强城市对农村的带动作用和农村对城市的促进作用，缩小城乡差距、工农差距和地区差距，使城乡经济社会实现均衡、持续、协调发展，促进城乡分割的传统“二元经济社会结构”向城乡一体化的现代“一元经济社会结构”转变。统筹城乡发展，需要观念、机制和体制的诸多变革，是一个长期、艰巨而又复杂的系统工程。

④我国城乡关系虽然存在这样那样的问题但从发展来看呈现积极向好的态势。我国虽然处于工业化阶段的后期，城乡关系表现出诸多矛盾和问题，有些甚至呈现激化状态，但从人类历史的发展趋势看，城乡一体化的过程是历史发展的必然。实际上，这一趋势主要表现在以下几个方面：一是城乡产业一体化趋势，即工业逐步从中心城市扩散到小城市（镇），同时使分散的农村工业向小城市（镇）集聚，中心城市重点发展金融、贸易、信息、服务、文化、教育等第三产业；中小城市（镇）以生产性功能为主，充当中心城市向农村扩散经济技术能量的中介和农村向城市集聚各种要素的节点。二是城乡居民一体化趋势。城乡产业一体化要求包括劳动力在内的各种生产要素能在城乡之间自由、公平地流动，这就要求城乡人口及劳动力处于平等的地位；城乡一体化不仅要求城乡之间经济的融合，还要求社会、文化的融合。另外，城乡一体化最根本的目的就是城乡居民政治、经济及社会地位的平等。这一切都要求城乡居民一体化，其本质就是农民市民化。三是城乡制度一体化趋势。城乡产业和居民要实现一体化，必须要有制度保障。城乡对立的根源之一，就是城乡制度分割、城乡分治。制度一体化的主要内容是建立城乡一体化的要素市场，创造包括农村市场主体在内的各类市场主体平等使用生产要素的环境，消除要素在城乡之间自由流动的各种体制藩篱和政策障碍。城乡居民可以自由流动和迁移，城市与乡村的居民之间不存在制度上限制，只不过是居住地点和职业分工的不同，不存在身份、地位

的高低。四是发展格局区域化趋势。从区域经济学的角度看，城乡一体化是在一定的都市圈内实现的。都市圈是指一个或多个核心城市，以及与这个核心具有密切经济社会联系的相邻城镇与地区组成的城乡复合体。都市圈的形成是中心城市与周围地区双向流动的结果，是客观条件与主观规划双重作用的产物。

2. 城乡一体化的有关概念及内涵

(1) 城乡一体化的几个相关概念

要把握城乡一体化的内涵，首先应弄清以下几个具体概念。

①城市化。1867 年，西班牙工程师艾·塞埃达（A. Serda）在其著作《城市化基本理论》中提出了“城市化”这一概念。有的学者称为城镇化、都市化，是由农业为主的传统乡村社会向以工业和服务业为主的现代城市社会逐渐转变的历史过程，具体包括人口职业的转变、产业结构的转变、土地及地域空间的变化等。目前，城市化的主要表现是人口向城市地区集聚的过程和乡村地区转变为城市地区的过程。城市化是城乡一体化发展的基础，能够实现城乡资源和要素的有机整合。城市化在经济、信息、科技、文化等方面加深了城乡之间融合程度，能够有效促进城乡一体化的发展。城市化是推动经济社会发展的重要因素，城市化的水平高低反映了一个国家或地区经济社会的发展水平。

②小城镇。作为城乡在产业、人口、服务等市场要素的重要集聚地，小城镇是介于城市和乡村之间的城市雏形，是加快城市化进程的重要着力点，即小城镇在推动商业、服务业、文化事业等第三产业的发展方面具有不可替代的作用。实际上，小城镇是城市（镇）体系的基础，具有集聚要素、平台节点、桥梁纽带等作用，是破解城乡二元结构、推进城乡一体化发展的重要载体。

③城乡统筹。对于城乡统筹这个概念，陶武先认为：“把工业和农业、城市和乡村、城镇居民与农村居民作为一个整体统筹谋划、综合研究，通过体制改革和政策调整，协调城乡关系，从根本上解决‘三农’问题，促进城乡经济社会协调发展。”① 焦伟侠等指出，城乡统筹的实质：改变城乡分割的传统观念和体制，消除城乡二元分割的现状，把城乡作为一个整体，通过体制改革和政策调整，促进城乡资源的相互流通，解决中国二元结构的突出问题②。城乡统筹主要是涉及地域之间空间、人口、资源等各要素的优化协调问题，即城乡统筹更偏向于微观层面，是一种指导城乡发展的科学方法。

④城乡一体化。城乡一体化目前尚未有较为统一的定义，但结合一些先行国家的实践

---

① 陶武先. 坚持城乡统筹　促进协调发展［J］. 四川省情，2004（07）：4-10.

② 焦伟侠，陈俚君. 关于统筹城乡经济协调发展的思考［J］. 经济体制改革，2004（01）：37-40.

和综合学界的表述，城乡一体化可以被定义为：在生产力不断发展的条件下，通过对具有一定内在关联的城乡物质、精神、制度等要素的系统安排，打破城乡分割的壁垒，实现城乡生产要素自由流动和优化配置、城乡生态环境有机结合、城乡经济和社会全面协调可持续发展、城乡居民和睦相处的过程。在这个过程中，城市和乡村建设成一个相互依存、相互促进的统一体，充分发挥各自的优势和作用。因此，城乡一体化至少应包括经济、社会、生态、文化、制度等五个层次的一体化，具体而言，又可细分为城乡规划一体化、城乡产业一体化、城乡基础设施一体化、城乡市场体系一体化、城乡公共服务一体化、城乡管理体制一体化等。

对于城乡一体化和统筹城乡发展的关系，刘国炳认为，“统筹城乡发展是解决城乡问题的一种手段和途径，而城乡一体化则是解决城乡问题的目标①。”

事实上，城乡一体化是发展中国家在致力于缩小城乡差距、消除二元结构的实践中形成并得到发展的，因而，学界对于城乡一体化的定义常常带有明显的时代特征和地域特征。随着改革的深入和社会主义市场经济体制的完善，城乡一体化的内涵和外延应该是不断得到拓展的，城乡一体化的适用范围也应该越来越宽广。对于城乡一体化的定义不能简单地只从缩小城乡差距方面来考虑，也不能只局限于地域或时代范畴，科学的城乡一体化应当是在生产力水平高度发达的基础上，系统考虑城乡经济社会发展，通过城市与乡村的相互作用、相互补充，最终形成全体居民平等共享人类文明发展成果的城乡融合。

科学的城乡一体化应主要包括以下几层含义：一是城乡一体化是人类在社会发展中所追求的一个理想目标。达到城乡一体化后，居民不再有城乡之分，所有居民平等共享人类文明、进步的成果。二是城乡一体化得以实现的前提条件是人类社会生产力水平得到极大提高。城市与乡村的生产力都高度发达，都能为缩小城乡差距、消除二元结构做出贡献。三是城乡一体化是一个逐步进行的过程。根据不同国家、地区资源禀赋的不同，这个过程的长短会有不同，有的会很长，有的会比较短。四是城乡一体化是城乡双向进行、共同努力的结果。城市与乡村不离不弃，互为条件，相互作用，相互帮助，为创造和谐、融洽的城乡一体化社会发挥各自优势。五是城乡一体化得以实现后，城市和乡村作为人类社会两个不同的组成部分，仍然都会存在，城市和乡村的差别依然存在，只是这种差别不再是差距，而是各自保持的特色。在城乡一体化实现后，城乡各自的特色将更加突出。六是城乡一体化不是人类社会的最终发展目标，它只是人类社会发展的阶段性目标。城乡一体化实现后，随着社会生产力水平的提高，人类社会还会追求更高的发展目标。

---

① 刘国炳．城乡统筹发展战略及其实施构想［J］．经济与管理研究，2004（05）：10-13，19.

（2）城乡一体化的本质特征

综观城乡一体化的内涵与外延，其具有以下几个方面的本质特征。

①目的性。城乡一体化具有明确的目的，就是要改变发展中国家长期存在的城乡二元结构，最终形成融洽、协调、理想的社会结构。在城乡一体化发展的不同阶段，其目的也各有差异。如在城乡一体化初期改善阶段，其主要目的是缩小城乡差距，在某些影响城乡居民生活、生产以及关系国民经济快速健康发展的项目上首先取得一致；而在城乡一体化后期形成阶段，城乡主要差距已经消失，但城乡依然保留着各自的特点。

②阶段性。城乡一体化是一个逐步缩小城乡差距、最终变二元结构为一元结构的渐进过程。在不同地区，这个过程的侧重点、时间进展都会有差异。在经济、科技发达地区，基础设施齐全，起点高，城乡一体化实现时间比较短；在不发达地区，经济、科技、基础设施都还在发展初期，城乡一体化实现的时间就会比较长。

③广泛性。城乡一体化是要把城市与乡村的发展作为一个整体统筹考虑，因而其所涉及的内容非常广泛，包括经济、政治、社会、文化、生态环境、规划布局等各个方面。在经济方面，城乡一体化体现在三大产业的合理布局，能够发挥城乡各自拥有的特点和优势，生产力不断得到发展，经济效益不断得到提高；在政治方面，城乡居民享受同等权利和同等的发展机会，不存在制度上的城乡差别，更不存在政治歧视；在社会方面，城乡一体化体现在城市和乡村和谐相处、融为一体，城乡资源与要素合理流动，城乡差距不再成为影响居民生存与生活的主要因素；在文化方面，城乡居民思想观念、文化水平不再显示出差距，各类人才在城乡均衡分布；在生态环境方面，在创造宜居环境的前提下，合理配置各种环境资源，保证生态环境自循环可持续发展；在规划布局方面，城乡各种要素分布适宜，既有利于城乡生产、生活的需要，又能做到保护生态环境。

④双向性。城乡一体化的提出，其前提是城乡差距的存在，特别是在发展中国家，由于种种原因，城乡分割、对立很大程度上是人为造成的，乡村在很长时间内成为城市发展的资本累积地和商品销售地，城市发展中有乡村付出的牺牲。但是，缩小甚至消灭城乡差距、最终实现城乡一体化，不是城市或者乡村单方面的事情，一定要两个方面共同努力。农村要致力于发展农业技术，提高农民的科学生产能力，推动农业产业化、现代化发展，生产出更多品质优良的农产品及其他产品，总体上提升农村的自生能力；城市要利用其优势地位，增强与农村的交流，为农村提供先进的技术、资金、设备以及管理经验，帮助农村加快发展步伐。“城市反哺农村”不只对农村有利，当农村改变落后局面后，一定会成为城市商品的更大销售区域，对城市发展利好。

⑤差别性。城乡一体化是指用系统的、全面的观点来考虑城乡的发展，是将城市和乡村的发展予以统筹考虑。更为重要的是，城乡一体化不是将所有乡村变成城市，也不是城

市乡村化，而是城市与乡村要保持各自特色。特别是在乡村，除了农业产业外，农村工业、商业、交通、建筑等其他产业也应得到发展。城市与乡村互为对方的持续发展提供补充。

⑥长期性。城乡一体化是一个持续、渐进的过程，这个过程的长短会因一个国家或地区的发展基础不同而不同。日本“二战”后急于追求国家复兴，片面追求工业化，引起城乡差距的急剧扩大。为此，日本政府采取了加强农村基础设施建设、推进土地规模经营、大力发展农村工商业等措施。到了20世纪70年代，日本城乡收入便趋于均等，而且实现了农业与农村的全面现代化。此外，20世纪60年代，挪威面临城乡和区域发展极为不平衡的问题，城乡居民收入差距一度超过了3∶1，大量农民流向城市，结构性失业非常严重。于是挪威政府着力解决城乡差距和区域发展不平衡问题，采取了一系列对策和措施。经过40年的努力，挪威完成了城乡一体化，农民不仅享受到与市民几乎相同的生活条件、收入水准和社会福利待遇，而且还拥有平等的发展机会。由于发展中国家与发达国家的发展基础不同，因而其实现城乡一体化的时间可能会更长。

（3）城乡一体化的主要内容

根据城乡一体化的定义，其具体包括以下几个方面的主要内容。

①城乡规划一体化。这是统筹城乡、推进城乡一体化的基本保证，也是科学发展的前提和基础。将广大农村的发展纳入城市总体规划、土地利用规划、产业发展规划等各级各类规划的范畴，形成城乡统筹、相互衔接、全面覆盖的全域规划体系，有利于促进资源在城乡优化配置、产业在城乡优势互补、人口在城乡有序流动。

②城乡产业一体化。这是指城乡以各自的资源禀赋为前提，通过促进三次产业在城乡之间的合理布局和广泛联系，实现城乡产业的优势互补，推动三次产业的互促与融合。一方面可以通过业态创新促使产业融合，如农业与农产品加工业的融合、农业与旅游业的融合等；另一方面通过均衡发展理念推动产业互促、协调发展，如推进农业和工业的社会化服务体系建设，催生现代生产服务业的成长与发展，使农业和工业的发展不断为生产服务业创造更多的需求；与此同时，生产服务业的发展又促进了工业和农业的快速提升，这样就会进一步加快城乡产业互动、城乡经济互融的现代城乡产业发展体系的形成。

③城乡基础设施一体化。这是改善城乡居民特别是农村环境及农民生产生活条件的必然要求。通过建立城乡基础设施统一规划、一并推进的机制，实施网络化城乡交通体系建设，推进市政公用设施向农村覆盖，实现生态环境建设一体化、城乡信息服务一体化，以及城乡居民用电同网同价、城市自来水和天然气覆盖农村、城乡垃圾统一运输和集中处理等。

④城乡市场体系一体化。这是城乡一体化的动力所在。在推进城乡一体化的过程中，

要积极推动城乡两个分割的市场的互联互通和相互弥合，以促进资源与要素在城乡之间的自由流动，进而促进城乡一体化内在机制的形成与发展。如通过推进以“还权赋能”为核心的农村产权制度改革，将农民对土地和房屋的财产权利落到实处，以推动农村产权的规范有序流转。

⑤城乡公共服务一体化。这是最能体现以人为本、共创共享的制度安排。通过建立城乡一体的公共服务体制和财政投入、经费筹集机制，在就业、社会保障、教育、卫生、文化等领域推动城乡资源均衡配置，通过构建覆盖城乡的公共卫生、教育文化等社会体系，推动城市优势公共资源向农村覆盖，使城乡居民共享改革发展成果。

⑥城乡管理体制一体化。这是城乡统筹和城乡一体化的重要保障。通过完善覆盖城乡的行政管理体系、公共财政体系和基层治理机制等手段，着力推进城乡管理体制的一体化建设，为城乡统筹和城乡的一体化发展提供强有力的支撑和保障。

（4）城乡一体化的基本要求

城乡一体化是生产力发展到一定水平的必然结果，并且随着生产力的不断发展，城乡一体化水平也将不断提高。因此，推进城乡一体化还需要把握好以下几个方面的基本要求。

①城乡一体化需要以城乡经济的各自发展为必要前提。由于城乡一体化是一个依赖于诸多因素的系统工程，因而在实现城乡一体化的过程中，需要空间、经济、生态、文化、社会、市场、制度等一系列要素在城乡之间不断实现有机协调与结构优化。

②城乡一体化需要以城乡之间的协调发展为目标。实际上，城乡一体化不是城乡的“低层次平衡发展”，更不是城乡的“平均主义”，而是应具有帕累托改进的特性，将乡村的地位适当提高，使其在市场经济体制下处于与城市同等的竞争地位。

③城乡一体化需要发挥城市和乡村的各自优势、突出各自的特色。城乡一体化不是城乡一样化，必须尊重二者在职能、发展水平、区域特征等方面的客观差异，不宜一味简单追求消灭城乡差异。

④城乡一体化需要制度环境的不断完善与创新。在城乡一体化进程中，要创新和完善制度设计，特别是应该避免对城乡劳动力、资金、技术等资源自由流动的不合理的人为限制。

⑤城乡一体化不能急于求成。事实上，城乡一体化是一个动态的发展过程，需要经历一个从简单、比较低级的一体化到复杂、高级的一体化的漫长过程，不可能一蹴而就，一下子就能彻底消除城乡差距。

3. 城乡产业一体化的有关概念及内涵

前已述及，实现城乡一体化发展，需要多方面构成的支撑体系，包括产业支撑、规划支撑、政策支撑、体制支撑、工程支撑等。城乡一体化的基础之一是产业一体化。

（1）城乡产业一体化的几个相关概念

要研究城乡产业一体化，首先需要正确把握其中一些主要的概念及其内涵。

①产业。《马克思主义政治经济学》中曾将产业描述为从事物质性产品生产的行业。20世纪50年代以后，随着社会的飞速发展，各种非生产性质的产业如服务业等迅速成长，产业的定义也随之改变，不再是专指物质性产品的生产部门而是指生产同类产品（或服务）及其可替代品（或服务）的企业群在同一市场上的相互关系的集合。简言之，产业是具有相同属性的企业群或企业的集合。

要正确认识产业，需要把握以下几个方面的含义：第一，产业是社会分工的产物；第二，产业是社会生产力不断发展的必然结果；第三，产业是具有某种同类属性的企业经济活动的集合；第四，产业是介于宏观经济与微观经济之间的中观经济层次；第五，产业的含义具有多层次性；第六，随着社会生产力水平的不断提高，产业的内涵将不断得到充实，外延将不断得到扩展。

②产业结构。所谓产业结构，是指在社会再生产过程中，一个国家或地区的产业组成即资源在产业间的配置状态、产业的发展水平即各产业所占比重，以及产业间的技术经济联系即产业间相互依存相互作用的方式等。实践中，三次产业结构是区域经济发展的基础结构。英国经济学家科林·克拉克（Colin Clark）将区域的全部经济社会活动划分为第一次产业、第二次产业和第三次产业。其中第一次产业是产品直接来自自然界的部门，第二次产业是对初级产品进行再加工的部门，第三次产业是为生产和消费提供各种服务的部门。一般来说，广义的农业是第一次产业，工业或制造业与建筑业是第二次产业，服务业是第三产业。我国对三次产业的划分是：农业、林业、牧业、渔业为第一产业，制造业、采矿业、电力、建筑业为第二产业，除第一、第二产业以外的其他行业为第三产业①。

一般来说，产业结构通常从以下两个角度来考察：一是从“质”的角度动态地揭示产业间技术经济联系与联系方式不断发生变化的趋势，揭示经济发展过程的国民经济各部门中，起主导或支柱地位的产业部门的不断替代的规律及其相应的“结构”效益；二是从“量”的角度静态地研究和分析一定时期内产业间联系与联系方式的比例关系，即产业间

① 见《中华人民共和国国家统计局关于印发〈三次产业划分规定〉的通知》（国统字〔2003〕14号）。

“投入”与“产出”的量的比例关系。

③产业布局。产业布局是指产业在一国或一地区范围内的空间分布和组合的经济现象，或者说是指一国或一地区的产业生产力的空间分布和组合结构，其合理与否会影响到该国或该地区经济优势的发挥和经济发展的速度。实际上，从静态看，产业布局是指形成产业的各部门、各要素、各链环在空间上的分布态势和在地域上的组合；从动态看，产业布局则表现为各种资源、各生产要素甚至各产业和各企业为选择最佳区位而形成的在空间地域上的流动、转移或重新组合的配置与再配置过程。

④城乡产业一体化。实际上，城乡产业一体化是指在生产力水平发展到一定程度，城市与乡村这两个不同类型的经济主体①，在一个相互依存的区域空间范围内，一、二、三产业从分工、布局、合作等各个层面在城乡之间进行广泛的联合，实现人口、资金、信息、技术等要素在城乡间双向自由流动和优化配置，最终构建起城乡产业“互为依托，优势互补，高度协作，联动发展”的一体化经济结构的过程。具体地说，城乡产业一体化的主体是城市产业与乡村产业；内容和载体是城市产业要素（包括组织、资源、市场、劳动力、技术、信息、发展机会等）与乡村产业要素之间的流动和配置②；表现形式是城乡产业内和产业间的前向关联、后向关联和侧向关联；目的是加强城乡产业间的关联性，拉长与壮大城乡产业链条；最终的结果是城乡产业双方均获得持续、有效的发展。

城乡产业的一体化，就是打破传统的城乡产业分工，从区域经济的整体出发对产业的结构布局作出合理安排。城乡产业一体化的前提，是对于城乡整个区域的不同组成部分作出正确的功能定位，以强大的产业支撑构建城乡一体化的产业体系，促使各个组成部分持续协调发展。

（2）城乡产业一体化的内涵

城乡产业一体化的内容，应该主要包括城市和乡村各自内部三次产业的一体化，以及更为重要的城乡之间的三次产业的一体化。产业一体化并非是一种线性的联系，而是一个有机的循环。维持任何水准的产业发展，都必须要形成循环，且循环越大，水准越高。

①城市内部三次产业一体化。按照分工理论，城市的产业基础是第二、三产业。城市的本质特征和优势就在于人口、资本、技术等要素的积聚和集中，它推动着产业分工的提升和深化。随着经济水平的提高和发展方式的转变，城市内部不同区域的产业基础也随之逐步提升，主要表现为各城区之间、城区与镇区之间、各镇区产业之间的分工、布局和融合。

① 胡美伦．浅析我国城乡产业一体化的主要问题及政策建议［J］．商场现代化，2010（10）：99-100.

② 任迎伟，胡国平．城乡统筹中产业互动研究［J］．中国工业经济，2008（08）：65-75.

主城区。在城市的主城区，一般布局以服务业为主的第三产业。服务业可以划分为为消费者提供服务的生活性服务业和为生产者提供产前、产中、产后服务的生产性服务业。生产性服务业发展到一定阶段后，会出现向制造业渗透、融合的现象，也就是产业一体化。服务业和制造业的融合有两种基本互动形式：一种是企业中两种业务的“纵向整合”（vertical integration）；另一种是制造业“外购”（buying-in）服务业产品。随着生产性服务业的发展和对生产提供服务的增加，服务业和制造业的边界会变得模糊，服务业与制造业融合生长，并组成一个服务业与制造业一体化的生产体系。制造业的这种变化特点是产品愈来愈融合生产和服务于一体。这样一来，主城区的服务业将与主城区以外的镇区制造业结合在一起。

城乡结合部、镇中心和镇乡结合区等区域。这一区域就是我们通常所说的“镇域”，其产业基础是以简单加工装配为主的制造业、现代物流业和都市型现代农业。作为城乡之间的过渡地带，它既有城市的特征，又有乡村的特征。作为“乡村之首”，它是乡村区域经济的“发展极”；作为“城市之尾”，它接受大中城市的辐射。它在产业分工方面起着三重承接作用：一方面与城区的产业相配套，另一方面将农产品向城市输送，同时还将城市的制成品向乡村传递。

特殊区域。这是指城市产业一体化的新载体，如开发区等，为特殊区域的典型，它的设立本身就是为了实现产业链的内部延伸和衔接。区域内的企业基本处于产业上、中、下游的链条上。也就是说，开发区内部的各企业之间的产业关系是“横向一体化”（lateral/horizontal integration）。相邻节点企业表现出一种需求和供给关系，当所有相邻企业依次连接起来，便形成了产业链或供应链。在开发区中，还有不少技工贸一体化的企业，即由一个企业来完成某种产品的生产加工和销售的全过程，此称为“纵向一体化”（vertical integration）。开发区作为一个整体，与城区的生产性服务业发生联系。

值得注意的是，城市三次产业一体化不仅是为了城市的发展，也是为了乡村的发展或是城市引领乡村的发展。因为，农业的产业化和现代化所需的资金支持，不可能来自乡村和农民的自我积累，而只能来自于被推高的城市土地收益。这些收益恰恰是城市由于资源要素的积聚所释放出来的土地级差地租。

②乡村内部三次产业一体化。与城市相反，乡村的本质特征是空间的分散性。虽然农民居住方式有集中的趋势，但目前仍以分散居住为主。乡村的产业基础自然是以农业为主的第一产业，而现代农业已逐渐改造并取代了传统农业。具体来说，是向农业大量输入机械、化肥、燃料、电力等各种形式的工业辅助物，也就是农业联上了工业。在乡村日益兴起的农民合作社和农业龙头企业通过利益联结机制来安排农业生产的产前、产中、产后等环节，向前覆盖农户，向后连接市场，提供农产品从生产、加工、储藏、运输到交易的配

套服务，实现了乡村产业的一体化。

③城乡之间三次产业一体化。城乡三次产业一体化源于两者的相互依赖性，它包括城乡产业之间以各种投入品（各类要素）、产出品和市场为主的经济依赖。目前，已经出现了一些城市渗透乡村、乡村渗透城市，城市和乡村浑然一体的情形。传统的城乡产业布局被突破，城乡产业的界限已日益模糊。

当前，城乡产业一体化更多地表现为农业现代化与工业化，以及乡村产业（包括乡村农业、工业、服务业）与城市产业（主要是工业、服务业）的互联互通。一方面，各种现代科学技术和先进设施等运用于农业生产，城市产业逐步改造提升乡村产业；另一方面，乡村产业向城市产业延伸渗透，如观光休闲农业、社区支持农业等都体现了农业与服务两大产业的交叉融合。在未来，城乡产业一体化的范畴会更大，将呈现出更多模式，不仅使城市传统产业获得扩张，而且使新兴产业随着城乡一体化而不断涌现，以及特色、新型的乡村第二、第三产业相继出现并发展壮大。与此同时，乡村第一产业也将以全新的姿态在城乡经济社会发展中发挥作用。正因为如此，未来的城乡产业链条逐步也会不断得到延伸与交叉，城乡产业的联结也将更加紧密和更为复杂。

（3）城乡产业一体化的现实意义

一般来说，城乡产业一体化具有以下几个方面的意义。

①城乡产业一体化是发展城乡经济的重要支撑。城市和乡村两个经济主体的产业能否形成合理的分工与合作，决定着城乡经济能否和谐、健康发展。如果城市与乡村分隔，即使城市能孤立地发展它的现代产业，但乡村不能繁荣，农民收入不能增加，城市里生产的产品向哪里销售？因此，城市和乡村之间的产业发展是密不可分的、是紧密联系着的，谁都不可能孤立地生存和发展，两者只有协调一致地形成循环发展的一体化态势，才能使城市和乡村实现高效率的发展。

②城乡产业一体化是消除乡村“空心化”的核心力量。大规模的人口从乡村流向城市，很大程度上是因为乡村农业的逐渐弱化以及非农产业的滞后。乡村吸纳就业不足，剩余劳动力只有通过外出务工才能获得必要的经济贴补。而人口外流又进一步导致乡村产业的萎缩。如此一来，容易形成“产业‘空心化’——人口外流——产业进一步‘空心化’”的恶性循环，之后还会出现一系列“空心化”问题，如人口“空心化”等等。其本质上是乡村经济社会功能的整体退化。城乡产业一体化，就是要通过城乡产业的互动和融合，改善乡村经济地位，促使农村人口的合理流动。

③城乡产业一体化是统筹城乡经济社会发展的主要基石。城乡统筹涉及社会经济、生态环境、文化生活等各个方面，城乡产业一体化是贯穿当中的一条主线。因为产业是经济发展的基础，而经济又是各项社会事业发展的基础。无论是城市或乡村，如果产业发展缓

慢甚至停滞，势必造成基础设施、公共服务等公共物品的供给严重滞后。因此，产业发展是城市和乡村经济发展的核心环节，即没有产业的发展，要实现城乡经济社会的协调发展也是不可能的。

（二）城乡产业关系的演变历程及其规律

城乡产业关系的形成与发展是一个动态演化的过程。城乡产业发展与演进是城市与乡村各自产业部门不断壮大与扩张、技术知识水平不断积累与提升、自组织能力不断提高与强化、产业复杂性逐渐提升，城乡产业结构不断优化的过程。综观世界各国经济社会发展的历程，从城乡产业互动的角度考察，城乡产业关系大体经历了以下四个阶段：

1. 前工业时期的城乡产业关系：乡村产业孕育城市产业

随着第一次社会化大分工的出现，人类从游牧状态开始转向为定居状态，早期的村落演变成为定居状态的乡村；第二、三次社会化大分工的出现，手工业与商业逐渐兴起，从而推动了城市的形成。自此，城乡产业关系构成了人类社会的主要社会经济现象。乡村产业以种植业、畜牧业为主导，城市则成为工商业的集聚地。从整体经济发展来看，前工业时期，乡村产业处于强势地位，城市产业的发展依附于乡村农业。早期城市的经济循环属于“输入型”，具有纯消费性的特征，城市产业的发展很大程度上受制于农业剩余（主要是农产品、资金和劳动力剩余）的数量。城市的工商业发展缓慢，经济自循环能力差，主要依靠乡村产业为城市提供生活所需物品。从这个意义上讲，乡村农业是孵化城市产业的源泉，农业的发展是城市起源和城市工商业得以独立与进一步发展的基础。

2. 工业化初期的城乡产业关系：城乡产业对立

始于18世纪下半叶结束于19世纪中叶的工业革命（也称产业革命，TheIndustrial Revolution）是人类历史上的一个重要阶段，它实现了从工场手工业到大机器生产的飞跃。工业革命的浪潮从资产阶级革命首先获得胜利的英国起源，继而席卷欧美以至全世界。工业革命使人类社会进入了一个前所未有的工业化发展时期：大工业生产方式和现代资本主义生产关系的最终、全面的确立，社会生产力呈跳跃式发展，包括人们的思想观念在内的社会生活的各个领域发生急剧变化，整个社会处于不断的变革之中。从此，世界从农业社会开始迈入工业社会，从乡村化时代开始进入城镇化时代。

随着工业化进程的推进，乡村的畜牧业、种植业逐渐壮大成为现在的第一产业，城市的手工业和商业逐渐壮大为第二产业与第三产业。由于城乡产业自身性质的差异，导致城乡产业间技术进步率、生产率差距日益拉大，城市产业得到了更快的发展，城市的综合经济实力远远超过了乡村；同时，随着城市产业向乡村的转移以及乡村产业的经验积累，使得在乡村第一产业发展的同时，也促进乡村第二、三产业逐渐形成，但其技术与知识存量要远远落后于城市的第二、三产业。进入工业化后，在循环累积因果关系效应（Myrdal，1957）的作用下，市场机制（在市场经济条件下，资本和劳动力等生产要素总是向边际收益更高的行业和地区流动）使得城乡产业发展差距进一步拉大，逐渐形成了城乡二元经济结构。同时，工业化初期，城市产业部门规模仍很小、实力较弱，自身的积累能力很差，难以靠其自身的储蓄和积累来筹措发展资金。因此，发展中国家的城市集团利用政治权力，普遍采取“城市偏向”的制度安排（如工农产品剪刀差、税收等其他一系列不利于乡村发展的政策）强制性地使乡村资源不合理地转移到城市产业，以牺牲农村的利益来换取城市和工业的快速发展。国家的投资战略也偏向于城市和工业，导致乡村地区技术缺乏，医疗、教育等基础设施落后。可见，工业化初期，城乡产业互动方面存在很大偏差，即乡村推动城市工业的力量远大于城市对乡村的带动。农业客观上承担了为工业化提供积累的任务，主要表现为乡村成为城市的粮食供给基地、工业原料供应地、工业品消费市场，以及为城市产业提供资本积累和廉价劳动力的无限供给源。

3. 工业化中后期的城乡产业关系：城市产业反哺乡村产业

如前所述，在工业化起始阶段和发展初期是农村产业哺育城市产业发展，而在工业化的中期特别是后期，城市工业自身积累能力和物质技术装备水平的提高具备了纠正城乡间产业互动偏向的条件，使城市产业反哺乡村产业成为可能，这一点在各国工业化过程中是一个共同趋势。例如，美国1933年的《农业调整法》，日本1961年的《农业基本法》等，就是工业反哺农业的风向标。城市产业对乡村产业的反哺，大致有两种途径：一是在政治上应给予乡村地区更高程度的自主权；实行农产品价格支持，使之有利于乡村的发展和农业产品的生产；加快农业的技术进步、加强农业科研和教育；在城乡之间、农村与农村之间都应建设较为完善便捷的交通网络。通过一系列乡村产业政策环境的改善，乡村产业规模得以扩大，产业层次逐渐提升。最终，乡村产业的生产率大为提高，自组织能力不断提升，通过与城市产业的良性互动获得更大发展。二是通过中小城镇来支持经济活动在城乡间的传播与扩散，强调城乡联系作为均衡发展的动力。主张从城乡联系与城乡要素自由流动的角度，以乡村产业发展为基础，分散发展；促进城市产业与乡村产业之间联动、双赢关系的形成。这两种途径在操作上虽有差异，但均需借助于外部力量，即政府行为的介入，以促进城市产业与乡村产业的良胜互动。通过政府干预，停止“城市偏向”的制度安排，打破城乡分隔的二元结构体制，营造良好的人文、政治、制度等环境；增加乡村产业发展所需要的公共设施及服务，实现城乡公共物品和服务的均等化；消除城乡之间的体制障碍，建立合理的要素流动市场，变要素流动从乡村流向城市的单向流动为城市与乡村之间的双向自由流动，使人口、资金、技术、信息、管理等要素在城乡之间合理有效流动；增加乡村的人力资本投入，提升乡村产业的技术知识结构；并制定合理的城乡产业政策，促进城乡产业间交易关系的互利性以及产业链条关系的改善。最终，使城乡产业技术与知识处于同一水平，边际劳动生产率达到相当或者相等，自组织能力差异缩小，形成良性互动的双赢局面。

4. 后工业化时期的城乡产业关系：城乡产业融合发展

随着第三阶段发展，城市产业与乡村产业的技术知识在广度上与深度上均得到不断增加和积累，各自均实现自组织化。城市原有产业部门不断扩张升级，新兴产业部门不断涌现；乡村的第一产业实现现代化，新型的乡村第二产业、第三产业相继出现并逐渐壮大。农村自身具备了较强的发展能力，农村工业化与农业产业化达到一定的水平，农民素质普遍提高，具备与城市产业互动的能力。城乡产业主导部门有序更替与转换，城乡经济结构不断地优化。城乡产业发展形成布局合理、分工协作、优势互补的产业发展格局。工业逐步从中心城市扩散到小城镇（包括集中发展区），同时分散的乡村工业向小城镇集聚，中心城市重点发展金融、贸易、信息、服务、文化、教育等第三产业，不再以生产性功能为主。城乡产业联结更紧密、更复杂。从整体上看，城乡产业发展保持了某种程度的一致性。信息共享、城乡统一的市场得到建立，生产要素在城乡产业之间双向自由的流动；资源优势互补、产业关联度紧密、要素的投入产出结构合理；产业技术与知识在互动中得到转移与有效学习；共有的公共设施及服务完备，社会环境融洽。发展的一致性又将不断推动城乡产业效率和收益的提高，以及竞合关系的提升，最终实现城乡产业的融合发展。

（三）我国的城乡产业一体化发展

1. 新中国成立以来我国城乡产业关系的演变

新中国成立以来，我国的城乡产业关系经历了以下几个阶段。

（1）新中国成立初期（1949—1957 年）：开放流动阶段

新中国成立后，中央政府采取一系列措施，开放城乡，扩大城乡经济联系，促进城乡相互交流，初步改变了城乡对立关系，城乡之间开放和双向交流的新型关系开始显现。这一阶段，工业化就成为整个国家经济建设的重中之重。于是城乡产业关系的焦点就集中在两个方面：一是如何加快农业的发展，以便在人均耕地资源稀缺的条件下，解决中国人口的吃饭问题和为工业化积累资金；二是在“一五”时期（1953—1957 年）确立的重工业优先发展战略下，如何协调城乡关系，保证中国的工业化迅速实现。在城乡人口迁移方面，国家基本奉行自由流动的原则，呈现城乡对流、但农村流向城市多于城市流向农村的状态。在加速工业化的进程中，大量农村人口进入城市就业和落户，城市化得到快速发展，城镇人口由 1949 年的 5 765 万人增长到 1957 年的 9 949 万人，年均增长 7. 06%；城市化率（城市人口比重）由 1949 年的 10. 64%迅速提升到 1957 年的 15. 39%①。在 1949 年至 1957 年间，70%~80%的城镇人口增量来自于农村向城市的迁移。

（2）计划经济时期（1958—1978 年）：分割对立阶段

在这一阶段，我国确立了以城市为中心、以工业为重点、农村为城市和工业服务的思想。国家通过垄断农产品流通的统购统销制度、限制生产要素流动的人民公社制度和户籍制度等，俗称为“三驾马车”的农业经济制度安排，对农村经济实行严密的控制，造成城市和乡村之间的自然联系和要素流动基本被切断，形成了城乡分割的二元格局，并使城乡隔绝的状态得以制度化。在计划经济时期，城乡经济分工非常清晰，即农村进行农业生产以保证农产品的供给和为城市工业化提供原始积累，城市则从事第二、三产业生产。重工业优先发展的战略以及“城市偏向”的一系列制度安排（如社会福利制度、就业制度、粮油供应制度等）对中国的城乡产业关系变动造成了很大的负面影响：农业发展严重滞后于工业；农业结构调整困难；城乡产业严重分化；农村产业发展被排除在工业化进程之外；农村非农产业的发展长期受到抑制。

从农村工业的发展来看，在 1958 年的人民公社化运动中，乡镇企业的前身——社队企业随之诞生。据统计，到 1958 年年底，全国社办企业 26 万个，总产值 62. 5 亿元。在 1960 年开始的国民经济整顿期间，社队企业成为整顿的对象之一，很多社队企业纷纷停业。1970 年 8 月至 10 月，国务院召开北方地区会议，号召各地发展“五小”（即小钢铁、小水电、小机械修造、小水泥、小化肥）工业，社队企业重新获得恢复和发展。到 1978 年，企业个数达到 152. 43 万个，但社队企业的增加值也只有 20 939 亿元。1970 年代执行的社队企业“三就地”方针，即要求社队企业就地取材、就地生产、就地销售，限制了农村工业的发展，企业规模相当有限，只能算是城市工业的补充。至于农村第三产业，其发展更加缓慢。

在生产要素配置上，限制农村劳动力流动，资金重点投向城市。1958 年颁布的《中

① 数据来源：国家统计局国民经济综合统计司 . 新中国 60 年统计资料汇编［M］. 北京：中国统计出版社，2010.

华人民共和国户口登记条例》，明确将城乡居民区分为农业户口和非农业户口两种不同的户籍，并严格规定没有城市管理部门的许可，农村人口不得流入城市，农业户口不得转为非农户口。城乡人口流动的限制导致大量富余劳动力滞留于农村，城镇化进程缓慢。在人口分布方面，城市人口比重仅由1958年的16.25%提高到1978年的17.92%。在重工业优先发展的政策指向下，城乡资金流动严重倾斜，大量农村资金通过各种渠道为城市工业提供资本积累。一是以工农业产品价格“剪刀差”的形式无偿为城市工业提供资本；二是国家通过农业税收（财政）和农村储蓄（金融）等渠道获得大量的资金积累。

（3）改革开放初期（1979—1985年）：均衡发展阶段

在“一大二公”“政企合一”的人民公社体制下，农业劳动者严重缺乏劳动积极性，农业效率非常低下。因此解决激励不足问题便成为该阶段农村改革的首要目标。1978年12月，安徽省凤阳县小岗村的18户农民在生产队长严俊昌、副队长严宏昌的带领下，冒着极大的政治风险秘密签订契约，决定将集体耕地承包到户，并当场立下字据、按上手印，就此揭开了中国农村改革的序幕。1982—1986年，中央连续出台了五个“一号文件”指导农村改革工作。1982年的“一号文件”正式肯定了家庭联产承包责任制的合法性；1983年的“一号文件”部署了废除人民公社制度的改革，鼓励发展农村工商业，以吸收农村剩余劳动力；1984年，家庭联产承包责任制基本普及全国（100%的生产队和98%的农户接受了家庭承包责任制），从而改革的重点转向培育市场机制；1985年“一号文件”规定，从当年起，除个别品种外，国家不再向农民下达农产品统购派购任务，按照不同情况，分别实行合同定购和市场收购，这标志着统购统销制度的基本结束。一系列的制度改革（农业经营制度以及农产品价格和流通体系的改革），突破了长期以来的城乡壁垒，弱化了城乡二元结构，为城乡间的要素流动和产业互动创造了条件。在1979—1985年，城乡产业发展总体上呈现均衡发展的良好状态，城乡二元结构系数呈下降趋势。

农村改革和当时的提高农产品价格等举措，极大地调动了农民的生产积极性，解放了农村生产力，有力地促进了农业劳动生产率的提高，推动了农业的超常规增长。在1981—1984年家庭承包责任制普遍推开的3年时间里，农业年平均增长速度高达10.9%。农产品的数量也急剧增长，1978—1984年，粮食总产量从30 476.5万吨增加到40 730.5万吨，仅6年的时间就增加了1亿吨以上，增加了33.65%。棉花、油料、肉类、牛奶、水产品等产量也得到了快速的增长。1978—1984年，我国第一产业增加值按可比价格计算年均增长7.39%，而同期第二产业增加值年均增长9.01%，工农业的关系总体上呈现出均衡发展的态势。

这一时期也出现了生产要素市场，劳动力和资本开始在农村内部和城乡之间流动，工农业产品价格的“剪刀差”明显缩小。此外，改革开放以来出现了城市人才和技术向农村流动的现象，不少城市企事业单位的科技人员和管理人员流向乡镇企业，科技成果向农村流动的速度明显加快。总的说来，这一时期的城乡关系得到了明显改善，带来了城乡经济呈现良性循环的新局面。

（4）改革探索时期（1986—2003年）：快速发展阶段

从20世纪80年代中后期以来，农村家庭联产承包责任制对农业的激励效应不断递减，农业生产增长率开始减缓，城乡产业关系又出现了发展不协调的状况，城乡二元结构系数在波动中逐渐扩大。1985年之后，以城市为重点的经济体制改革全面展开，为了保证城市改革的顺利推进，财政资金和各种资源配置又逐步向城市倾斜。在城市收入分配、社会保障制度改革和国家财税制度改革等领域，利益重心也由向农村倾斜转为向城市倾斜，从而使得城乡差距又重新拉大。城市的迅速发展导致城乡产业发展失衡，工农业增长差距扩大。

这一时期，以乡镇企业为主要内容的农村工业化开始快速发展，农村工业化形成了与城市工业化并行的伟大进程，出现了城乡二元工业化的局面。1984年，社队企业更名为乡镇企业，突破了“三就地”和“两个轮子”（社办、队办）的限制，乡镇企业发展的政策环境和经济环境逐渐改善，一直到1988年，乡镇企业获得了第一轮高速发展。乡镇企业得以快速发展的主要原因：首先是农业要素投入的边际收益递减为乡镇企业的发展提供了充足的廉价劳动力资源；其次是农业产出水平的增加，为乡镇企业的发展提供了充足的原材料来源；再次是城市体制改革滞后所产生的轻工业产品供给不足，农民收入增加导致对到轻工业产品的需求增长，这为乡镇企业的发展提供了机遇；最后是政府政策的支持，1984年的中央“一号文件”，明确提出鼓励农民向各种企业投资入股，鼓励集体和农民本着自愿互利的原则将资金集中起来联合兴办各种企业；1984年的中央4号文件，提出鼓励户办、联户办企业与乡村所属集体企业共同发展。1984年，乡镇企业异军突起，从1983年的134.64万个猛增到60 734万个。乡镇企业职工人数从1984年的5 028.10万人猛增到1988年的9 545.45万人，占到农村全部就业人员的23.82%。1988年年底，乡镇企业占农村社会总产值的比重已经达到58%，农村的非农化进程取得了很大的进步，打破了城乡分割的格局，加快了农村城镇化的进程。小城镇数量的集聚扩张与乡镇企业的高速增长相重合，成为支持乡村工业发展战略的重要手段之一。

1989—1991年，乡镇企业进入治理整顿时期。由于经济过热，乡镇企业成为首当其冲的治理对象。国家对乡镇企业采取“调整、整顿、改造、提高”的方针。中央明确规定“乡镇企业发展所需的资金，应主要靠农民集资筹措”“进一步提倡乡镇企业的发展要立足于农副产品和当地原料加工”。在这种情况下，乡镇企业发展势头受到抑制，乡镇企业的生存环境趋于恶化，优惠政策大大减少，企业普遍开工不足，对农村剩余劳动力的吸纳能力逐渐减弱，三年仅增加了246.85万人。

1992年，邓小平南巡讲话肯定了“乡镇企业是中国特色社会主义的三大优势之一”。于是在1992—1996年，乡镇企业又进入第二轮高速发展阶段，乡镇企业以超高速向前发展，企业规模不断扩大。1996年以后，乡镇企业进入变动、整合时期，乡镇企业吸纳就业的增长率开始明显下降，1997—1998年，甚至出现了4%的负增长，两年间共减少从业人员971.74万人。从90年代中后期开始，以乡镇企业为主的农村劳动力转移模式开始转变，个体户、私营企业吸纳的劳动力开始增加，跨地区外出务工人员逐年增加。1999年以后，乡镇企业增速开始回升，所有制结构进一步调整，个体私营企业发展加快。到2004年，个体私营企业占乡镇企业的比重达到52.55%，集体企业仅占1.34%。

从以上可以看出，乡镇企业的兴衰无不与“城市偏向”的经济发展战略有关，其产生和发展是为了维系城乡分割的二元经济制度，其衰退则是为了保护城市部门的利益。

（5）城乡统筹时期（2004年至今）：城市反哺乡村阶段

如前所述，在改革开放以前，在农业剩余非常有限、工业资金不足的条件下，农民主要是通过提供农副产品而不进入城市的方式，来为工业和城市的发展提供农业剩余产品和降低工业发展成本。而在1978年至2003年间，农民和农村则主要是通过直接投资（乡镇企业）、提供廉价劳动力（大量农民工）、提供廉价土地资源三种方式，为工业和城市的发展提供了强大的动力。

随着改革开放的全面推进以及农村经济社会的迅速发展，城市支持农村、工业反哺农业的条件日益成熟；另一方面，城乡产业差距不断扩大的局面对城市支持农村、工业反哺农业的政策需求也日益强烈。在这种背景下，城乡关系的转变成为必然。2004年党的十六届四中全会提出了“两个趋向”的重要思想，即“在工业化初始阶段，农业支持工业、为工业提供积累是带有普遍性的趋向；但在工业化达到相当程度以后，工业反哺农业、城市支持农村，实现工业与农业、城市与农村协调发展，也是带有普遍性的趋向”。在这一思想指导下，城乡关系实现了历史性转折。我国的工农关系、城乡关系进入了“以工补农、以城带乡、城乡协调发展”的新时期。从2004年开始，中央连续出台了13个“一号文件”，其主要目的就是按照统筹城乡经济社会发展的要求，实行“城市支持农村、工业反哺农业”和“多予、少取、放活”的方针，给农民平等权利，给农村优先地位，给农业更多反哺。

这一时期，农业和农村进入新的发展阶段，呈现出了城乡平等发展的态势，城乡居民人均收入均进入较快增长期。此外，国家财政用于“三农”的支出逐年增加。从2004年开始，全面放开粮食收购市场，逐步建立了包括粮食直补、良种补贴、农机具购置补贴和农业生产资料综合补贴等直接补贴制度。在支农惠农政策的激励下，农民生产的积极性大大提高，粮食产量实现连续13年增产。

农村工业化与城市工业化并行的阶段已告一段落，农村工业化已经融入城市工业化，正在形成城乡一体工业化的格局。农村工业化与城市工业化的结合已经不再是谁为谁“腾地盘、让产业”，而是城市产业进入了农村地域、农村劳动者进入了城市产业，并以多种产权形式实现了经济上的结合。城乡产业既相互融合，又出现了按照各自特点进行新的分工的大好局面。从产业布局看，通过自然演化和政府引导等不同途径，为城市大工业配套和与农产品深加工衔接的产业集群基本形成。

2. 我国城乡产业一体化发展的实现形式

城乡产业一体化是一个动态演进的发展过程，它由低到高可分为城乡产业互补、城乡产业配套和城乡产业融合三个阶段，表现为城乡产业内和产业间的前向关联、后向关联和侧向关联。在我国城乡产业一体化进程中，主要采取了以下几种实现形式。

（1）城乡三次产业融合的形式

长期以来，我国农业生产、加工与销售脱节，分散的农户向市场提供的是农产品原料或附加值低的初级产品、半成品，农业的组织化程度低，抵御风险的能力弱，农业生产效益低下。因此，构建和整合农业生产、加工、运输、仓储、销售等环节，沟通城乡两个地域、联结三次产业的农工贸产业链，不仅推动了农业的产业化经营，还实现了订单农业、加工制造业和流通商贸业的互补性融合。当前，我国农业产业化经营的主要模式有“企业+基地+农户”“企业+合作社+农户”的合同契约型模式以及纵向一体化的农工商综合经营模式。

（2）城乡第二产业对接合作的形式

城乡第二产业的对接合作，实际上就是城市工业向农村的延伸渗透，推动农村工业化的过程。农村工业化的发展不仅能优化农村产业结构，对于加速我国的城市化进程、实现农村劳动力的就地就近转移、缩小城乡经济差距都大有裨益。具体可采用以下几种模式：一是总部经济模式，即顺应产业链分工的新趋势，实施企业“总部向城市中心区集中、生产基地向城市周边扩散”的双向迁移，就是将企业价值链中的管理决策、产品研发与设计、营销、采购等环节或部门迁往人才、技术、信息资源集中的城市中央商务区（CBD），使其成为企业的总部基地，而将生产制造、组装等环节或部门迁往地价较低、劳动力资源丰富的城郊或农村，实现城乡资源要素的有效组合；二是产业转移模式，即通过整体或部分迁移的方式，把在城市中失去比较优势的衰退产业如装配制造业、仓储运输业向农村转移，为城市发展资本、技术密集的高科技产业与现代服务业提供充足的产业空间；三是虚拟经营模式，即原本分散在农村的乡镇企业，通过来样加工、来件装配等外包加工的方式进行经营发展，与城市第二产业形成良好的配套。

（3）城市第三产业向乡村延伸的形式

随着我国农民收入水平的不断提升，农村消费市场的发展潜力不容小觑。许多企业如中国邮政、移动通信等企业已开始在农村建立营销渠道；农业生产过程中收割、耕作等环节“服务外购”的频率也不断提高；广大农村出现了专业服务队伍，如丧葬与嫁娶服务队、建筑装修施工队、专门的运输车队等。但总的来看，以教育培训、金融保险、信息咨询等为代表的城市现代服务业向农村延伸的步伐仍然较为缓慢，乡村的各种生产性服务业发展也比较滞后。因此，这一领域还有比较大的发展空间。

（4）农业与旅游业融合的形式

农业与旅游业的融合互动催生了农村新兴业态——乡村旅游业。乡村旅游是依托乡村传统的民族民俗文化、乡村居落、乡村生态环境、农事活动等资源，将休闲、观光、娱乐、度假、学习、参与等集于一体形成丰富多彩的旅游活动，以此吸引游客参与的现代旅游新业态。目前，除传统的观光游之外，乡村旅游还出现了生态返璞游、度假休闲游、饮食文化游、艺术鉴赏游等多种形式。

3. 我国城乡产业一体化中的问题与障碍

通过资料梳理和实际调查，我们发现，我国城乡产业一体化发展还存在种种问题与障碍。

（1）城乡产业发展差距明显

我国城乡产业分割的状况，主要源于特殊的体制原因和城市产业倾斜政策的实施。长期以来，我国一直施行“工业优先、城市偏向”的分割式发展战略，在产业政策上，强调城市工业优先；在产业空间布局上，强调把工业主要放在城市；在资金流向上，国家通过税收、工农业产品“剪刀差”、信贷、金融机构等方式，把农业剩余积累由农村大量地转入城市；在人口流动上，通过户籍制度以及对农民的歧视性就业与福利制度安排，使得劳动力在城乡之间的流动存在很多障碍和限制。这种城乡产业相脱节的发展政策，致使农村二、三产业发展滞后，基础设施薄弱，农村经济发展与城市的差距不断拉大，形成了严重分割对立、非良性互动的城乡产业关系。另一方面，农村以第一产业为主，农业的需求弹性较小，市场扩张缓慢；城市以二、三产业为主，其产品和劳务的需求弹性较大，市场前景广阔，城乡产业需求弹性的差异导致了城乡产业发展越来越不平衡。

（2）城乡产业关联性不强

这一方面的问题，主要表现在：一是城乡就业联系渠道不畅。由于城乡产业分割，城乡劳动就业缺乏关联，大量农村剩余劳动力仍滞留在农村。发达国家的历史经验表明，城乡收入差距缩小的根本途径不是靠再分配政策，而是靠人口流动。改革开放以来，虽然我国对农村劳动力流动的限制不断放松，但以户籍制度为核心的一系列城市偏向的福利制度依然存在，农民工在进城务工时，会遇到行业进入、岗位获得、工资、社会保障、福利、权益维护、子女教育等方方面面的歧视性待遇。因此，出现了农村劳动力流动与城乡收入差距同时扩大的现象。这表明，在以户籍制度为代表的制度性障碍影响下，农村劳动力的流动没有起到应有的缩小城乡收入差距的作用。中国仍有大量的农村剩余劳动力滞留在农业和农村，就业结构与产业结构存在较大的结构性偏差。二是城乡产业投资联系失调。长期以来，国家在资金的配置上过分地向城市、工业倾斜，使处于基础地位的农业在资金投入上享受不到与城市产业平等发展的机会与权利，到目前为止这一现象还未得到根本改变。三是城乡产业价格联系扭曲。长期以来，我国在处理城乡关系上，采取的基本上是“城市倾斜、工业偏向”的政策取向，过分重视和保护城市工业，轻视农村发展。工农业产品价格的“剪刀差”政策使得我国城乡交换关系长期处于扭曲状态，强化了城乡二元经济社会结构。而现阶段缩小工农产品价格“剪刀差”的根本途径应该是执行“工业反哺农业、城市支持农村”政策，即通过城乡之间的产业合作，推进农业产业化经营，以提高农产品的附加值而不是单纯依靠价格来缩小“剪刀差”。

（3）城乡产业高度同构

产业同构，也称作产业结构趋同，主要是从空间角度反映区域间产业结构的变动趋势。长期以来，城乡二元分割体制的存在，使得我国的城市和乡村各为一体，二者之间难以在行业上进行沟通和融合，城乡工业沿着两条平行的轨迹各自演进、发展。改革开放以来，以乡镇企业为代表的乡村工业异军突起、迅猛发展，城乡工业缺乏合理分工，在行业上不能合理错位，城乡产业的同构性不可避免。

此外，发轫于农村的乡镇企业，一般来说，它的第一选择当是农产品加工业，它通过农业的前向关联部门和后向关联部门在经济技术上同农业的整合，使农业的发展获得新的推动力。然而，我国农村工业与城市工业在行业和产品结构上表现出高度的同构，而且产业布局呈现过度分散化现象。从而使城乡产业呈现为一种竞争关系，而不是互补关系。其结果：一是城乡产业同构使得城乡之间未能形成合理的产业分工，城市中存在过多的劳动密集型、粗加工型产业，造成环境污染等问题，同时也阻碍了城市产业的升级；二是城乡产业同构导致了城乡产业对能源、原材料、技术的争夺，使得城乡生产要素得不到优化配置，城市的资金、技术、人才、管理等要素难以向农村产业扩散；三是城乡产业同构牺牲了城乡工业间产生的联系和互补关系。此外，产品的同质性也加剧了低水平的市场竞争，使消费品市场结构性过剩不断加剧，城乡产业陷于低度同构的恶性循环之中。

（4）城乡产业布局缺乏统筹规划

改革开放以来，由于我国长期实行城乡分治的二元治理方式，各地政府在竞相发展经济的同时，受经济指标、招商引资等方面的压力，在产业规划与布局上缺乏战略眼光，只从眼前利益出发，导致城乡产业高度同构，特别是城乡产业缺乏科学规划，而且不能形成合理的分工与协作，在空间布局上不能形成差异化的“梯度”，从而造成城乡各种资源的浪费，加深了城乡发展的鸿沟。

（5）农村有关配套设施与措施不够完善

城乡产业融合互动的内容是指城乡产业要素（包括资金、劳动力、技术、信息等）的双向流动和优化配置。长期以来，我国城乡在土地、社保、就业、财税、金融等方面实行分割的二元制度安排，使得农村、农业、农民在工业化和城市化进程中一直处于弱势地位；城乡要素市场不统一，交易关系不平等，城乡产业要素的自由流动面临巨大的制度壁垒。此外，农村供水供电、交通通信等基础设施发展滞后，流通体系不健全，专业性生产服务业等配套产业发展缓慢，使得广大农村无论是发展现代农业还是乡村旅游业都缺乏良好的物质条件，承接城市产业转移的能力也非常有限。

（6）农村产业组织形式落后

我国农业产业链上游的种子、化肥、农药及农机生产以及下游的仓储、运输、粗加工和贸易较为集中，基本实现了规模生产，而中游的种植和养殖环节则多以单个农户或小型农业企业为单位。一方面，他们生产区域分散，生产方式落后，投入产出比较低，无法产生规模化、机械化生产的内在冲动；另一方面，他们单打独斗的传统经营模式不能对市场作出准确预期，抵御自然灾害和市场风险的能力较弱。这种弱质的、不稳定的组织形式与城乡产业对接合作所需要的稳定性和整合程度都比较高的组织形态相矛盾，城乡产业的协同发展急需新型组织形态与之匹配。

（7）农村高素质人才匮乏

在我国城乡产业一体化发展过程中，无论发展现代农业还是乡村旅游业，抑或是城乡二、三产业的对接合作，都需要一大批“有文化、懂技能、会经营、善管理”的综合型人才。但是，我国广大农民的受教育程度普遍偏低、农民整体素质不高，限制了他们应用新的生产要素来发展现代农业和其他非农产业，而城乡产业一体化发展急需高素质的人才支撑。

4. 破解我国城乡产业一体化发展难题与障碍的措施

（1）强化城市产业向农村产业的转移与承接

目前，我国学者在探讨城乡一体化时，倾向于“补农、惠农”等途径，这当然毋庸置疑。但推进城乡产业一体化，需要发挥城乡产业在优化升级中的互动互促作用，不能因解决“三农”问题而忽视对城市和工业发展现状的关注、忽视农村自我发展和农村对城市产业的促进和带动。应将国际分工理论中的比较优势原理运用于我国城乡之间的产业分工。面对我国当前的实际情况，必须按照一、二、三次产业科学布局、合理分工、优势互补、联动发展的原则，通过强化城乡产业间的转移与承接，逐步实施国内产业的梯度转移。事实上，城乡之间要素的流动从来就不是单向的，但是在某个特定的阶段，要素流动会呈现出方向性的特点。具体来说：一是城市产业向农村产业的转移。实际上，城市是产业和生产要素高度集中的产物，在城市产生之前，人口和生产要素以相对分散的状态分布着，随着“人口、产业、生产要素的集中产生了城市和聚集经济，聚集经济又推动人口、企业、生产要素进一步向城市集中，从而推动城市规模的扩大。而当城市规模发展到一定程度时，由于要素价格上涨，城市的某些产业开始处于竞争劣势，因此这些产业向郊区和其他农村地区的转移，同时带动了相关的生产要素的逆城市方向的流动。”① 沿此思路，我国城市要继续承接目前发达国家向发展中国家转移的技术密集型产业，同时向城市郊区和农村转移和扩散劳动密集型产业，要加快资本、劳动力、技术等要素向农村流动，要进一步推动城市生产、生活服务业，特别是信息、科技、金融、人才培训等服务机构向农村自然延伸，以创造更多新型乡村产业。要鼓励工商资本、民间资本在农村发展非农产业，鼓励引导城市的工商经济组织向农村延伸，引导第二、三产业特别是现代服务业向农村延伸拓展。二是农村对城市转移产业的承接。城乡产业转移的过程实质是一些在城市处于劣势的产业重新寻找发展优势区位的过程。我国农村要根据环境的承载能力和产业发展的生命周期，营造承接产业转移的环境，有序承接部分城市产业梯度转移，主要是劳动密集型产业。此外，农村还要大力发展非农产业，努力培育农业经济发展新增长点，加快农村劳动力转移。

（2）培育城乡关联产业

目前我国正处于经济转轨和深化改革的关键时期，但城乡产业自成一体、关联性不强，区域发展失调问题突出，地区产业结构的趋同以及由此导致的地方保护主义盛行，产品过剩与短缺的并存，从而我国各种经济资源的配置远未达到“帕累托最优”。因此，在统筹城乡产业发展时必须注重发展城乡关联产业。所谓城乡关联产业，就是“在城乡有关部门之间存在着投入产出的相互依赖关系以及相应的各种经济联系，一头连着农村，一头连着城市，具有较高关联度的产业”②。由于这些产业是城乡之间的重要枢纽，规划好、发展好，既能提高经济效益，增加城乡就业机会，又能有效改善我国目前城乡产业分割的现状，对于实现城乡经济协调发展具有重要的意义。

---

① 陈明生．我国城乡产业转移的机制和对策［M］．北京：中国政法大学出版社，2007：192.

② 魏自涛．统筹城乡经济发展［J］．社会主义研究，2004（04）：104-106.

（3）发挥城乡产业的各自特色与优势

朴素的城乡一体化理论认为，城乡同等重要，不存在附庸关系，应一视同仁、共同发展，这无疑具有伦理学的色彩。但在实践中如果不顾城乡异质性因素，强制性推行城乡齐头并进的均衡发展，实质上是对城乡发展规律的违背。城乡产业的一体化并不是（事实上也不可能）削平各自的特质，使城乡产业路径一致化，而是建立有利于城乡要素合理流动并适合城乡经济协调互助的平等机制，发挥城乡产业特色优势，实现城乡产业错位而又互补式发展，以打通城乡统筹运作中的各种体制隔离和掣肘，以新的制度政策来引导对“三农”的扶持，以制度化的配套方案和创新的开拓性思路来凸显城乡一体化的重点和绩效。要把进一步发展壮大县域特色经济作为统筹城乡经济社会发展的切入点，形成以城带乡、以工促农、产业结构调整与劳动力结构调整联动的机制，特别是做大做强特色块状经济，充分挖掘其潜力和优势，增强带动农村发展的实力，逐步形成以县域和中心镇为依托，以特色产业为支撑，将各类企业、专业市场和小城镇建设有机结合起来，构建工业化支撑城镇化、城镇化提升工业化的发展格局；逐步探索发展以科技为支撑、高度集约化的多元生态循环农业，如资源节约型农业、循环农业、休闲农业、景观农业、生态农业等，走出一条具有中国特色的现代农业发展新路。

（4）优化城乡产业布局

发达国家的发展实践证明：在一个区域和城市的大空间范围内，产业发展只有形成合理的空间布局及具有竞争力的产业集群与产业链，才能促进城市的要素集聚，并带动郊区和周边区域的科学分工，从而逐步消除城乡之间的界限和落差。现阶段，我国要以新型城镇化建设为契机，把城市和乡村作为一个整体来统筹规划城乡产业的发展定位，优化布局城乡产业的发展空间，根据城乡各自资源禀赋的比较优势和产业的空间指向偏好，分别在城市、规模化中心城镇、乡村各个圈层梯度发展现代服务业或高科技产业、加工业和现代农业，引导和推动分散在农村的乡镇企业、城市向乡村转移的资本、劳动密集型企业向第二圈层即中心城镇的产业园或工业集中发展区内集中，形成城乡产业合理分工、密切协作、功能错位、空间集约、互惠共兴的一体化产业体系，以实现城乡功能与空间价值最大化。

（5）完善城乡产业一体化发展的政策保障

要从根本上改革城乡分割的二元经济体制，努力破除限制城乡产业要素双向流动的各种制度障碍。具体而言，就是要健全公共财政体制，加大支农投入；改革户籍制度，取消城乡户籍划分；完善农村土地流转制度，建立土地增值利益共享机制；创新城乡社会保障关系转续机制，完善“新农合”“新农保”政策，推动城乡社会保障制度一体化；培育城乡统一的市场体系，特别是土地市场、劳动力市场、资金市场等，实现物资流、人力流、资金流等在城乡产业间的正常循环流动。继续加大对农村基础设施的投入力度，形成城乡一体的交通、物流、通讯等公共设施服务网络，推动城乡基础设施建设和公共服务均等化，为城乡产业一体化发展提供良好的软、硬件支持。

（6）创新城乡产业组织形式

继续推进农业的产业化经营，创新“企业+合作社（生产基地）+农户”的组织运行机制，着力培育以农业企业、农民合作社和家庭农场为代表的新型农业经营主体。鉴于农业合作社和龙头企业具有引导生产、开拓市场、提供服务和加工增值的综合功能，特别是结合产业化龙头企业在我国规模小、科技含量低、带动作用不强、竞争力较差的现实状况，要在政策制定、财政补贴、贷款安排和技术转移等方面进行重点扶持，引导龙头企业转型升级，做大做强。此外，要建立健全农业产业协会、质量协会、消费者协会和其他专业性协会以及质量认证、检验检测等社会中介服务体系，重视各类公共服务平台建设。

（7）加大对农村劳动力的教育与培训

要认真贯彻关于新增教育经费主要向农村倾斜的方针，加大对农村教育的投入，特别是要保证农村九年义务教育经费来源的稳定性，提升农民的整体受教育水平；全面推进农村劳动力职业教育与技能培训，尽快实现农村免费中等职业教育；大力实施“农村劳动力转移培训”“新型职业农民培育”“农民创业培训”等工程项目，提升农民的知识和技能水平，壮大农村实用人才和各行各业经营管理者队伍，为城乡产业一体化发展提供充足的人才保障。

四、北京的城乡一体化与农村产业发展研究

北京市域面积为1.64万平方千米，其中郊区（不含朝阳、海淀、丰台）土地总面积1.53万平方千米、占全市总面积93%，郊区集体所有制土地1929.3万亩，占全市面积的78%①；而且北京市山区面积1.04万平方千米，占全市总面积的62%②。北京作为古都，作为首都，作为特大型直辖市，从而北京的城乡一体化及其农村产业的发展具有自身的鲜明特征。

（一）北京的城乡一体化发展

回顾北京城乡一体化发展，主要是以城市工业支援农村为起点，以乡镇企业发展为脉络，带动郊区的经济、政治、社会、文化及生态文明建设与发展，其大致经历了以下几个阶段。

1. 城乡一体化萌芽阶段（1949—1978年）：农业支持工业、农村支持城市

新中国成立之前，北京的城市化进程非常缓慢，全市近代工业极少，郊区农村生产力非常落后，城乡之间存在着明显的二元结构矛盾。因此，新中国成立后，“消除城乡差别”一直是北京着力实现城乡一体化发展的主要任务。

由于过去一直强调农村为城市服务，提供农产品是当时郊区农村的主要任务，并且是以完成计划为目标。这一阶段城乡之间的交流与联系更多的只是停留在行政隶属关系上，“农业支持工业、农村支持城市”是该阶段城乡一体化的主要表现。

（1）制定城市建设规划方案，扩大市域面积

新中国成立初期，随着大规模经济建设的展开，北京的工业化和城市化机制开始启动，1953年制定的第一个城市建设总体规划，把城市建设的重点放在了紧临城区的郊区。1958年在修改北京市城市建设规划方案中再一次明确提出将市域范围大幅度扩展，强调大

---

① 数据来源：北京市“十三五”时期城乡一体化发展规划．http：//www.beinet.net.cn/zcfg/gh/sjgh/201607/t10344194.htm.

② 数据来源：北京：三道防线护水源．http：//www.people.com.cn/GB/huanbao/1074/3100674.html.

力发展城乡结合的新市镇，并第一次提出在郊区发展工业的思想。北京市区的城市用地范围在 1949 年时基本上集中在 4 个城区①之内。从 50 年代开始，城市建成区就以圈层扩展的方式向外扩张，北京部分近郊区在扩张中成为城市的一部分，促进了北京城乡一体化进程。

（2）城市大力发展重工业，郊区以社队企业为载体的郊区工业开始萌发

新中国成立以后，国家出于首都发展的需要，在变消费性城市为生产性城市的方针指导下，北京在城区着力发展重工业，而在郊区农村在全国大搞生产大跃进的背景下“大办工业”“大炼钢铁”，社队企业纷纷兴起。1958 年，社队企业出现并一度发展很快。与此同时，北京市手工业管理局与市二轻局合署办公，下设支农工业处。据统计，1958 年，工业支援农业的年产值占全年工业总产值的 6.1%。郊区在城市工业的支援下，办起了一批农机修配厂、土化肥厂、农产品加工厂、砖瓦厂、小造纸厂、制酒厂等。到 1960 年，郊区社办企业的总收入达 7 217 万元，占当年人民公社三级总收入的 9.9%。这一时期主要是乡村手工业向农村工业发展，社队企业进入发展的萌芽时期。虽然受三年自然灾害与文化大革命的影响，但 1971—1976 年，社队企业仍然有所发展。粉碎“四人帮”以后，社队企业的发展有了转机，1977 年春，北京市政府在平谷县首次召开了社队企业工作会，动员和组织工业部门第二次向农村扩散产品。从此城乡挂钩的局面逐步打开，并且出现了按照自愿互利原则，“自找对象”的新的挂钩方法。到 1978 年年底，郊区农村社队企业总收入达到 7.88 亿元，比 1976 年增长 80.4%；占当年人民公社三级总收入的比重由 1976 年的 32.9%上升到 41.9%。

2. 城乡一体化起步阶段（1978—1994 年）：乡镇企业（非农产业）崛起、产业结构升级优化

改革开放后，北京重新明确了城市性质，城市工业向郊区转移扩散的力度加大，由此带来城市功能增强和农村产业结构调整，北京郊区城市化发展趋势明显。这一阶段同时又分为两个时期，时间节点在 1985 年前后，之前主要是城乡工业联合，在京郊成立了一大批乡镇企业，把乡镇企业作为城乡工业一体化发展的切入点和发动机；1985 年之后则是在前期引领乡镇企业发展的基础上进一步深化发展，不仅城乡联合企业发展迅速，就是在引进外资上也出现了城、乡、外三方合资的企业，形成城乡联合发展的新格局。1986 年，北京城乡一体化进程进入全面加速的阶段，一直到 90 年代中期，北京城市需求不断增长，远郊区从发展城郊型农业、旅游业、房地产业等逐渐加强与城市的经济联系，城市化水平

① 即当时的东城区、西城区、崇文区和宣武区。

与经济实力迅速增加。这一时期，北京的人口、用地向郊区的扩展势头更加强劲。同时，城市生活水平的提高不断对郊区产生新的需求，促进郊区农村产业结构发生变化和服务于城市的旅游业的大发展，使郊区城市化进程大大加速。

(1) 政府支农力度加大，城乡工业联合走出“白兰道路”

改革开放以后，社队企业得到进一步发展。从1979年起，北京市在工业支援农业的内容、形式、原则上都进行了新的调整和改变：首先是加强领导；其次，调整市支农办公室的机构，增加力量；再次，建立制度，对全市支农工作半年一总结，一年一次全市大会，年年逐级评选先进单位和个人；市县（区）两级支农办纳入政府序列，郊区县加强了支农办公室的力量，而且支农的原则逐步转变到互需、互惠、互利的商品经济轨道。此时，北京城市工业发展受到厂房、场地、资金、人力、能源、交通的限制，在面临诸多困难的情况下，市政府提出了“产品下放，工厂升级”的发展思路，开始组织城市工业把一些初级、民用产品转移给郊区的乡镇企业生产，同时把原材料供应和产品销售渠道以及生产设备都带过去，帮助乡镇企业发展生产，为此还成立了北京市人民公社企业局（1984年改名为北京市乡镇企业局)，同时从县（区）到公社都加强了乡镇企业的管理机构建设。这一时期，各区县都将发展乡镇企业摆到了党委和政府的议事日程，出现了全党全民抓企业的局面。城市工业则腾出厂房、场地开发新产品，走出了一条“白兰道路”。所谓的“白兰道路”，主要是指北京洗衣机厂在当时的发展过程，从1979年开始，按照专业化协作的原则，逐步把99%的“白兰”洗衣机零部件扩散出去，有50个乡镇企业与该厂协作。到1984年年底，该厂在不增加厂房、场地、工人的条件下，洗衣机产量由7 000台增加到28万台，利润由11万元增加到750万元，翻了六番多，上缴税利2 583万元，相当于该厂全部固定资产的六倍多。1984年，市政府总结了北京洗衣机厂向乡镇企业扩散功能获得大发展的经验，提出城乡工业要大搞联合，走“城乡结合、协调发展，相互支持、共同繁荣”的“白兰道路”，把乡镇企业作为城市工业的第二条战线，向城乡工业一体化的方向发展。

(2) 城乡一体化发展战略指导城乡经济发展

1986年，郊区乡镇工业继续稳定增长，乡镇企业总收入达61.2亿元，比上年增长17.5%，实现利润9.1亿元，增长5.7%。在这一年，多数郊区县有针对性地制定了一些地区性优惠政策，旨在吸引市里的项目、资金、人才下乡，帮助郊区发展乡镇企业。而在接下来的几年里，北京市政府在促进郊区乡镇企业发展上也做了大量工作。1987年，为进一步推进城乡经济一体化的目标，北京市政府在怀柔县召开了协作会议，城区企业、重点乡镇、区县局总公司共700多人参加了会议。在会上市属36个局、总公司和12个郊区县签订合作协议200份。1988年，市政府农林办公室在市农口横向联合工作会议上明确提出乡镇企业的发展就是对二元结构的突破，其必然引起城乡关系、工农关系的重新调整。并进一步要求从城乡一体化的高度重新确定乡镇企业的地位。基于城乡一体化的发展战略，除了城乡一体继续搞好联营、合资、合作企业以外，在城市工业和郊区乡镇企业之间又开展了“软件帮带”活动。所谓软件帮带，即帮技术、帮管理，帮助一批不景气而有潜力的乡镇企业得到发展。为了发挥首都大工业与科技方面的优势，1989—1990 年，全市确定近 200 家市属工业企业，同乡镇企业挂钩进行软件帮带。在改革开放不断深入的新形势下，城乡一体化的发展战略构筑了城乡联合发展的新格局，不仅城乡联合企业发展迅速，而且在引进外资上也出现了城、乡、外三方合资企业。到 1995 年，全市三方合资企业总数已达到 160 户，经营比较好的有平谷中燕集团、顺义空港工业区等。

3. 城乡一体化稳步发展阶段（1995—2003 年）：农村产业聚集发展、城镇化建设步伐加快

20 世纪 90 年代以后特别是中期以后，北京郊区以乡镇企业发展为主要带动力量的城乡一体化发展模式出现深刻变化。郊区农村产业呈现聚集发展，城镇化建设步伐不断加快，郊区经济进入快速发展阶段。这一阶段，北京郊区以撤乡建镇和重点小城镇建设为主要形式的城镇化进程加快，并且和北京中心城市的郊区化进程形成合流的态势。

（1）卫星城建设辐射带动了郊区以至农村产业结构的优化

20 世纪 90 年代初，14 个卫星城的建设用地规模为 157 平方千米，常住人口 108 万人；到 1998 年，建设用地规模达到 202 平方千米，常住人口也达到 130 多万人，其中非农业人口占 80%以上；到 2000 年年底，除了房山（含燕山区）外，其他 13 个卫星城都在区县城总体规划的指导下，完成了规划的编制和修订。其中延庆、怀柔、通州、良乡、长辛店、沙河、密云 7 个卫星城的规划已经北京市人民政府批准。卫星城的建设与发展对于分担主城区功能、支撑城区产业、辐射带动周边等都起到了提升作用。如在产业支撑方面，大部分卫星城到 1998 年都实现了“二、三、一”的产业格局；昌平、通州、黄村、密云等还形成了“三、二、一”的产业格局，第三产业增加值占到 GDP 的 50%左右。

（2）城镇化建设加快了郊区农村产业结构的调整

据统计，到 2003 年，北京市有 4.2%的劳动力由第一产业转向了二、三产业，尤以转向第三产业最为突出，农村从业人员净增 4 万人，相当于近五年净增量的总和。郊区非农产业的快速发展和比重的提高，反过来加快了郊区城市化的进程。如 2003 年，北京郊区小城镇基础设施投资完成额达到 25 亿元，石景山区 4 000 名农业人口全部“农转非”。

（3）农民生活方式城市化水平显著提高

2003 年，农民百户移动电话普及率达 77%，固定电话普及率超过了 100%，家用电脑

普及率达22%，燃气普及率达49.3%，空调、热水器普及率接近40%，生活用汽车普及率达6%。农民居住质量进一步提高，人均生活住房面积达33.9平方米，钢木结构住房比重达到98.9%。农村社会保障覆盖水平显著提高，合作医疗覆盖率达到了64.2%，养老制度在有条件的乡镇已经开始实行。按照《北京农村城市化评价指标体系》中的16项指标初步测算，农村城市化综合指数接近60%。

4. 城乡一体化全面推进阶段（2004年至今）：城乡产业分工形成、公共服务向农村延伸

2003年，北京市委、市政府在郊区工作会议上提出了推进城乡一体化、加速郊区发展的思路，把率先基本实现现代化和举办一届最出色的奥运会作为面临的两大任务。2005年，北京市国民经济和社会发展计划提出建立“城市反哺农村”机制，以发展城市副中心和新城为契机，坚持推进“两个转移”①，实施“城市反哺农村、工业反哺农业”，促进城乡公共服务均衡化，缩小城乡差距，实现城乡互动、功能协调的目标。通过政策引导，政府加大了对郊区的财政投入和政策支持，进一步推动郊区经济的快速增长，农民收入的增加，城乡之间的差距逐步缩小。这一阶段，北京市政府在城乡一体化发展方面也有了重新定位，在2003年年初召开的北京郊区工作会议上，北京市把郊区定位为首都可持续发展战略新区和建设国际大都市的现代发展区，并把郊区作为首都现代化建设的重点，使城乡一体化协调发展。这在北京的发展进程中是一个很重要的转变，表明北京郊区城市化的发展进入了一个崭新的阶段——全面推进北京城乡一体化，一系列政策措施相继出台。

（1）区县发展重新定位

2004—2005年，通过调研，市委、市政府出台了生态建设与农民增收相结合的山区生态林补偿机制，决定由市财政每年拨款1.92亿元，让4.3万名山区农民转换身份，就地成为由政府发工资的专职山林管护员，负责管护全市912万亩经济生态林。2006年，《北京市“十一五”时期功能区域发展规划》出台，对各个区县未来五年的发展进行了重新定位，提出北京将建成首都功能核心区、城市功能拓展区、城市发展新区和生态涵养发展区四大各具特色的城市功能区。城市发展新区包括通州、顺义、大兴、昌平、房山五个区和亦庄开发区，是北京发展高新技术产业、现代制造业和现代农业的主要载体；生态涵养发展区包括门头沟、平谷、怀柔、密云、延庆五个区县，是北京的生态屏障和水源保护地。

---

① 即农村劳动力向非农产业转移，农村农业人口向城镇转移。

（2）各项惠农政策与措施出台

2008 年 12 月，《中共北京市委关于率先形成城乡经济社会发展一体化新格局的意见》（以下简称《意见》）中进一步明确提出：加快建立城乡统一的建设用地市场，保障符合规划的农村集体建设土地与国有土地享有“平等”权益；“同步”加强城镇化和新农村建设“双轮”驱动的城乡统筹思路；实现城乡教育、文化、卫生等基本公共服务“均等化”；加快社会保障体系和社会管理的“城乡衔接”。同时，《意见》还突出强调了鼓励改革创新的思路和要求，如鼓励在绿化隔离带建设、土地使用制度、社会保障、管理体制等重点领域，大胆探索、先行试验。正是由于新型城乡发展思路的引导，使得北京资源主要向城区集聚的状况由多年不变改为大幅调整。这种变化，突出表现在全市固定资产投资向郊区注入比例的逐年攀升。特别是 2010 年，北京全市人均 GDP 首次突破 1 万美元，这意味着北京经济实力有了巨幅提升，扶持“三农”发展有了强大的财力后盾，也意味着北京迎来了转变发展方式的契机和机遇。

（3）农村基础设施水平显著提高，城乡就业服务、医疗卫生、社会保障等基本公共服务一体化加快

一是城乡基础设施建设一体化加快。目前，郊区农村已基本实现广播电视、电话、光纤网络“村村通”，新型村邮站设备已全部配备完毕，文化信息共享工程基层服务点和现代远程教育站点实现全覆盖。“五项基础设施”建设，有力地弥合了城乡之间的硬件鸿沟；“三起来”工程使农村绿色节能设施水平大幅提高。二是实现城乡就业一体化。基层就业服务体系实现了全覆盖，在所有乡镇建立了社保所，所有行政村建立了就业服务站。实行农民转移就业登记制度，将有转移就业愿望的农村劳动力全部纳入城乡统一的就业管理服务范围。三是城乡医疗卫生制度与社会保障制度一体化加快。2003 年，北京市政府办公厅转发市政府体改办等部门《关于建立新型农村合作医疗制度实施意见》，2009 年，北京实施了“新四统一”基本医疗卫生制度①；2008 年，《北京市城乡居民养老保险办法》启动实施，新制度打破了城乡户籍界限，将符合参保条件的本市城镇和农村居民统一纳入到城乡居民养老保险范畴，并实现了缴费、待遇等标准上的城乡一致，在全国率先实现了养老保障制度的城乡全覆盖和一体化，2012 年年初，北京市政府又出台了《北京市农村社会养老保险制度建设指导意见》，提出农村社会养老保险制度建设实行区县政府负责制，由区县政府颁布实施办法，劳动保障部门具体组织实施。在此基础上，北京市、区两级财政将对农村社会养老保险的农民实行补贴，参保农民实行动态缴费，农村社会养老保险管理

① 即全市统一规范“特殊病种”门诊补偿范围、统一试行乡镇卫生院“零起付”补偿政策、统一住院补偿“封顶线”18 万元、统一推行“出院即报和随诊随报”制度。

机构不再提取管理服务费，政府补贴的增加会进一步提高农民的参保待遇，对于提高农民参保积极性会起到促进作用。

（二）北京郊区农村产业的地位、演变与结构布局

伴随着北京的城乡一体化发展，京郊农村产业发展也走出了一条有别于一般农业省份的发展道路，呈现出自己的特点。

1. 北京郊区农村产业的地位与作用

北京郊区农村与其他地区农村相比，农业份额不大、农村产业规模不大、农民所占比重也不大，但“三农”在首都现代化建设中却占据独特而重要的地位。

（1）农业份额不大，但农业的多功能性发挥充分

首先，北京农业的增加值占北京地区生产总值虽然仅仅只有0.6%，但解决了43.36万农民的就业问题①，农业仍然是北京郊区农民就业增收的重要渠道；其次，北京农业不仅在满足首都人民基本生活需求方面发挥了积极作用，而且在满足城乡居民日益增长的对优质、专用、无公害农产品的多层次消费需求方面发挥了重要作用；再次，北京农业劳动生产率和综合生产能力居全国领先水平，在发展现代农业方面在全国具有示范作用；最后，北京农业在为城市提供绿色生态保障，为市民提供休闲观光场所等方面具有不可替代的作用。

（2）农村产业规模不大，但对农村经济社会的支撑作用较强

北京郊区农村产业生产总值虽然仅占全市生产总值的15%左右，但其发展潜力巨大。首先，从发展空间来看，城市发展空间十分有限，但占面积93%以上的郊区拥有全市未来可供发展的后备空间；其次，从社会发展来看，郊区是未来城市人口疏散的主要容纳区，是新增就业的主要安置区，是社会事业的主要发展区；再次，从政治文化功能来看，未来郊区将承担部分中心城市的功能，以此来疏解中心城市面临的功能压力；最后，从生态文明来看，郊区是首都生态安全的主要屏障区、水源的主要供给区、绿色景观的主要保护区。

（3）农民比重不大，但保护农民利益关系重大

据北京市统计局公布的数据，2015年，北京乡村人口为292.8万人，占全市常住人口

① 数据来源：北京市农村经济收益分配统计资料（2015年度）. 北京市农村合作经济经营管理办公室，2016.

的13.5%，其中农业户籍人口为233.8万人，占全市常住人口的10.8%①，这部分人的生活水平总体还比较低，其生产和生活条件还比较艰苦。另据北京市农村工作委员会和市农村经济研究中心提供的资料，至2015年，北京市共有低收入农户②23.33万户，占农业户籍总数的21.1%；其人口计58.03万人，占农业户籍人口的21.6%；低收入村645个，占行政村总数的16.4%③。低收入农户人均年可支配收入仅8 494元，占全市农民人均可支配收入的41.3%。在低收入农户、低收入村中，40%左右为老弱病残家庭；70%低收入村集中在山区、半山区，资源匮乏，产业转型难度大，人口老龄化严重④。农民和农村已经成为北京率先基本实现现代化和全面建成小康社会的“短板”，因而保护农民利益的责任重大。

2. 北京郊区农村产业的发展与演变

实际上，产业发展的过程就是对其结构不断调整与优化的过程，它是与经济社会发展相适应的。北京郊区农村产业的发展大致经历了以下3个阶段。

（1）计划经济和短缺经济下形成的单一农业阶段（20世纪80年代之前）

其特点是：农村经济以农业为主，工业比重很小；农业以种植业为主，林、牧、渔业也只是作为副业存在；种植业又以粮食生产为主；农业的商品率很低，属于自给半自给的口粮农业。

（2）农工商综合经营和商品农业阶段（20世纪80年代至90年代中期）

随着家庭联产承包责任制推行和乡镇企业的崛起，农村工业化和商品化加速。这一阶段，萌生于农业合作化时期，从搞农机修配点起家，逐步扩展为工业、建筑业、运输业、商业、饮食服务业等行业迅速上升成为农村经济的主要部分，农村的单一农业经营变为农林牧副渔工商建运服多业并举；农业中的林牧渔业从副业变成独立产业，比重逐渐接近种植业；种植业中蔬菜瓜果比重上升，逐渐超过粮食生产；郊区农业保障城市副食品供应的能力大大增强。农村产业结构以劳动密集型和资源密集型为主、产权结构以乡村集体经济

---

① 北京市统计局，国家统计局北京调查总队．常住人口（1978—2015年）［EB/OL］. http：//www.bjstats.gov.cn/tjsj/cysj/201511/t20151109_ 311727. html.

② 即根据中共北京市委、北京市人民政府《关于推进农村经济薄弱地区发展及低收入农户增收工作的意见》（京发〔2012〕12号），将2011年人均纯收入低于7 750元的农户确定为低收入农户；将低收入农户数量超过农户总数60%的行政村确定为低收入村。

③ 阎建萍．推进农村经济薄弱地区发展及低收入农户增收工作成效显著//2015北京农村经济发展报告（第一分册 农村综合经济）［R］. 北京农村经济研究中心，2016.

④ 高珊珊．北京市农村扶贫开启精准识别模式［EB/OL］. http：//news. eastday. com/eastday/13news/auto/news/china/20160426/u7ai5576804. html.

为主，而农民自己利用产业用地的格局。

（3）市场化和城乡融合阶段（20世纪90年代中期之后）

其特点是：工农业产品的供求关系发生了根本性的变化，促使农业结构发生根本性变化；市场明显地发挥出配置资源的作用。在严酷的竞争中大量村镇自办的企业破产之后，经过转制和重组，乡镇企业逐步采用招商引资的模式代替当地自办自营的模式，农民大量进城，同时大量城市资本进入农村，加快了城乡一体化发展，农村产业越来越融入城市经济。目前，一些较为发达的农村地区正在改变招商引资初期产业选择和用地都比较粗放的状况，开始进入产业升级、用地集约、效益提升的阶段。

3. 新时期北京郊区农村产业的布局与结构

2002年，党的“十六大”明确提出了“统筹城乡经济社会发展，建设现代农业”的指导思想。2003年，在一年一度的市农村工作会议上，时任市委书记的刘淇同志指出：“郊区发展空间广阔、投资成本低、发展资源丰富，蕴藏着加快首都经济发展的巨大潜力，是首都可持续发展的战略新区，是建设国际化大都市的重要发展区。”由此，市政府用于郊区建设的投资和市财政支持“三农”的资金成倍增长。市级政府投资中，城区与郊区投资比例由之前的80∶20调整为60∶40，并建立了市委、市政府主管领导主持，各涉农部门领导参加的农村工作联席会议制度，加强了社会主义新农村建设和城乡统筹工作的力度，从而有效地促进了北京郊区农村产业结构的调整与优化。

（1）农业

进入21世纪以后，北京郊区农业的内涵进一步丰富和拓展。首先，北京郊区农业依然承担着农产品有效供给和应急保障等基本功能；其次，北京经济社会发展要求农业为市民提供多样化的服务；再次，北京的资源环境因素决定北京农业不能走传统农业的发展道路。因此，这就要求北京郊区的农业要充分利用北京聚集的科技、金融和人才等各种优势资源，加快农业与农村二、三产业的融合发展，走高端高效的现代农业发展之路。

在空间分布上，初步形成了与北京“两轴—两带—多中心”城市空间规划及区域功能定位相协调的五大农业发展圈层，即城市农业发展圈、近郊农业发展圈、远郊农业发展圈、山区生态涵养农业发展圈和环京合作农业发展圈。具体到各个产业，在种植业方面形成了诸如顺义区的瓜菜、通州区的蔬菜和优质小麦籽种、大兴区的蔬菜和西甜瓜、房山区的食用菌等优势产区；在畜禽养殖业方面逐步形成了“三带”，即以房山、大兴、通州、顺义、怀柔、密云和延庆为主的奶牛产业带，以山区县为主、平原区为辅的肉鸡产业带，以平谷、顺义、通州、大兴和房山为主的环东南生猪产业带和“多品群”——以三元、华都、大发等农牧企业和顺义、大兴为主的养殖业良种群，以通州、顺义、大兴为主的北京鸭产品群，以昌平、房山等区县为主的肉羊肉牛产品群，以通州、房山为主的乌鸡、北京油鸡等唯一性特色产品群的产业格局；在渔业方面，初步形成了现代都市渔业展示区、观赏鱼出口创汇区、观赏鱼产业区、名优绿色水产品种养殖区等四大功能区。

在产业结构上，通过政策扶持和引导，逐步形成了九大重点发展的优势产业，即生态粮经作物种植、高效设施蔬菜种植、有机特色果品种植、特色名品花卉种植、健康畜禽养殖、生态垂钓观赏鱼养殖、旅游农业、籽种农业、加工农业等等。

2005年，北京市农村工作委员会发布《关于加快发展都市型现代农业的指导意见》。2006年，市委、市政府进一步把都市型现代农业发展具体化为：围绕开发农业的生产功能，发展高效农业；围绕开发农业的生态功能，发展循环农业；围绕开发农业的生活功能，发展观光农业；围绕开发农业的展示功能，发展科技农业。按照开发农业“四种功能”的思路，籽种产业、设施种植业和粮经生态产业发展步伐加快，农产品质量安全体系进一步完善，生态环境保护和有害生物防控力度加大，休闲观光农业发展迅猛。特别是种植业在创新中发展，展现了首都的特色和优势，取得了经济、生态和社会的三重效益。之后，北京都市型现代农业发展又创造出了设施农业、籽种农业、精品农业、景观农业、体验农业、公园农业、创意农业、循环农业、品牌农业、加工农业、会展农业、创汇农业等典型模式，使北京郊区农业的布局和结构更进一步合理化。

习近平总书记2014年年初视察北京以后，为贯彻落实总书记的讲话精神，北京市委、市政府于2014年9月颁发了《关于调结构转方式、发展高效节水农业的意见》（京发〔2014〕16号），要求北京的都市型现代农业要紧紧围绕生产、生活、生态和示范的功能，按照“以水定城，以水定地，以水定人，以水定产”和“节水优先，空间均衡，系统治理，两手发力”的发展思路，以“节水助民、提质增效”为目标，正确处理好城市与农村、调结构与农民增收的关系，创新体制机制，加快推进农业节水和结构调整，转变农业发展方式，着力构建与首都功能定位相一致，与二三产业相融合，与京津冀协同发展相衔接的农业结构调整，为建设和谐宜居的国际一流之都提供有力支撑和坚实保障。据此，市政府提出，在“十二五”末以至更长时期，对于地下水严重超采区和重点水源保护区，要通过强有力的措施，大力推进农业结构调整，使全市粮田、菜田、果园面积分别稳定在80万亩、70万亩和100万亩，并在250万亩农业生产空间内，全面推进种植业农艺节水，推广实施水肥一体化，实现高效节水设施和农用机井计量设施全覆盖；积极推进百万亩平原造林，有效强化生态屏障；生猪、肉禽年出栏量分别调减1/3、1/4，并通过发布《北京市新增产业的禁止和限制目录》等措施，禁止新建和扩建畜牧业和渔业项目，着力发展高效节水农业。截至2015年年底，粮田面积已经减到了125万亩，累计完成调减任务的50%以上；调整了生猪的出栏量15.8万台、家禽的出栏量750万只、水产养殖面积是

0.23万亩①。相信随着上述措施的逐步落实，北京都市型现代农业的布局和结构将进一步得到优化。

（2）非农产业

进入新世纪以后，北京郊区各区县在继续大力促进乡镇企业上规模、上水平和“二次创业”的基础上，充分发挥区位优势，把发展的重点集中到发展高新技术产业和现代制造业上，加大了市、区县、乡镇三级工业园区资源整合和管理体制创新的力度，从而引发了郊区农村非农产业的发展。

首先，乡镇企业的概念逐渐被农村非农产业所替代。进入21世纪后，北京郊区乡镇企业主要以体制改革和进一步对外开放为主线，使乡镇企业产权制度更加明晰，组织形式、经营方式更加灵活，以更加开放的姿态内引外联，促进了乡镇企业改革的深化和投资主体的多元化，加快了郊区农村工业化的进程。同时，这一时期的改革也促成了农村集体企业与乡村集体经济组织（母体）的分离，它标志着郊区以乡村两级集体企业为主要形式的农村工业化进程的基本结束，成为郊区农村工业化发展的重要转折点，并对以后郊区的城镇化发展和体制演变产生了深远的影响。在此后的发展中，以第二产业为主的发展势头逐渐减弱，特别是村一级，早期的工业项目不是在产业结构升级中被淘汰，就是在改革中被转让。当时一度兴起后来被停止的“工业大院”，也主要依靠招商引资引进的外来企业进行经营，农村集体经济基本上退出了企业的经营领域，转变为土地、厂房等的租赁经营。

其次，郊区第二产业进入了选择性发展的新阶段。为保证首都经济的健康发展，一方面，市区内凡是可以转移到市区外的工业企业要全部转移，为郊区农村第二产业的发展带来了新的机遇；另一方面，由于这一时期北京的资源全面紧缺，无论是水资源、土地资源、能源，还是环境容量都已经接近极限，只有集约利用资源，才能有郊区第二产业的进一步发展。另外，为了保护环境，郊区全面禁止资源开采活动，使部分地区经济发展遇到了暂时的困难。对于外来投资，凡有污染及能耗大的项目一律不再接受，甚至部分劳动密集型企业也不再引进，郊区农村第二产业进入了选择性发展的新阶段。2006年以来，随着社会主义新农村建设在北京郊区的推进，农民就业产业基地的建设和郊区基础设施投资的增加，为郊区第二产业的集中布局和产业升级创造了新的条件和机会。在国家有关政策的引导下，郊区将原有的240多个开发区（工业园区）缩减到28个，工业开始集中于重点镇、开发区和高速公路沿线等。地域上的集中化和产业上的高端化，成为郊区第二产业发

① “回顾十二五——北京‘三农’发展成就”新闻发布会［EB/OL］. http://shipin.beijing.gov.cn/index.php?option=com_content&id=7794.

展的基本趋势。

再次，第三产业的发展成为北京郊区农村经济的主导力量。进入21世纪以后，郊区第三产业发展超过第二产业，成为北京郊区农村经济的主导力量，产业结构呈现为三、二、一的构成次序。20世纪90年代中后期以来，由于城市企业的转移逐渐完成，城市第二产业对郊区农村的带动作用逐渐减弱，继之而来的是城市大量科技、教育、文化、体育等功能向郊区的扩散和转移。此外，随着郊区都市型现代农业的产生和发展，农业由单一的生产功能向生产、社会服务、生态环境等多功能拓展，农业向第三产业直接延伸的势头也逐渐强化。这些因素导致郊区在20世纪90年代后期迅速完成了由工业化中期阶段向工业化后期阶段的转变，处于产业链中、低端的一般工业企业项目在郊区逐步退出。从当时北京郊区的现实看，现代服务业、物流业、文化创意产业等第三产业已经取代第二产业成为北京郊区农村经济的主导因素。具有北京郊区特色的休闲旅游业快速发展，在第三产业发展中起到了重要的辐射带动作用，商贸、餐饮、仓储、运输等传统产业在改造升级中稳步发展，以科教文卫体为主要内容的高新技术产业、文化创意产业、现代服务业、金融保险业、房地产业等逐步成为第三产业加速发展的重要力量，并成为吸纳农村劳动力就业的主要产业及农民收入的重要来源。这标志着北京郊区的农村工业化、城市化进入了一个崭新的阶段。

（3）山区沟域经济

2008年，北京市第二次山区工作会议提出了“沟域经济”的概念。随后，沟域经济就成为北京山区发展的新亮点，而且也愈发成为发挥农业生态功能、转变山区发展方式的重要抓手。

“沟域经济”属于区域经济的范畴，是指以山区自然沟域为单元，充分发掘沟域范围内的自然景观、历史文化遗迹和产业资源，打破行政区域界限，对山、水、林、田、路、村和产业发展进行整体科学规划，统一打造集生态涵养、旅游观光、民俗观赏、文化创意、高新技术、科普教育等内容于一体，建成绿色生态、产业融合、高端高效、特色鲜明的沟域产业经济带，以达到服务首都和致富农民目标的一种经济形态。它集生态治理，新农村建设，以及种养殖业、民俗旅游业、观光农业发展为一体，坚持“生态优先”的工作原则，更加重视农业的生态功能，大力发展资源节约型和环境友好型产业。

北京山区面积占全市面积的近2/3，而且拥有1千米以上的沟约2 300条，3千米以上的沟约220条。在发展沟域经济方面，北京经历了自发探索、试点建设、重点推进三个阶段。从2011年开始，按照“出形象、有进展、见成效”的要求，北京市全面启动了“环境整治、生态建设、基础设施、新村民居、特色产业”等五项工程建设。其中起步较早的17条沟域，已经形成一定规模并起到了示范作用，而且涌现出一批成功典型，如延庆千家店百里山水画廊和四季花海、门头沟斋堂川柏古村落、怀柔琉璃庙白河湾和满韵汤河、房山张坊仙栖谷和上方花海、密云古北水镇和酒乡之路等。此外，沟域中新型产业成批涌现，如食用菌种植形成了林下菌、大棚菌、矿洞菌、果窖菌、工厂化生产菌等多种生产模式，成为山区产业的新亮点。沟域经济的发展，全面提升了北京山区农村经济的发展水平，并逐渐成为富裕山区农民、加快城乡统筹、建设生态文明的有效模式和突出亮点。

（三）北京郊区农村产业发展现状

自“十五”以来，北京郊区农村产业结构发生了深刻的变化，一批符合首都郊区农村产业发展方向、具有良好发展前途、可持续发展程度高的都市型绿色农业、环境友好型工业、休闲旅游等农村服务业快速发展，非农产业已经成为农村经济的强大支柱，成为农民就业与增收的主渠道，为农村经济持续健康发展奠定了坚实的基础，保持了郊区农村经济又好又快的发展势头。

1. 农村产业结构不断优化

据统计①，2015 年，北京郊区农村经济主营业务收入 5 447 亿元，比上年增长 3.1%。其中第一产业 282 亿元（占 5.2%），比上年增长 1.6%；第二产业 2 170 亿元（占 39.8%），比上年减少 0.3%；第三产业 2 995 亿元（占 55.0%），比上年增长 5.9%。农民人均所得 18653 元，比上年增长 8.8%。其中来自第一产业 2 929 元（占 15.7%），比上年增长 6.1%；来自第二产业 3 702 元（占 19.8%），比上年增长 9.4%；来自第三产业 12 022 元（占 64.5%），比上年增长 9.3%。北京郊区农村产业，无论是从主营收入上看，还是从农民收入构成上看，都形成了三、二、一的结构，而且第三产业占据绝对的优势，产业结构得到了优化。

（1）农业发展加快从生产性向服务性转变，休闲农业初见端倪

经过多年的发展积淀和结构调整，北京农业在区域特色日益鲜明的基础上，植根于农业生产与经营活动的生态旅游、民俗旅游和休闲观光农业等的规模得到迅速扩张、品质得到不断提升，成为农村产业发展新的增长点。近年来，依靠首都区域内丰富的自然资源及与农耕文化等人文资源紧密结合的乡村旅游业快速发展，以“吃农家饭、住农家院、观自然景、赏民俗情、享田园乐”为主要内容的体验型休闲农业与乡村旅游已经成为广大农民

① 数据来源：北京市农村经济收益分配统计资料（2015 年度），北京市农村合作经济经营管理办公室（内部资料），2016.

增收致富的重要手段，规范化、特色化的中高端休闲农业与乡村旅游初见端倪。2015 年北京市农业发展情况如表 4-1。

表 4-1　2015 年北京市农业发展情况

项　目	单　位	2015 年	同比增长（%）
农林牧渔业总产值	亿元	368.2	-10.6
其中：种植业	亿元	211.8	-9.1
养殖业	亿元	147.7	-11.2
农副产品产量	—		
其中：蔬菜及食用菌	万吨	205.1	-13.1
禽蛋	万吨	19.6	-0.3
牛奶	万吨	57.2	-3.8
生猪出栏数	万头	284.4	-7.0
生猪存栏数	万头	165.6	-7.8
休闲观光农业情况	—		
观光园	—		
总收入	万元	263 138.9	5.6
接待人次	人次	19 033 334	-0.4
民俗旅游	—		
总收入	万元	128 550.1	14.2
接待人次	人次	21 396 673	11.8

注：数据来源：http：//www.bjstats.gov.cn/tjsj/yjdsj/ny/2015/201603/t20160317_ 339023. html.

（2）“三品一标”① 农产品认证和登记稳步扩大

据北京市农业局提供的资料，“三品一标”生产基地将“生产、生活、生态”功能做到了有效融合，既成了市民观光休闲的好去处，又是农民增收的重要来源。与普通农产品相比，“三品一标”农产品表现出明显的市场和价格优势。以地标产品“延怀河谷葡萄”为例，其中的延庆产区内种植面积 3 万亩，覆盖 8 个乡镇、30 个街村、5 000 多农户，农户户均收入 3 万多元，建成 35 家葡萄及葡萄酒生产企业，年创产值近 1 亿元。同时，“三品一标”尤其是绿色食品和有机农产品的生产，有助于推动全市农业节能减排增效。在大兴、平谷和延庆等区创建的 3 个全国绿色食品原料标准化生产基地里，年减少化学投入品 2 000 吨以上。据统计，“十二五”时期，北京市“三品一标”农产品认证和登记数量实现了稳步扩大。截至 2015 年年底，北京市农业系统有效无公害农产品企业超过了千家；

① “三品一标”即无公害农产品、绿色食品、有机农产品和农产品地理标志。

绿色食品企业、有机农产品企业、在农业部登记的保护地理标志农产品产量均比上年同期明显增加①。

(3) 农产品加工业平稳发展，整体效益基本稳定

农产品加工业在北京郊区农村具有长期的发展历史，有取得原料的条件，也有传统技术优势，其发展水平在全国处于领先地位的，已经具备相当的物质和技术基础，并形成良好的市场信誉，而且产业链条不断延伸。涉及的领域有：农副产品加工业、食品制造业、饮料制造业、木材加工业及竹、藤、棕、草制品业等，而且如汇源牌果汁、牵手牌蔬菜汁、丰收牌葡萄酒、五谷道场牌方便面、红螺牌果脯、六必居牌酱菜、王致和牌腐乳、卡迪那牌膨化食品、白玉牌豆制品等一批知名产品，不仅在国内市场，就是在国外市场，都具有较强的竞争力。2015 年，全市农产品加工企业 2 234 家，其中规模以上的农产品加工企业 311 家，规模以上企业的主营业务收入和利润总额分别为 1 098. 3 亿元、42. 8 亿元，与 2014 年基本持平。在主要行业中，食品制造业的主营业务收入和利润总额分别为 494. 3 亿元和 22. 1 亿元，北京农副食品加工业主营业务收入和利润总额分别为 407. 2 亿元和 14. 1 亿元，酒、饮料和精制茶制造业主营业务收入和利润总额分别为 196. 7 亿元和 6. 6 亿元。

(4) 农村工业进一步发展，落后产能逐步淘汰

一是部分农村工业企业通过自身积累，不断得到发展壮大；二是一些农村工业企业通过改制等措施具备了利用社会资金的能力；三是一些镇村通过招商引资引进了一批具有一定规模的企业。此外，各区县的农民就业产业基地建设也得到了政府部门的大力支持，同时围绕各级开发区的主导项目和核心企业，在农村地区发展起了一批大工业配套型产业，带动了农村工业的发展。据统计，2015 年，北京郊区镇村工业企业 16 148 家，比上年减少 14. 8%；职工人数 449 181 人，比上年减少 12. 6%；完成营业收入 2 619. 5 亿元，比上年下降 10. 9%；实现增加值 491. 3 亿元，比上年下降 14. 1%；实现利润总额 142. 5 亿元，比上年下降 1. 7%。镇村工业企业数、职工人数、营业收入、增加值和利润总额分别占镇村企业总量的 12. 5%、45. 6%、53. 2%、55. 2%和 49. 4%，在镇村企业产业结构中继续占据主体地位。

由于受越来越严重的“大城市病”的困扰，北京对环境的要求越来越高，北京市对农村工业污染治理的要求越来越苛刻，一批污染大、能耗高，不适合在北京郊区发展的工业项目进一步被淘汰，以都市工业为主的资源节约型和环境友好型工业发展较快。经过对开

① 刘菲菲．“三品一标”认证率年内达 45% [EB/OL]．http：//www. 221. gov. cn/general/nyzx/jjsd/20160412/18742345. shtml.

发区进行治理整顿，郊区农村的非农产业就业基地健康发展，改变了过去各级工业园区数量庞大、建设分散的局面，并按照不同的区域和工业区等级，确定土地投入和产出指标，建立企业退出机制。调整后农村集体建设用地利用效率也得到明显提高。2015年，北京市稳步推进京津冀协同发展，大力疏解非首都功能，加大工业小区、工业大院清理力度，镇村工业规模大幅缩减，但在镇村企业中仍占据主体地位。

（5）商贸流通得到较快发展，农民生活起来越便利

在政府大力推动下，以连锁超市和便利店等为主的农村商贸流通业发展迅速。北京市在2010年就提出了“加强郊区现代流通网络建设，提高‘一乡一集市’、连锁便民店和农资超市覆盖面”的要求，到2010年年底，就在北京郊区农村建起日用消费品连锁店铺3461个，覆盖了北京郊区的所有乡镇和千人以上的大村，郊区广大农村人口和外来务工租住在郊区的人口从中获得了便利，也为农村劳动力转移就业增加了岗位，增加了农民收入。

（6）农村企业空间布局和区域结构趋于合理

随着首都城市功能布局调整的不断深化，北京农村企业空间布局和区域结构更加趋于合理。城市发展新区（通州、顺义、大兴、昌平、房山）作为全市农村经济的主体，2015年，镇村企业营业收入、利润总额、增加值、工业增加值和出口产品交货值分别为3 369亿元、189.4亿元、626.7亿元、423亿元和82.8亿元，分别占全市镇村企业的68.4%、65.6%、70.3%、86.1%和83.6%，所占比重均在60%以上，主导地位更加显著。

2. 农村产业融合的态势日益强劲

近年来，随着科技的进步和首都经济社会的快速发展，北京郊区农村产业融合的态势日益强劲，因其产生的一些新业态充满勃勃生机。

（1）农产品加工业不断发展壮大

农产品加工业是农村最早出现的一、二产业相融合的产业。同全国一样，北京郊区农村农产品加工业也是从加工米、面、油等老百姓生活必需品起家的。改革开放以后，北京郊区农村的农产品加工业才真正得到了迅猛发展。特别是进入21世纪以来，为了加快农产品加工企业的发展，北京市委、市政府采取了一系列措施，如出台强有力的扶持政策促进农产品加工业的发展，先后印发了《关于加快发展农产品加工业推进农业产业化经营意见的函》《北京市都市型工业调整和振兴实施方案》《关于推进镇村企业发展的指导意见》等政策文件，而且各区县根据自身特点专门制定了鼓励农产品加工业发展的具体政策措施，为农产品加工业发展创造良好政策环境，建立了鼓励各种资本进入农产品加工业的长效机制，形成了吸引农产品加工业投资兴业的理想环境；再如为推进农产品加工企业及其他涉农企业加快上市步伐，市农委和市财政局出台了《关于鼓励涉农企业上市的奖励办法》，明确提出对每家上市的涉农企业给予600万元的奖励，并在企业上市培育过程中扩大规模、技术改造、品牌营销等环节给予政策扶持；还如通过引导产业聚集区准确定位，突出特色和优势，培育经济效益明显、上下游产业互联、专业分工明晰、产加销及服务性企业完备的农产品加工产业聚集区，重点扶持获得国家农产品加工示范基地和农产品加工就业基地称号的农民就业基地加快发展，以推进农产品加工企业集聚发展，优化农村产业结构。此外，通过引导企业完善农产品加工产品质量安全标准和生产技术规范，加强从原料生产到加工全过程的标准化管理和质量控制，提高农产品加工质量安全水平，鼓励企业多种形式提高社会认知度，扩大品牌影响力，以推进农产品加工产品质量安全建设，打造首都农产品安全优质品牌。

通过卓有成效的工作，北京市农产品加工业发展成效显著。一是农产品加工业平稳发展，整体效益基本稳定。2015年，全市农产品加工企业2 234家，其中规模以上的农产品加工企业311家，规模以上企业的主营业务收入和利润总额分别为1 098. 3亿元、42. 8亿元，与2014年基本持平。在主要行业中，食品制造业的主营业务收入和利润总额分别为494. 3亿元和22. 1亿元，北京农副食品加工业主营业务收入和利润总额分别为407. 2亿元和14. 1亿元，酒、饮料和精制茶制造业主营业务收入和利润总额分别为196. 7亿元和6. 6亿元。二是农产品加工业集聚化发展，区域分布趋于均衡。截至2015年年末，北京市规模以上的农产品加工企业共311家，其中农副食品加工企业142家，食品制造业126家，酒、饮料和精制茶制造企业43家。农产品加工业主要集中在通州、顺义、大兴、怀柔、海淀、平谷、昌平等区。北京市充分发挥各郊区劳动力和土地优势，不断加大用地、税收等政策扶持和道路、通讯等基础设施建设力度，持续提高社会化服务水平，结合园区建设重点和城镇化发展的重要方向，吸引农产品加工企业落户园区、进驻小城镇，促进农业现代化与工业化和城镇化同步发展。京郊已建立15个基础设施完备、优惠政策多、一条龙服务到位、以食品生产为主的国家级农产品加工业示范基地，形成13家农产品加工创业基地。42个重点小城镇已成为农产品加工业的重要聚集区。三是农产品加工业协调发展，服务保障功能持续增强。2015年，以启动制订《京津冀农产品加工业“十三五”规划》为切入点，不断调整产业方向和产业布局，出台相应政策措施。产业布局立足“调”，通过政府引导，以企业为主导，调整农业生产和加工业结构，重点发展主食加工业和中央厨房模式，把高耗能、高污染、高耗水的农业生产加工业调下去。企业经营立足“转”，鼓励本市农业生产、流通企业及农民合作社在周边地区建设农副产品生产和加工基地，继续支持已建或在建外埠生产基地、乳业奶源基地建设。2015年，农产品加工企业提供的农副产品及加工制品占菜篮子产品供给的2/3以上，共涉及粮油、果蔬及花卉、林产品、畜禽产品、水产品和其他加工产品等六大类农产品品种。首农集团推进河北三元食品工业园、河北首农现代循环农业科技示范园区项目；二商集团推进的京郊高品质蔬菜基地、扩大生猪收购项目；市供销社推进的现代高效节水综合示范园区、首都农资连锁服务建设等项目，为首都农产品的供应提供切实的保障。四是科技创新力持续加强，产业核心竞争力进一步提升。近年来，北京市采取多种方式推进农产品加工龙头企业做大做强，尤其在科技创新、上市融资、强强联合等方面成效显著。在科技创新方面，2015 年，农产品加工龙头企业科技研发投入达 19.5 亿元，拥有农业科技人员 3.7 万人。如华都峪口研发出的“京红”“京粉 1 号”“京粉 2 号”，生产数量世界第一、跻身世界三大蛋鸡育种公司之列。在上市融资方面，目前，北京市在主板、中小板、创业板上市的涉农企业已有 12 家，其中 2015 年就成功上市了两家，其中农产品加工企业中地乳业在香港上市；同时，在“新三板”融资方面，2015 年北京涉农挂牌企业 13 家，共融资 3.9 亿元。向资本市场的介入，对农产品加工龙头企业的发展具有里程碑的意义，是企业走向强大的重要途径。在强强联合方面，如顺鑫控股公司与市农林科学院玉米研究中心成立了玉米种子育繁推一体化机构；旗舰集团与京东联合成立了京东绿安特产体验馆。五是农加工业不断延伸产业链条，融合互动进一步深入。在新常态新要求下，产业融合已成为一种必然。近年来，农产品加工企业顺应发展形势，积极探索新的发展空间，产业融合互动不断深入。农业经营主体“接二连三”融合，吸引农民直接以资金、农产品、土地经营权入股合作社发展加工和流通业，目前，农民合作社中半数以上都已经从事产加销一体化经营。农产品加工龙头企业“前延后伸”融合，将农户、加工企业和经销商等不同环节的经营主体，在空间上集聚形成利益共同体，“你中有我”“我中有你”相互交叉融合，打造了农业产业化升级版。“互联网+”等新信息技术的渗透融合，将电子商务、加工体验和中央厨房等新业态引入，模糊产业边界，实现网络链接，大大缩短了供求距离，降低了经营成本。如首农集团与京东集团联手成立的首都农业大数据中心、旗舰集团与京东联合成立的京东绿安特产体验馆、大北农集团推出的“猪联网”生猪产业网络平台、伟嘉集团创建的“嘉农在线”蛋鸡产业网络平台等。农产品加工业的发展，延长了农业产业的价值链，推动了现代农业生产体系、经营体系及产业体系的加快构建，实现了“补农、建农、带农”的目标。

（2）葡萄与葡萄酒产业发展势头强劲

葡萄与葡萄酒产业的前端产业是葡萄种植业，属于第一产业；中段产业是葡萄酒酿造业，属于第二产业；末端是围绕葡萄与葡萄酒贮藏、流通与消费的第三产业。因此，葡萄与葡萄酒产业是典型的一、二、三产业相融合的产业。改革开放以后，北京的葡萄与葡萄酒产业发展很快，如延庆县，在气候和土壤等条件上非常适宜发展高品质葡萄，被认为是“北京市唯一能生产高档葡萄的产业园区”，同时也是全国最佳优质葡萄种植区之一。2007

年8月以来，延庆县万亩优质葡萄基地实现产业发展新突破，2014年世界葡萄大会在延庆举行，进一步提高了延庆县葡萄产业的社会地位、经济地位和影响力。此外，房山区有12个乡镇的10万余亩土地处于北纬40°酿酒葡萄种植黄金带上，特别适合种植酿酒葡萄。2010年，房山区制定高端葡萄酒产业发展规划，培育发展高端葡萄酒产业，建设以葡萄酒庄为载体，融商务、旅游、观光和文化等产业于一体的高端酒庄集群，建成60个酒庄，并在青龙湖核心区建成国际红酒城和葡萄酒研发中心。大兴区采育镇有“京城吐鲁番”之称，全镇种植葡萄2.3万亩，占北京葡萄种植面积的一半以上，种植着来自世界各地的300余个葡萄品种，酿造的高档葡萄酒享誉全世界，是北京市较大的葡萄种植基地。加上每年举办一次的“北京大兴采育葡萄文化节”，使游客亲身体验回归大自然和向往新生活的朴实文化内涵。密云县巨各庄镇出台葡萄产业扶持奖励政策，成立葡萄协会，为种植户提供一条龙服务；推进张裕爱斐堡国际葡萄酒庄扩规工程，引进葡萄产业相关企业，延伸产业链条。据统计，截至2014年年底，北京市葡萄种植面积75 000亩，其中结果面积53 848亩，年收入31 529.3万元，从业果农8 233户，主要集中在延庆、密云、房山、大兴、通州、顺义、门头沟等区县，而且在张山营、巨各庄、青龙湖、采育、张家湾、大孙各庄与龙湾屯、军庄等乡镇，葡萄已经成为该乡镇的当家农产品。北京葡萄种植业的发展，繁荣了北京的农产品市场，丰富了休闲观光农业与乡村旅游的内容，同时也为家庭和工厂的葡萄酒生产提供了原料。

北京作为葡萄酒的前沿消费市场，其导向消费更为突出。葡萄酒消费量正以年23.17%的速度增长，目前已经成为全国葡萄酒消费量最大的城市之一。每年都有大量的葡萄酒通过流通渠道进入北京千家万户的餐桌和酒杯，其流量仅次于啤酒和白酒，成为北京酒类消费品市场上的第三大酒种。近十余年来，随着酒庄葡萄酒的引进，房山、延庆、密云等区县制定规划，大力发展酒庄葡萄酒产业。截至2014年年底，全市已建酒庄（酒堡）文化基地33个，酿酒葡萄生产基地面积1.67万亩，年加工能力1.04万吨，年接待游人15.07万人次；部分葡萄酒庄在北京已有较高的知名度。“十三五”期间，北京郊区拟再建酒庄18个，增加酒庄葡萄种植面积1.39万亩。

近年来，国内一些著名葡萄酒企业纷纷在北京建立设计档次比较高的葡萄与葡萄酒产业基地，带动了北京郊区的葡萄与葡萄酒产业带建设，显示出北京葡萄与葡萄酒产业的良好发展态势。如延庆县编制了《酒庄葡萄酒产业带规划》，拟建设50千米葡萄酒庄产业带，并打造4种类型的酒庄：一是在靠近龙庆峡、玉渡山、松山、古崖居等景区位置，打造10处以葡萄酒文化为媒介，集酒庄、度假、休闲、娱乐等功能为一体的休闲度假型酒庄；二是在适合酿酒葡萄种植的北部山区缓坡地带，打造21处以葡萄种植、葡萄酒酿造和品鉴为主要功能的精品鉴赏型酒庄；在山后白河堡水库下游区域，结合村庄改造，打造

3处以葡萄酒窖藏、展示、品鉴和养生为主题的山水养生型酒庄；四是结合部分村庄的改造，打造14个农庄生活体验型酒庄。房山区也编制了《高端葡萄酒产业发展总体规划》，确定以青龙湖镇为起步区，带动浅山区高端葡萄酒产业发展。密云县也规划沿101国道，以穆家峪镇、太师屯镇两镇为主建设以“葡萄庄园、红酒文化”为主题的休闲农业产业带，以使来密云的游客不但可以近距离参观酿酒工艺，还可以亲自上阵自己酿制红酒。此外，北京的葡萄酒企业也加大了葡萄酒的市场营销和文化推广活动，对北京的葡萄与葡萄酒产业的发展起了有力的推动作用。

（3）会展农业发展势头强劲

会展业为服务业，其为农业服务便产生了农业会展业；反过来农业会展业与农业产业的融合，便产生了会展农业。进入21世纪，特别是“十二五”以来，北京郊区一些区县承办了一系列高层次、高规格的农业展会，带动了区域特色农业的蓬勃发展，促进了农民的增收致富。如昌平区2012年成功举办的第7届世界草莓大会，以及之后由其演进而形成的每年一届的北京农业嘉年华，不仅促进了昌平东部及周边地区草莓产业的发展，更为当地农民增收致富创造了有利的条件；通州区2012年承办的第18届世界食用菌大会，以及在当地形成的永乐店蘑菇文化节，促进了处于通州东南部的永乐店地区的食用菌产业的发展，带动了这一地区的经济发展和农民致富；丰台区2014年承办的第75届世界种子大会，进一步扩大了连续举办了19届的北京种子交易会的影响，并促进了北京种业的发展；延庆县2014年承办的第11届国际葡萄遗传与育种会议（世界葡萄大会）和2015年承办的第9届世界马铃薯大会，有力地促进了延庆西部及河北张家口地区葡萄与葡萄酒产业和马铃薯产业的发展。除此之外，各个区县还举办了一些国家级和地区级的农业展会，也有效地带动了当地的农业发展和农民增收。进入“十三五”以来，北京郊区农村的会展农业出现了如火如荼的发展势头，不仅有由世界月季联合会、中国花卉协会和北京市政府主办，中国花卉协会月季分会、北京市园林绿化局和大兴区政府承办的2016世界月季洲际大会，以及由北京市昌平区人民政府主办，北京市昌平区北京农业嘉年华组委会承办，农业部、北京市农委、天津市农委、河北省农业厅支持的北京农业嘉年华等，还有由企业事业单位、镇村围绕自己的特色农产品举办的各种农业节庆活动，如北京市种子管理站在北京市农作物品种试验展示基地举办的“2016年椒类品种展示会”，小汤山特菜大观园举办的看玉米、吃玉米、玩玉米、摘玉米“北京鲜食玉米节”，通州台湖金福艺农番茄联合国举办的“番茄文化节”，大兴安定御林古桑园举办的“桑葚节”，怀柔喇叭沟门喜鹊登科满族风情园举办的“北京首届金莲花文化节”等等，会展农业出现了“向下沉”的更加务实发展的新局面。

（4）休闲农业平稳健康发展

休闲农业是农业向第三产业特别是旅游业延伸的产业，是典型的一、三产业融合的新型产业。北京郊区已经建成了一批独具特色的精品农业休闲观光园。据北京市农村经济研究中心的统计和分析，截至 2015 年年底，北京郊区开展休闲观光服务的农业园区有 1 328 家，其中星级园区 234 家，接待游客 1 903. 3 万人，同比下降 0. 4%，总收入 26. 31 亿元，同比增长 5. 6%。收入增长的速度高于游客数量增长的速度，说明休闲观光农业的效益有了提高。从收入结构看，纯种植、养殖园区的门票收入大幅度降低，降幅达 54. 8%；而健身娱乐收入增加 49. 5%，住宿收入增加 19. 6%，餐饮收入增加 14. 3%；出售农产品、代销其他商品、采摘等的收入基本持平。这表明，广大休闲农业园区在市场需求的倒逼下，注重体验项目、娱乐活动、餐饮住宿等的开发，开始摆脱对“门票经济”的依赖。从单个园区收入来看，2015 年平均每个园区的收入为 198. 1 万元，比上年增长 3. 4%；从人均消费额来看，2015 年休闲观光农业园区人均消费额为 138. 3 元/人次，比上年增长 6. 1%。因此，无论是效益的总体指标，认识人均指标，同比增速都在合理区间，说明休闲观光农业的发展是平稳健康的①。

3. 农村产业发展促进了农村经济繁荣

（1）农村经济实力得到了增强

2015 年，全市农村经济总收入达到 5 706. 6 亿元，同比增长 3. 2%；全市农村经济主营业务收入 5 447. 0 亿元，同比增长 3. 1%，主营业务利润 509. 8 亿元，同比减少 0. 8%。由于经济发展迅速，农村经济实力不断增强。在北京郊区涌现出一批优秀的乡村，如房山的韩村河、丰台的南宫、昌平的郑各庄等，这些村依靠独特的首都区域优势及自身的发展眼光和努力，发展适合当地的支柱性产业，形成了欣欣向荣、蓬勃发展的新景象。据统计，截至 2015 年年底，北京全市农村集体经济资产总额 5 589. 9 亿元、同比增长 7. 3%，集体净资产 2 084. 0 亿元、同比增长 8. 6%，所有者权益 2 084 亿元、同比增长 8. 6%。这其中不乏有集体资产超过亿元的村和农民人均拥有资产万元以上的乡镇。

（2）农民增收渠道得到进一步拓宽

2015 年，全市农民人均所得 18 653 元，比上年增长 8. 8%。其中第一产业 2 929 元（占 15. 7%），比上年增长 6. 1%；第二产业 3 702 元（占 19. 8%），比上年增长 9. 4%；第三产业 12 022 元（占 64. 5%），比上年增长 9. 3%。2015 年，北京郊区农民人均收入中，

---

① 陈奕捷，等. 开发农业多功能　推动产业融合发展//2015 北京市农村经济发展报告（第四分册 休闲农业与乡村旅游）［R］. 北京农村经济研究中心，2016.

工资性收入已占到20.7%，农民家庭经营净收入占到74.7%（其中一产收入占19.5%，二、三产业收入占80.5%），转移性净收入占到4.6%。农民人均纯收入中，非农收入的比重超过80%，而直接来自农业经营收益的比例不足15%，非农收入已成为农民增加收入的主要来源①。

（3）非农产业就业成为农民就业的主渠道

据2015年统计，全市农村各类产业共容纳从业人员171.5万人，其中第一产业就业43.4万人，占从业人员总数的25.3%。随着二、三产业的发展，非农就业岗位不断增加，农村劳动力向非农产业的转移规模和速度不断增大。2015年，农村非农就业人口128.2万人，非农就业占农村全部从业人员比重为74.7%。其中常年外出务工人数为13.6万人，占非农就业人数的10.6%，主要在市内，占外出务工总人数的97.9%②。

4. 京津冀协同发展拓宽了农村产业新的发展思路

2014年年初习近平总书记视察北京之后，京津冀三地即开始着手思考和研究现代农业协同发展问题，并于2015年3月举办的第三届北京农业嘉年华活动上，北京市农村工作委员会、天津市农村工作委员会、河北省农业厅在北京签署《推进现代农业协同发展框架协议》，旨在推进现代农业协同发展。2015年4月，中央政治局召开会议，分析研究当前经济形势和经济工作，审议通过了《京津冀协同发展规划纲要》。《京津冀协同发展规划纲要》提出："充分利用北京科技创新资源富集、天津研发转化能力突出、河北转型发展势头良好的综合优势，大力实施创新驱动发展战略，坚持走内涵式发展道路，推进经济结构优化升级，进一步提高综合经济实力和国际竞争力，更好地发挥对全国经济社会发展的重要支撑和引领带动作用。"据此，北京、天津和河北先后审议通过了各自贯彻《京津冀协同发展规划纲要》的实施方案，根据功能定位对推进协同发展作出部署。根据三地达成的共识，着力突出大城市农业的功能定位，共同探索都市型现代农业的多种实现形式，重点在籽种农业、会展农业、休闲农业、沟域经济等方面开展交流与合作，共同开发农业的生产、生活、生态等多种功能，积极打造合作平台，引导现代农业生产要素在京津冀三地合理流动和农村产业科学布局，着力打造环京津肉蛋菜奶"菜篮子"产业基地、冀中南粮菜生产基地、冀东北农产品加工与物流基地、冀西北生态安全绿色屏障，使农村产业结构在更大的平台上得到优化。

---

① 数据来源：北京市农村经济收益分配统计资料（2015年度），北京市农村合作经济经营管理办公室（内部资料），2016.

② 数据来源：北京市农村经济收益分配统计资料（2015年度），北京市农村合作经济经营管理办公室（内部资料），2016.

（四）北京郊区农村产业发展的特点与经验

农村产业的发展，必须依靠农民群众的积极性与创造力。经过多年的努力探索，京郊农村产业发展已经发生了重大变化，其中所表现出的特点，具有典型性，并具有积极的借鉴意义和启示作用，值得倡导和推广。

1. 精品农业增值

这一举措是指立足农产品生产，按照唯一性、特色性、高效性的经营理念，引进先进的科学技术，实行规模化生产，提高单位面积产量和产品质量，增加农产品的附加值，进而带动农民增收致富。

精品农业增值主要有3种形式：一是生态化种植，如发展绿色农业、有机农业、无公害农业等，提高农产品的绿色附加值。如海淀、顺义、怀柔、延庆和密云等区的一大批农业企业和农民合作社，大力发展生态化种植，生产无公害农产品，并依靠当地的农产品配送企业，很好地解决了蔬菜销售问题，不仅解决了城市居民对农产品安全问题的担忧，而且还让优质农产品卖上了好价钱。二是设施化种植，如发展各类高效设施农业，依靠提高农产品产量和发展错季农产品获得较高收入。如密云区河南寨镇依靠当地的蔬菜种植协会发展设施农业，把愿意参加大棚种植的农民的承包地进行适当调整和集中，在蔬菜种植协会的指导下由农民进行规模化种植，很好解决了规模化经营的问题。三是科技化种植，即紧紧依靠农业科技的自主创新，加快农业科技成果在实际生产中的转化和应用，不断提高科技对农业产业增长的贡献，如发展高效籽种农业等，提高农业的竞争力。如大兴区庞各庄镇的老宋瓜王、乐平西甜瓜合作社等，紧紧依靠长期积累的技术和资金不断进行新品种的引进和技术创新，依靠企业和农民合作组织来进行技术扩散，解决了农民在种植业发展中的技术难题，带动了农民致富。

2. 旅游观光带动

这一举措是指依托广大农村地区优美的自然环境、淳朴的乡土文化和丰富的鲜活农产品，大力发展旅游观光和休闲体验项目，吸引城市居民到农村地区进行消费，带动农民增收致富。

旅游观光带动主要有以下两种形式：一是发展融休闲、观光、采摘、餐饮等为一体的综合性休闲观光农业园，适合拥有特色果品资源的近郊平原地区和部分山区。如昌平区的小汤山镇、大兴的庞各庄镇和采育镇，分别依托特色蔬菜种植、西甜瓜种植和葡萄种植，发展蔬菜文化、西瓜文化和葡萄文化，进而发展起了若干特色农业观光采摘园，借助规模、品牌及文化优势，成功地实现了农产品通过采摘、观光而增值的目的，促进了农民致富。二是利用良好的生态环境、特殊地貌、历史古迹、特色民俗等旅游资源，开展民俗旅游活动。如处于怀柔神堂裕自然风景区的仙翁村，几家农户联合起来利用多年发展民俗旅游积累下来的几十万元资金，依山建成宁静典雅的度假村，不仅吃住环境、饭菜质量、卫生条件得到了大幅度提升，而且在保留了原汁原味的民俗文化的同时，实现了民俗旅游与农民居住分离，提升了民俗旅游的发展层次，在吸引了大批游客的同时，也给农民增加了收入。

3. 城镇园区辐射

这一举措是指靠近城市或开发区的地区，充分利用城市和开发区的辐射效应，以城市和开发区的需求为导向，发展相关配套产业，在为城市和开发区提供配套服务的同时，带动农民增收致富。

城镇园区辐射主要表现为以下两种形式：一是城市周边地区，利用城市扩张带来的机会，发展都市型工业和城市服务业，吸引城市居民进入，从而使原来的农村地区成为城市的一个部分。如位于城市边缘的丰台区花乡镇草桥村，通过发展花卉种植业，树立本地文化形象，改善区域环境，并利用北京城市扩张带来的创业机会，大量吸引外来投资发展房地产业，实现了自身的产业发展。二是在经济开发区的效力范围内的农村地区，要紧紧依靠自身的地理位置的优越性和首都的劳动力资源丰富的优势，承接开发区的产业转移和产业扩散，重点发展为高端产业配套、适合当地产业发展方向的电子、汽车配件制造等加工制造业，或者交通运输、仓储物流等现代服务业，直接为开发区企业提供配套服务。如顺义区天竺镇围绕空港优势，选择了以第三产业为主导的发展模式，主要发展交通运输和仓储物流，现全镇有上百家企业，吸纳本地农民就业过千人。

4. 公共服务增收

这一举措是指围绕农村公共服务设施的运行管护和生态环境治理维护，充分发挥农村劳动力资源的优势，建立的一种新型农村公共服务发展模式，从而促进农民就业增收。

公共服务增收主要有以下两种表现形式：一是农村公共服务设施运行管护。随着统筹城乡发展步伐的加快，政府对农村的投入逐步加大，公共服务设施逐步向郊区农村延伸并逐步覆盖城乡。为了保障公共服务设施长效运行，需要大量管护人员，在农村催生了一批新兴服务行业，从而产生了一批新型农村产业。二是生态环境治理维护。为了发挥好山区的生态涵养功能，建设宜居城市，北京市加大了对生态环境建设的投入力度。为了保持生态环境建设的成果，推进生态环境建设的机制创新，也需要大量维护人员充实到生态环境治理和维护的第一线，从而也产生了一批新型农村产业。如北京市目前有 4 万多名生态护林员、1 万多名农民管水员以及 4 000 多名道路管护员，还有不少的农民参加了农村垃圾收集、转运等等相关工作，这已经占到了全市农村产业劳动力从业人数的 1/10 以上。这些劳动力通过“政府购买服务”的形式获得了劳动报酬，也是农民增收致富的一条重要渠道。

5. 集体资产增效

这一举措是指充分挖掘农村集体建设用地的潜在价值，把原来闲置或利用效率不高的集体建设用地，通过一定的方式盘活流转起来，实现其市场价值，保障农村集体和农民的最大收益。如大兴区庞各庄镇的幸福新村建设项目，项目所涉及的幸福村和小庄村原先占地 480 亩，通过旧村改造，重新规划建设的幸福新村占地 210 亩，腾退出 270 亩宅基地，用于发展农村二三产业，解决了发展非农产业的用地问题。

6. 农民素质保障

农村产业要发展，农民素质的提高是关键。北京市通过多年的努力，从思想观念、思维方式、科技素质上根本转变农民，逐步把传统农民培养成为有文化、懂技术、会经营的新型农民，为农村产业发展提供了人才保障和智力支持。

农民素质保障主要有以下三方面的措施：一是建立健全城乡一体的教育培训体系。以城乡教育均衡化发展为目标，促进城乡的教育合作，增加农村教育投入。完善和落实相关政策，鼓励优秀年青教师到农村任教，鼓励和支持城乡教育机构挂钩结对，推动形成城乡教育一体化机制，改善农村教育环境，提高农村教育水准。积极探索和推进“三教统筹”，以基础教育为根本，重视职业教育和素质教育，做好毕业后的后续教育延伸，特别是积极推进函授、远程等在职教育，为农村产业建设培养一支留得住、用得上的高素质人才队伍。二是创新培训机制，突出培训的重点。发展农村产业，当务之急是加强农民培训。加强培训机构软硬件建设，并按照产业发展需要，不断创新培训模式，突出培训重点，切实加强农民转移就业能力以及技能培训。按照“市场引导培训，培训促进就业”这一原则，完善培训机制，加强培训市场调研，根据农民实际需要组织培训，造就掌握有一技之长的新型农民，提高农民就业能力。大力开展订单式、定向式及定点式的培训，提高培训的针对性和有效性，通过培训造就一批新农村产业发展急需的人才。三是加强农村先进文化建设。通过先进文化占领农村文化阵地，以高尚文化引导农民，大力倡导健康向上、科学文明的新农村建设新风貌和新风尚。把提高农民的个人道德修养和文明程度放在与知识技能培训同等重要的位置上，使崇尚科学、诚实守信、遵纪守法、团结互助成为新农村建设的思想根基和保障。以农民喜闻乐见的形式教育引导农民，逐步消除农民群众的陈旧保守观念和小农意识，帮助他们解放思想，与时俱进，以奋发有为的精神状态，投身于社会主义新农村建设之中。

（五）北京郊区农村产业发展展望

展望“十三五”以至更长一个时期，北京郊区农村产业发展将面临新的形势和环境。

1. 城乡产业融合发展的步伐将进一步加快

2015 年，北京市人均地区生产总值达到 10.6 万元（按年平均汇率折合 17 064 美元）①，首次突破 10 万元大关。实际上，人均地区生产总值超过 6 000 美元（约折合人民币 5 万元），就预示着工业化水平总体上已进入后工业化阶段。在这一阶段，农村城市化与城市郊区化已呈现并存互动之势。城市化表现为农村的生产、生活、管理方式逐渐向城市靠拢，农村经济与管理逐步纳入城市经济与管理的轨道；郊区化则表现为中心城区的产业、就业、居住、人口等向外扩散，使城市布局更加合理，城市环境更为宜居。适应这一趋势，需要实现农业向多功能拓展、产业与就业相互衔接、经济与社会协调发展、乡村与城市多方面接轨等制度安排，以解决农村产业更好地为首都现代化建设服务、与首都经济相互协调的问题。近年来，适应城市需要新兴的产业如休闲农业与乡村旅游等，也面临着起点低、市场竞争激烈，需要寻求新的增长途径。

2. 郊区乡镇将成为农村人口集中居住和产业集群发展的重要载体

“十三五”以至更长的一个时期，随北京的城市化建设和社会主义新农村建设的协调推进，以及基础设施和公共服务向郊区农村的延伸覆盖，农村产业发展的基础条件和政策环境将进一步得到改善，按照北京市“中心城—新城—镇—村”的城市发展格局，乡镇将成为统筹城乡发展的重要节点和纽带。同时，随着城市产业的升级调整，乡镇也将成为承接市区产业转移的重要载体。事实上，按照《北京城市总体规划（2004—2020 年）》和 11 个新城规划（2005—2020 年），全市 183 个乡镇中，有 67 个乡镇被纳入中心城和新城发展范围，保留 116 个重点镇和一般乡镇，已形成了“中心城—新城—镇—村”的空间发

① 数据来源：2015 年北京 GDP 同比增长 6.9% 人均 GDP 首次破十万. http://www.askci.com/news/finance/2016/01/22/1537cmb5.shtml.

展格局，乡镇已经成为城市空间布局中连接城乡的重要桥梁和纽带，乡镇的发展，对构建城乡一体化新格局具有重要意义①。据此，农村产业的布局，应该是都市型现代农业主要向行政村特别是自然村聚集，而非农产业主要向较大规模的中心村特别是乡镇聚集，进而使区域农村产业布局进一步合理化。

3. 资源环境的刚性约束对郊区农村产业发展的要求会更高

北京作为首都，其发展基于资本、市场、劳动力等多种资源优势，具有极大的吸引力和极强的极化效应，从而使北京在快速发展的过程中所面临的人口、资源、环境等压力日益严峻，患上了相当程度的“大城市病”。北京的中心城区功能过度聚集，人口无序过快增长，城市空间“摊大饼”式蔓延，水资源紧缺、大气污染、交通拥堵、生态环境容量不足等问题凸显。此外，严格的耕地保护制度要求农村土地更加集约利用，建设国际一流和谐宜居城市要求不断提高生态环境建设和保护的标准，水资源供需矛盾的日益尖锐也要求发展节水产业，等等。这些都要求未来的郊区农村产业加快优化升级与结构调整。因此，北京郊区农村产业的发展，应以人口控制目标和水资源、大气、绿色空间等资源环境承载能力作为刚性约束条件，反算确定城乡建设用地规模和开发强度的控制目标，着力在提质增效上下功夫，从而增强郊区农村产业的可持续发展能力。

4. “互联网+”与物联网技术会为北京郊区农村产业发展插上腾飞的翅膀

农业部印发的《“十三五”全国农业农村信息化发展规划》提出：“到2020年，‘互联网+’现代农业建设取得明显成效，农业农村信息化水平明显提高，信息技术与农业生产、经营、管理、服务全面深度融合，信息化成为创新驱动农业现代化发展的先导力量。”“生产智能化水平要大幅提升。核心技术、智能装备研发与集成应用取得重大突破，大田种植、设施园艺栽培、畜禽水产养殖、农机作业、动植物疫病防控智能化水平显著提高，适宜农业、方便农民的低成本、轻简化、‘傻瓜’式信息技术得到大面积推广应用。农业物联网等信息技术应用比例达到17%。”事实上，顺应“互联网+”及物联网技术与传统农业以至农村产业深度融合的发展趋势，借助电商平台及智能装备等资源与推广优势，促进互联网和物联网与传统农业的深度融合，优化都市型现代农业的生产方式和发展模式，以努力实现保护农业生态环境、培育新型职业农民，同时满足城乡消费者对于农产品安全、新鲜、营养、美味的需求，并为都市型现代农业以至农村产业插上腾飞的翅膀。

---

① 数据来源：力促城乡一体化 北京将在乡镇推进10项惠民工程．http：//www.gov.cn/gzdt/2008-04/29/content_ 957138.htm.

5. 在京津冀协同发展的更大平台上农村产业会得到进一步协调发展

按照党中央、国务院印发的《京津冀协同发展规划纲要》的要求，在医治“大城市病”和有序疏解非首都功能的大背景下，一是北京郊区农村产业发展的视野会开阔到整个京津冀地区，在推进京津冀协同发展的进程中实现农村产业的梯度分布，从而使北京郊区农村产业的布局和结构在更高层次上实现优化；二是绿色品牌建设会进一步得到强化，使北京郊区以至整个京津冀地区的食品生产安全等级得到进一步提高，进而使北京郊区农村种养业和食品加工业的发展水平进一步得到提升；三是利用京津冀协同发展的契机，通过制定整体营销战略，着力发展合作农业、总部农业，与津、冀联手发展农村产业，随着面向国内外市场的宣传推介的进一步加强，从而使北京郊区以至京津冀农村绿色形象和整体品牌得以确立，进而充分放大京津冀协同发展的机遇和效应。

五、北京郊区农业发展研究

据统计，北京2014年末的耕地面积为22万公顷（330万亩）①，2015年农业增加值占全市GDP为0.6%。但这并不是说北京农业在停滞或者在萎缩。由于发展的需要，北京将永久保留大量的农业资源。事实上，北京的都市型现代农业会随着北京“四个中心”②和国际一流和谐宜居之都的建设，地位越来越重要、作用越来越突出，并成为城乡一体化进程中的特色产业。

（一）北京郊区农业的发展历程

新中国成立以来，特别是改革开放以来，北京郊区农业在调整中发展，在首都经济社会建设中发挥了重要作用。北京郊区农业的发展情况见表5-1、表5-2、表5-3、表5-4。

表5-1　北京郊区农业生产条件（1978—2015年）

年　份	年末实有耕地面积（万公顷）	农业机械总动力（万千瓦）	农　村用电量（万千瓦/时）	化　肥施用量（万吨）
1978	42.9	189.4	58 802	11.6
1979	42.7	212.2	63 124	11.3
1980	42.6	234.6	76 753	12.3
1981	42.5	244.8	91 844	11.2
1982	42.4	242.2	96 961	12.0
1983	42.3	261.8	104 608	12.0
1984	42.2	290.8	119 289	10.7
1985	42.1	320.4	126 830	8.2
1986	41.9	345.5	180 640	9.1
1987	41.8	388.4	159 450	10.0
1988	41.6	399.7	163 986	10.6

① 此数据为2014年统计数据，由于近两年平原造林的大规模推进，2015年没有这一统计数据。

② 即《京津冀协同发展规划纲要》所明确的北京市的功能定位：全国政治中心、文化中心、国际交往中心、科技创新中心。

（续表）

年　份	年末实有耕地面积（万公顷）	农业机械总动力（万千瓦）	农　村用电量（万千瓦/时）	化　肥施用量（万吨）
1989	41.4	423.9	128 414	11.8
1990	41.3	416.2	122 711	14.4
1991	41.1	384.8	111 347	14.4
1992	40.9	399.8	143 963	14.4
1993	40.6	450.5	169 911	14.9
1994	40.2	459.2	172 042	19.8
1995	39.4	468.1	201 731	18.8
1996	34.4	468.4	275 871	18.9
1997	34.2	433.2	301 655	19.7
1998	34.1	415.5	290 859	19.3
1999	33.8	410.4	330 069	19.0
2000	32.9	399.2	572 257	17.9
2001	29.2	394.9	619 806	15.7
2002	27.5	381.8	414 248	14.9
2003	26.0	366.9	427 266	14.3
2004	23.6	340.3	383 954	14.5
2005	23.3	337.7	421 680	14.8
2006	23.3	325.5	416 459	14.8
2007	23.2	300.5	411 238	14.0
2008	23.2	267.0	427 377	13.6
2009	22.7	271.5	439 099	13.8
2010	22.4	276.0	443 774	13.7
2011	22.2	265.2	454 009	13.8
2012	22.1	241.1	473 121	13.7
2013	22.1	207.7	485 320	12.8
2014	22.0	195.8	505 559	11.6
2015		185.9	516 705	10.5

注：①化肥施用量为折纯量；②2003 年以前农村用电量由原北京市供电局提供；③农业机械总动力数据由北京市农业局提供；④1991—2001 年有效灌溉面积由北京市水务局提供；⑤资料来源：http：//www.bjstats.gov.cn/tjsj/ndsj/ndsjfpfb/2015n/。

表 5-2　北京郊区农作物播种面积和造林面积（1978—2015 年）

年份	农作物播种面积（万公顷）	#粮食作物	#玉米	#小麦	#油料	#蔬菜及食用菌	#瓜类及草莓	#饲料	造林面积（万公顷）
1978	69.1	56.1	16.9	19.2	3.3	5.6	0.2	2.0	1.4
1979	67.7	56.0	18.2	19.7	3.0	5.4	0.3	2.0	1.6
1980	65.7	54.9	19.7	18.8	2.8	5.1	0.4	1.8	2.4
1981	64.4	53.0	19.8	18.4	2.7	5.5	0.6	1.7	2.7
1982	64.2	52.7	19.7	18.1	2.4	5.9	0.8	1.6	2.8
1983	63.8	53.0	20.1	18.7	1.9	5.7	0.5	1.5	3.3
1984	63.3	52.3	20.6	19.5	1.8	5.8	0.7	1.5	3.2
1985	61.8	51.1	21.7	19.1	2.0	5.4	0.9	1.3	3.0
1986	60.5	49.9	21.6	18.5	2.0	5.8	1.1	1.0	1.5
1987	59.8	49.5	22.3	18.3	1.6	6.0	0.9	1.1	2.0
1988	59.5	48.8	22.2	18.6	1.5	6.3	1.0	1.2	1.6
1989	58.9	48.3	21.9	18.5	1.3	6.8	0.8	1.1	0.8
1990	59.0	48.4	22.4	18.8	1.2	7.0	0.6	1.1	1.3
1991	59.0	48.3	22.3	19.2	1.2	7.3	0.5	1.0	1.5
1992	58.5	47.7	22.4	19.2	1.2	7.5	0.5	0.8	1.5
1993	56.5	45.6	21.8	17.8	1.3	7.8	0.5	0.7	4.8
1994	55.1	43.0	20.6	16.4	1.2	9.1	0.6	0.6	5.5
1995	55.3	43.4	20.8	17.2	1.2	9.1	0.5		4.7
1996	53.8	42.7	20.8	17.1	1.1	8.8	0.5	0.5	4.0
1997	53.6	42.5	20.6	17.1	1.0	8.9	0.5	0.5	3.8
1998	53.5	42.3	20.8	17.1	1.0	9.0	0.5	0.5	3.7
1999	52.6	41.0	19.8	16.8	1.0	9.2	0.5	0.5	3.0
2000	45.4	30.8	13.6	12.2	1.5	10.4	0.8	1.2	2.6
2001	38.0	21.4	10.0	7.3	1.4	11.3	0.9	1.9	3.2
2002	33.5	16.9	8.7	4.7	1.6	11.5	0.9	1.8	4.8
2003	30.1	14.1	7.5	3.6	1.4	10.8	0.9	1.9	4.7
2004	30.4	15.4	9.4	3.9	1.1	9.1	0.8	2.8	3.2
2005	30.8	19.2	12.0	5.3	0.9	7.9	0.8	1.5	1.2
2006	32.0	22.0	13.6	6.3	0.7	7.1	0.9	0.6	1.3
2007	29.5	19.7	13.9	4.1	0.7	7.0	0.9	0.4	1.1
2008	32.2	22.6	14.6	6.4	0.7	6.8	0.8	0.4	0.9
2009	32.0	22.6	15.1	6.1	0.6	6.8	0.8	0.4	1.8
2010	31.7	22.3	15.0	6.2	0.5	6.8	0.8	0.5	1.4
2011	30.3	20.9	14.1	5.8	0.5	6.7	0.8	0.5	2.1
2012	28.3	19.4	13.2	5.2	0.5	6.4	0.8	0.3	3.6
2013	24.2	15.9	11.4	3.6	0.3	6.2	0.7	0.2	4.4
2014	20.0	12.0	8.9	2.4	0.3	5.7	0.6	0.3	2.3
2015	17.7	10.4	7.6	2.1	0.2	5.4	0.5	0.2	0.8

注：①2006 年蔬菜播种面积为农业普查衔接数据，1997—2005 年为历史修订数据；②2009 年以前造林面积为人工造林面积，2009 年起调整为荒山荒（沙）地造林面积，包括人工造林、无林地和疏林地新封面积；③资料来源：http：//www.bjstats.gov.cn/tjsj/ndsj/ndsjfpfb/2015n/。

表 5-3 北京郊区主要农业产品产量（单位：万吨）（1978—2015 年）

年份	粮食	油料	蔬菜及食用菌	干鲜果品	牛奶	肉类	#猪牛羊肉	禽蛋产量	水产品
1978	186. 0	2. 6	164. 5	17. 5	5. 4	11. 9	11. 9	2. 1	0. 2
1979	172. 8	2. 6	181. 3	15. 8	6. 0	13. 1	13. 1	3. 1	0. 3
1980	186. 0	3. 1	175. 9	15. 9	6. 8	15. 1	15. 1	3. 4	0. 4
1981	180. 7	2. 2	172. 8	15. 6	7. 6	13. 2	13. 2	3. 7	0. 4
1982	185. 5	2. 3	208. 3	13. 8	8. 9	13. 9	13. 9	5. 4	0. 4
1983	201. 5	2. 1	199. 1	18. 2	10. 6	14. 9	14. 9	8. 9	0. 6
1984	217. 4	2. 6	218. 0	20. 2	12. 6	13. 4	13. 4	12. 2	1. 0
1985	219. 7	3. 9	204. 0	18. 9	13. 5	13. 6	13. 6	14. 1	1. 6
1986	216. 5	3. 0	222. 7	18. 7	14. 6	13. 3	13. 3	14. 7	2. 2
1987	227. 0	3. 3	241. 1	22. 5	15. 5	12. 9	12. 9	16. 8	3. 0
1988	234. 6	3. 0	271. 3	23. 8	18. 0	14. 5	14. 5	21. 8	3. 9
1989	239. 2	2. 8	331. 0	26. 7	19. 9	23. 3	17. 2	24. 7	4. 6
1990	264. 6	3. 1	356. 1	27. 6	21. 7	26. 8	20. 4	25. 8	5. 1
1991	279. 7	3. 3	368. 4	29. 3	23. 9	33. 9	24. 8	27. 9	5. 6
1992	281. 9	3. 4	381. 4	34. 0	24. 5	35. 9	27. 3	30. 0	6. 4
1993	284. 1	3. 8	418. 8	39. 6	22. 5	36. 7	28. 2	31. 4	7. 0
1994	249. 2	3. 8	350. 0	48. 8	22. 2	34. 4	24. 8	31. 2	7. 6
1995	259. 8	3. 3	397. 3	46. 8	20. 6	39. 8	28. 9	28. 5	8. 1
1996	237. 4	2. 9	403. 2	51. 3	21. 0	38. 2	27. 3	24. 7	7. 8
1997	237. 5	2. 7	408. 8	54. 8	22. 2	39. 9	27. 8	23. 8	7. 7
1998	239. 3	2. 8	403. 8	59. 5	22. 7	43. 4	30. 3	17. 9	7. 6
1999	201. 0	2. 8	419. 8	60. 2	24. 0	46. 1	30. 2	15. 8	7. 6
2000	144. 2	3. 8	466. 3	66. 0	30. 3	50. 5	30. 9	16. 0	7. 5
2001	104. 9	4. 3	491. 0	71. 9	42. 9	55. 9	33. 0	15. 6	7. 4
2002	82. 3	4. 6	507. 4	78. 7	55. 1	60. 9	35. 2	15. 2	7. 4
2003	58. 0	3. 3	486. 7	84. 1	63. 3	60. 6	35. 2	16. 2	7. 1
2004	70. 2	2. 9	444. 1	90. 9	70. 0	57. 4	34. 0	15. 9	6. 7
2005	94. 9	2. 5	373. 1	93. 9	64. 2	53. 3	31. 7	16. 0	6. 4
2006	109. 2	2. 2	341. 2	88. 7	61. 9	45. 3	26. 9	15. 2	5. 4
2007	102. 1	2. 2	340. 1	91. 1	62. 2	47. 9	27. 1	15. 6	6. 0
2008	125. 5	2. 2	321. 3	89. 8	66. 4	45. 1	25. 9	15. 2	6. 1
2009	124. 8	1. 8	317. 1	90. 3	67. 4	47. 2	27. 6	15. 4	5. 8
2010	115. 7	1. 6	303. 0	85. 4	64. 1	46. 3	27. 5	15. 1	6. 3
2011	121. 8	1. 4	296. 9	87. 8	64. 0	44. 4	27. 6	15. 1	6. 1
2012	113. 8	1. 3	279. 9	84. 3	65. 1	43. 2	27. 3	15. 2	6. 4
2013	96. 1	1. 0	266. 9	79. 5	61. 5	41. 8	27. 9	17. 5	6. 4
2014	63. 9	0. 7	236. 2	74. 5	59. 5	39. 3	26. 9	19. 7	6. 8
2015	62. 6	0. 6	205. 1	71. 4	57. 2	36. 4	25. 2	19. 6	8. 2

注：①2006 年蔬菜、干鲜果品、猪牛羊肉产量为农业普查衔接数据，1997—2005 年为历史修订数据；②1988 年及以前肉类产量为猪牛羊肉产量；③2006 年及以前水产品产量为淡水鱼产量，2007 年以后含远洋捕捞量，水产品数据由北京市农业局提供；④资料来源：http：//www. bjstats. gov. cn/tjsj/ndsj/nd-sjfpfb/2015n/。

表 5-4 北京郊区农林牧渔业总产值（1978—2015 年）

年份	农林牧渔业总产值（亿元）	农业	林业	牧业	渔业	农林牧渔服务业	农林牧渔业总产值比上年增长（%）	
							按现价计算	按可比价计算
1978	11.5	8.9	0.2	2.4	0.01			
1979	12.3	8.8	0.2	3.3	0.02		7.0	
1980	14.3	9.8	0.5	3.9	0.05		16.3	
1981	14.9	10.1	0.7	4.1	0.05		4.2	
1982	16.8	11.3	0.7	4.7	0.05		12.8	
1983	19.6	12.7	0.8	6.0	0.1		16.7	
1984	22.2	14.4	0.9	6.7	0.2		13.3	
1985	25.9	16.1	0.8	8.6	0.4		16.7	
1986	28.1	17.2	0.8	9.4	0.7		8.5	
1987	34.4	20.3	0.8	12.3	1.0		22.4	
1988	52.6	31.4	0.9	18.6	1.7		52.9	
1989	60.4	34.2	0.7	23.3	2.2		14.8	
1990	70.2	39.0	0.9	28.0	2.3		16.2	
1991	76.5	39.6	1.5	32.8	2.6		9.0	
1992	84.5	43.2	1.6	36.3	3.4		10.5	
1993	100.4	51.1	2.3	42.7	4.3		18.8	
1994	144.3	72.5	3.1	64.0	4.7		43.7	
1995	164.4	86.8	2.7	68.8	6.1		13.9	
1996	168.9	89.2	2.8	71.1	5.8		2.7	
1997	170.5	86.8	2.9	74.6	6.2		0.9	
1998	174.8	88.3	3.2	75.8	7.5		2.5	
1999	180.6	89.4	4.1	79.5	7.6		3.3	
2000	188.6	88.1	5.2	87.5	7.8		4.4	
2001	202.2	84.7	9.0	99.3	9.2		7.2	
2002	213.5	83.5	11.9	108.6	9.5		5.6	
2003	224.7	80.9	12.3	114.3	9.3	7.9	5.2	
2004	234.9	83.1	11.4	124.3	8.9	7.2	4.5	
2005	239.3	91.0	12.4	120.8	8.7	6.4	1.9	
2006	240.2	104.5	14.8	105.1	9.8	6.0	0.4	0.9
2007	272.3	115.5	17.8	122.4	10.1	6.5	13.4	0.8
2008	303.9	128.1	20.5	140.5	9.8	5.0	11.6	0.8
2009	315.0	146.1	17.2	136.1	10.3	5.3	3.6	5.5
2010	328.0	154.2	16.8	139.6	11.5	5.9	4.1	-1.7
2011	363.1	163.4	18.9	162.7	11.5	6.6	10.7	0.9
2012	395.7	166.3	54.8	154.2	13.0	7.5	9.0	2.9
2013	421.8	170.4	75.9	154.8	12.8	8.0	6.6	2.1
2014	420.1	155.1	90.7	152.7	13.2	8.4	-0.4	持平
2015	368.2	154.5	57.3	135.9	11.9	8.7	-12.3	-11.7

注：①农林牧渔业总产值绝对数按现价计算，从 2003 年起执行新《国民经济行业分类标准》，农林牧渔业总产值中含农林牧渔服务业产值；②2003 年以后，计算农林牧渔业总产值使用的价格从农产品综合平均价调整为农产品生产价格；③2006 年为与农业普查衔接的数据，1997—2005 年为历史修订数据；④2010 年按照新的《统计用产品分类目录》，将原归属林业产值的核桃、板栗等林产品调整至农业产值，并对 2009 年数据作了调整；⑤资料来源：http：//www.bjstats.gov.cn/tjsj/ndsj/ndsjfpfb/2015n/。

实际上，自改革开放以来，北京郊区农业的发展历程，可以划分为以下 3 个阶段。

1. 农区型农业阶段（20 世纪 80 年代之前）

在这一阶段，为解决温饱问题，北京郊区农业在“以粮为纲”的约束下，以种植业为主，林、牧、渔业只是作为副业存在，而且以产量最大化为目标，农业结构变动缓慢，呈现单一的种植业为主的格局；在种植业内部主要以粮食种植为主，即当时农业产业的类型是单一的粮食生产型，产业化仅是以粮食加工为主要内容的简单产品加工形式；农业的商品率很低，属于自给半自给的口粮农业。这一阶段的北京农业，主要承担生产功能，为首都农产品供应提供保障，政府投入也相对较少，农业建设的重点是农田基本建设，即通过兴修水利、平整山地、建设农业基础设施等，加强农业生产，提高农产品特别是粮食产量，从而为首都的农产品（包括口粮）供应提供保障。

2. 城郊型农业阶段（20 世纪 80 年代至 90 年代末期）

1983 年 7 月，中共中央、国务院在《北京城市建设总体规划方案》的批复中明确指出，“农业的发展，应以面向首都市场、适应首都需要为基本方针。要促进农村多种经营和商品经济的迅速发展，努力把蔬菜、牛奶、禽蛋、肉食、水产、干鲜果品等生产搞上去，把郊区尽快建设成为首都服务的、稳定的副食品基地。”自此，北京郊区农业虽然还是以生产功能为主，但生产的内容有了较大幅度的扩展。因此，在这一阶段，北京郊区农业的地域空间虽然还是主要划定在城市郊区，但主要功能定位是供应城市居民鲜活副产品和部分粮食，突破了长期以来形成的城市郊区农业“以粮为纲”的禁锢和单一的种植业结构等局面，以解决城市副食品供应不足的问题，起到稳定物价、稳定居民生活和稳定社会等作用。在此阶段，我国农村通过改革建立起的以家庭联产承包责任制为基础的统分结合的双层经营体制在北京农业发展中也发挥了巨大作用。

3. 都市型现代农业阶段（20 世纪 90 年代末开始至今）

“九五”期间，北京市以籽种农业、精品农业、创汇农业、观光农业、设施农业、加工农业等“六种农业”为切入点，推进具有都市特色的现代农业发展，使北京郊区农业的整体素质全面提升。在此基础上，2005 年 4 月又提出“开发生产功能，发展籽种农业；开发生态功能，发展循环农业；开发生活功能，发展休闲农业；开发示范功能，发展科技农业”的方向，加大农业功能开发的步伐，拓展农业生产的产业链，切实加大第一产业向二、三产业延伸的力度，提升农业的产业化、现代化、社会化、组织化水平。伴随着都市型现代农业的发展，北京郊区农业产业化进入了快速发展和创新阶段。在这一阶段，政府持续采取的鼓励措施取得了显著成效：农业产业化组织模式不断创新，“龙头企业+协会+农户”“龙头企业+合作组织+农户”等新模式不断涌现并表现出巨大的生机；农业产业化经营主体实力增强，社会资本开始进入农业产业化领域；农业产业化经营理念不断创新，农业不仅提供单一的物质产品，还提供休闲产品、文化创意产品，甚至精神产品等。农业产业化经营带动北京农业总体水平大幅度提高，同时也使郊区农业结构调整实现了突破性进展，种植业由以粮食为主向粮、经、饲等多元生产结构转变，农业生产由单一注重产量向产量和质量并重转变，促进了北京郊区农业区域主导产业的形成。近年来，北京市已经培育形成了包括蔬菜、果品、花卉、苗木、奶业、肉鸡等在内的区域特征比较明显的优质农产品主导产业，已经初步形成了从产地到车间到餐桌的无公害农产品“安全通道”，农产品加工规模不断扩大，加工水平不断提高。通过与其他产业的不断融合发展，农业自身的内涵也得到了丰富和拓展。

北京郊区农业发展 3 个阶段的主要特征，见表 5–5。

表 5–5　北京郊区农业发展 3 个阶段主要特征比较

项目	农区型农业阶段	城郊型农业阶段	都市型现代农业阶段
城乡关系	联系少	城乡结合	城乡融合
空间关系	农村地区	城市郊区	城市的全部范围
经济结构	第一产业为主	第一、二产业为主	第一产业与二、三产业融合
农业功能	生产农产品	提供副食品	多元化
关注焦点	经济、社会效益	经济、社会效益	生态、经济、社会发展
本质特征	自养为主	服务城市	服务、依托城市
社会经济条件	差	较好	好
农业设施	差	较好	好
技术哲理	顺其自然	改造自然	人与自然的和谐
技术类型	生物技术	工业化技术	工业化、生物、信息技术
劳动生产率	低	较高	高
土地生产率	低	较高	高
生产力水平	低	较高	高

（二）北京郊区农业的现状、类型与特点

1. 北京郊区农业的现状

总的来说，北京郊区农业定位于都市型现代农业。作为首都，农业的发展和整个城市的发展密切相关，农业已不再是单纯的农业问题，而是与人民生活密切相关的服务业，农业的功能已不仅仅是简单的粮食生产功能，而是已经承担了文化传承、生活休闲、精神享受、生态保护等功能。近年来，北京市农业观光园、民俗旅游、种业和设施农业发展情况，见表5-6。

由此可以看出，北京郊区农业的现状突出地表现为以下方面。

（1）固定资产投入加快，农业基础设施显著改善

市财政对农业的固定资产投入快速增长，为农业基础设施改善提供了强劲推动力。围绕基本农田建设，重点开展了农田水利改善工程、农田培肥工程、田园清洁循环工程和沟路林渠配套工程建设。据统计，到2015年年底，全市设施农业播种面积4.1万公顷（即61.6万亩），其中温室2.37万公顷，大棚1.45万公顷；农业机械总动力为185.9万千瓦；全市机耕面积1.26万公顷，占全部耕地面积比重为89.6%；机播面积9.42万公顷，占播种面积的93.8%；机收面积8.10万公顷，占收获面积的78.9%。都比全国平均水平都要高。

（2）科技创新能力突出，农业转型升级得到有力支撑

充分发挥北京科技资源优势，以北京国家现代农业科技城（简称“农科城”）为契机，扎实推进体制机制创新，不断提高自主创新能力，研发出一批重大成果并实现产业化应用推广，对农业转型升级发挥了重要支撑作用。2010年8月16日，科技部、农业部与北京市政府签署协议，共建北京农科城。农科城按照“一城多园五中心”① 的布局建设，农科城以“高端、高效、高辐射”为目标，采用“以现代服务业引领现代农业”的发展模式，致力于实现高端服务、总部经济研发、产业链创业和先导示范功能四大功能，促进一二三产业融合发展。以推进农科城建设为契机，北京市不断探索完善农业科技创新体制机制，采取了“三位一体”的组织管理模式，构建了“一城两区百园”协同创新机制，组建了北京农科城农商俱乐部，从“良种创制、成果托管、技术交易、良种产业化”四大

① “一城”指北京城，“多园”指一系列特色园区，“五中心”是指农业科技网络服务中心、农业科技金融服务中心、农业科技创新产业促进中心、良种创制与种业交易中心和农业科技国际合作交流中心。

表 5-6 北京市农业观光园、民俗旅游、种业和设施农业（2005—2015 年）

项目	2005	2006	2007	2008	2009	2010	2011	2012	2013	2014	2015
农业观光园											
农业观光园个数（个）	1 012	1 230	1 302	1 332	1 294	1 303	1 300	1 283	1 299	1 301	1 328
高峰期从业人员（人）	40 729	52 828	51 392	49 366	49 504	42 561	46 038	48 906	50 406	47 088	42 617
接待人次（万人次）	892.5	1 210.6	1 446.8	1 498.2	1 597.4	1 774.9	1 842.9	1 939.9	1 944.4	1 911.2	1 903.3
经营总收入（亿元）	7.88	10.49	13.15	13.58	15.24	17.80	21.72	26.88	27.36	24.92	26.31
民俗旅游											
从事民俗旅游实际经营接待户（户）	7 268	8 726	10 323	9 151	8 705	7 979	8 396	8 367	8 530	8 863	8 941
高峰期从业人员（人）	14 070	18 253	20 750	19 421	19 790	16 856	18 232	18 705	19 578	21 493	22 313
民俗旅游接待人次（万人次）	758.9	982.5	1 167.6	1 205.6	1 393.1	1 553.6	1 668.9	1 695.8	1 806.5	1 914.2	2 139.7
民俗旅游总收入（亿元）	3.14	3.65	4.96	5.29	6.09	7.35	8.68	9.05	10.20	11.25	12.86
种业											
种业收入（亿元）	5.94	7.75	9.91	10.93	12.84	14.57	18.12	16.09	13.98	14.04	12.67
#销往外埠收入（亿元）			3.99	5.78	7.28	8.05	11.68	9.70	8.23	7.95	6.64
#牧业收入（亿元）			8.27	9.27	10.56	12.13	15.09	13.63	12.59	12.51	11.23
设施农业											
设施农业实际利用占地面积（公顷）	15 645	17 832	18 022	17 051	18 762	18 323	18 616	19 059	18 852	18 232	17 397
设施农业播种面积（公顷）			30 331	33 889	36 203	36 811	38 006	37 797	38 763	38 115	41 088
设施农业收入（亿元）	18.62	21.11	28.12	28.17	33.91	40.72	45.58	51.98	57.32	51.27	55.50

资料来源：http：//www. bjstats. gov. cn/tjsj/ndsj/ndsjfpfb/2015n/。

环节入手探索建立了新型种业体系，为加快农业科技创新奠定了制度基础，也为北京农业的发展提供了有力支撑。

（3）农业多功能性凸显，产业增值渠道拓宽

产业结构的转型升级及人民生活水平的不断提高，促进了农业功能的拓展与延伸，除传统的生产功能外，生态休闲、科技示范等功能日益凸显，在满足人们不断改善的消费需求的同时，拓宽了农业增值渠道，提高了产业附加值。一是做大做强籽种农业，强化应急保障功能。生产功能是农业的基本功能，是都市型现代农业的产业基础。农业生产所蕴含的应急保障功能对于维护首都经济社会的繁荣稳定和加快世界城市建设具有重要意义。二是推进文化环境建设，强化生态休闲功能。农业既有生态修复的作用，又为资源循环利用提供可能，因而是保护生态环境，促进可持续发展的基础产业。三是加快发展会展农业，强化科技示范功能。北京有着得天独厚的农业科技资源，理应在全国农业发展中发挥示范带动作用，这既是源于北京的功能定位，又是出于首都农业的责任。会展是发挥示范带动作用，促进合作交流的重要渠道。

（4）体制机制改革深化，农业生产经营支撑体系逐步健全

为适应新时期农业和农村经济发展的需要，围绕组织管理模式、基本经营制度、金融服务体系、农业推广体制等方面进行了改革和创新，促进了相关制度体系的发展完善。一是稳定基本经营制度。如推进新型经营主体培育，提升农民组织化程度；开展家庭承包经营权确权流转工作，建成应用于市区两级农地流转信息平台，进一步完善了家庭承包经营制度；推进农村集体经济产权制度和林权制度改革，调动了广大农民参与管理的积极性。二是完善金融服务体系。如成立市农业投资有限公司和农业担保有限责任公司，设立中农科产业发展基金，村镇银行正式开业，16 大类农业保险全面推广，农村“三信”工程稳步推进，北京市初步搭建完起由“农业贷款、农业投资、农业担保、农业投资基金、农村信用建设、农业保险及农村金融综合改革试验区”等“七农”构成的农业金融服务平台，为农业的发展提供了有力的支撑。三是创新农技推广体制。如深入开展果类蔬菜、叶类蔬菜、生猪、奶牛、观赏鱼、家禽、食用菌、鲟鱼和鲑鳟鱼等创新团队建设工作，聚集了大批科技人员；通过建设农业科技综合服务试验站，完善乡镇基层农技推广服务体系条件建设，为农业乡镇购置农技推广服务设备等，完善了基层农技推广条件；全面开展村级全科农技员队伍建设，创新了基层农技推广队伍建设，提高了科技成果转移与转化效率。

2. 北京都市型现代农业的主要类型

北京郊区农业定位于都市型现代农业，经过近 20 年的发展，北京都市型现代农业主要有以下几种类型。

（1）产业型都市现代农业

农业生产最直接的成果就是农产品，都市型现代农业同样如此，农业的其他功能也都是依附于农产品而衍生出来的。北京是一个国际化大都市，其为农业的发展提供了广阔的市场空间。北京农业历来就承担着服务首都的重要功能，“十二五”期间，北京通过新一轮“菜篮子”工程建设，都市型现代农业的生产性功能得到进一步增强，“菜、肉、蛋、奶、鱼、果”的自给率、控制率、合格率和应急保障能力显著提高，为保障首都食品安全作出了应有的贡献。据统计，2015 年，北京市粮食作物播种面积 10. 4 万公顷（即 156 万亩），总产量 62. 6 万吨；蔬菜及食用菌种植面积 5. 4 万公顷（即 81 万亩），总产量达到 205. 1 万吨；肉类产量为 36. 4 万吨、禽蛋产量为 19. 6 万吨、牛奶产量为 57. 2 万吨、水产品产量为 8. 2 万吨。保障了首都市场的鲜活农产品供应。这种类型的都市型现代农业主要有：

①设施农业。虽然北京设施农业起步于 20 世纪 80 年代，而且当时主要以加温温室为主，生产成本较高，发展极其缓慢。进入 20 世纪 90 年代，北京陆续从东北、山东等地引入了不同类型的日光温室，经过十余年的研究和探索，逐渐形成了具有本地特色的设施农业类型，如大兴、顺义以西瓜、甜瓜和蔬菜为主，平谷以大桃和蔬菜为主，房山以食用菌和蔬菜为主，昌平以草莓为主的设施农业等，而且蔬菜、花卉、瓜类和果树是设施农业的主体。到 2010 年，全市设施农业占地面积达到 1. 78 万公顷，实现收入 21. 1 亿元。其中蔬菜占地面积 1. 12 万公顷，实现收入 14. 1 亿元；花卉占地面积 533. 3 公顷，实现收入 2. 4 亿元；瓜类占地面积 5 267 公顷，实现收入 3. 5 亿元；水果占地面积 333. 3 公顷，实现收入 0. 6 亿元①。而且空间布局进一步优化。据 2013 年统计，北京设施农业主要分布在 14 个区县的 174 个乡镇的 4 587 个地块中，其中大兴、顺义、通州、房山和平谷 5 个区的设施农业总面积占到全市设施农业总面积的 87. 3%，大兴区 0. 46 万公顷的设施农业面积为全市最大，占到全市设施农业总面积的 42. 5%②。此外，随着生产技术和经营管理水平的提高，设施农业的生产效益也日益提高。据统计，2013 年，北京设施花卉的效益可达 39. 5 万元/公顷，设施果品的效益可达 28. 8 万元/公顷，温室蔬菜的效益可达 9. 8 万元/公顷，大棚蔬菜的效益可达 7. 8 万元/公顷③。

②籽种农业。近年来，北京市相关部门紧紧围绕打造“种业之都”的目标，按照汪洋

① 北京农学院．北京都市型现代农业理论发展与实践创新［M］．北京：人民出版社，2016.

② 北京农学院．北京都市型现代农业理论发展与实践创新［M］．北京：人民出版社，2016.

③ 北京农学院．北京都市型现代农业理论发展与实践创新［M］．北京：人民出版社，2016.

副总理提出的“加快打造北京种业之都，建设国家种子硅谷”的要求，出台了种业发展意见，编制并实施了种业发展规划，取得了阶段性成果，基本确立了全国“三中心一平台”的地位。事实上，北京种业发展呈现如下四大特点：一是全国种业创新中心的地位不断巩固。主要体现在，第一方面是新品种研发成效明显，每年育成各类粮、菜新品种400余个，每年选育的主要农作物新品种数量约占全国的10%；第二方面是优势品种的全国市场占有率较高，2012年，杂交玉米种子销售量达2.2亿千克，全国推广面积1.4亿亩，占全国27.4%，玉米杂交品种农华101、中单909、京科968被农业部列为向全国推广的主导品种。蛋种鸡产量占全国50%以上，良种奶牛冻精占全国市场的35%。虹鳟鱼、鲟鱼的苗种繁育量占全国总量的60%以上；第三方面是种业企业创新能力不断提升，2012年通过国审的12个新品种中，有5个品种由企业选育；2012年，农业部授权北京市品种权总数181件，其中种业企业占51%，表明种业企业创新能力不断提升。2012年北京市种子企业投入技术开发费1.6亿元，同比增加47%。二是种业总部特征更加明显。截至2013年年底，北京全市发证企业274家，其中全市“育繁推”一体化企业7家；全国10家明星种业企业中，北京有3家，在所有省市中入围企业数量最多；先锋、孟山都等世界种业前10强企业有8家在北京市设立了研发或分支机构。种业企业研发、总部集中在北京，销售和生产两个环节大多在外埠，总部特征越来越明显。三是越来越成为全国种业交易交流中心。2012年，全市种业的销售额就达到107.6亿元，约占全国的10%，农作物种子进出口总额占全国的37%。北京已成功举办24届北京种子大会，其已成为全国种子交易的一个重要风向标。四是种业创业创新发展环境不断优化。主要表现在长期以来北京市始终坚持“以企业为主体、以市场为导向”的工作指导方针；不断强化市场监管，深入开展种子市场专项检查和执法活动，净化种子市场，维护市场公平竞争秩序，创造公平公正种业创业发展环境；努力加强种业服务，建立种业各类服务平台，支撑种业企业创业创新发展。

③总部农业。北京的“四个中心”的地位，加上良好的产业基础、优惠的政策环境、优质的政府服务、宜居的生活环境等，发展总部经济的条件得天独厚。到2013年，北京就已经成为全球拥有世界500强企业最多的城市。同时，北京集中了中国3/4的央企总部；国资委管理的136家大型企业集团中，有104家企业总部设在北京；跨国公司在京设立投资性公司已达165家，占跨国公司在华设立投资性公司总数的40%，成为全球最大的世界500强总部之都。在总部经济的发展过程中，总部农业的发展也取得了一定的成效。

一是市区及部分区县已经集聚了一批知名农业总部。北京的农业总部一部分在城市中心区，另一部分分布在各个区县新城和城镇。顺义作为北京重点建设的新城，设在该区的农业总部中，汇源果汁、顺鑫农业等有较高的知名度。昌平区作为北京发展新区中教育和科技较为发达的区县之一，引进的农业总部以科技型为主，部分“农业总部进入科技创业孵化基地，充分利用昌平区科技研发园优势，以北京科技园为技术依托，联合中国农业大学、中国农业科学院，整合国内外农业育种领域的人才、设备、资金等优势资源，以龙头企业为主体，打造转基因籽种总部、草莓产业总部、园林绿化产业总部、农业智能装备总部等，努力实现高端农业的产前、产中、产后技术全覆盖，以及技术培训，创新、研发、试验、示范等功能，着力建设农业良种创制和种苗繁育工厂。同时积极吸引金融风险担保、中介机构、会展旅游等现代服务企业入驻，进一步完善总部经济体系中的各项要素和内部结构”①。昌平区的小汤山镇是现代农业科技城的重要基地之一。北京的怀柔、大兴、房山、密云、延庆等区县也在不同程度上集聚了各类的农业总部。

二是外来农业总部发展迅速。近年来，北京的环境条件及相关政策与措施不但吸引了国内外的农业企业，如正大集团、蒙牛集团等来北京投资，同时也为国内其他地区涉农企业在北京的发展创造了良好的条件。始建于山东沂蒙山区沂源县的汇源公司1994年迁到北京时还是个不知名的小企业。历经近20年的发展，到2012年成长为我国果汁销量最大的企业集团，在全国各地建有30多家现代化工厂，链结了300多万亩名特优水果、无公害水果、A级绿色水果生产基地和标准化示范果园；建立了遍布全国的营销服务网络，构建起一个庞大的水果产业化生产经营体系，是中国果汁行业的第一品牌。来自于河南省的天翼生物工程公司，2001年进入北京后，建立了北京天翼生物工程公司。公司利用北京的市场和科技优势，逐渐形成以现代农业生产为主，同时集商业化科研开发、规模化繁育种苗、产业化生产加工、网络化推广服务和集团化连锁经营为一体的高科技农业综合开发企业，目前已成为国内最大的生物组培种苗生产企业之一，2008年被评为北京市农业产业化重点龙头企业，参与首都社会主义新农村建设先进民营企业。该公司除在北京建有6 000亩生产基地外，还在河北等省也建有草莓生产基地。以房地产起家的希森集团，2007年在北京设立了开发马铃薯种苗的公司，主要从事微型薯生产、脱毒苗繁育、新品种研发等，通过雾培工艺生产微型薯，是一家集马铃薯资源评价、新品种研发、新品种选育、脱毒种薯繁育、科技示范推广于一体的大型生态农业产业化高科技企业。2009年，其种薯繁育基地在延庆建成投产，每年可生产脱毒苗6 000万株，微型薯1.5亿粒，年扩繁优质脱毒苗7 000余万株，繁育优质微型薯2.5亿粒，可为内蒙古等西部省份的800万亩适种土地提供马铃薯改良品种，种植户每年每亩

① 苏卫东．以高端农业带动区域发展［J］．中国农业科技，2010（06）．

可增加纯收入500元。2010年，中国农业科学院马铃薯产业示范基地和中国农业大学希森马铃薯科教基地与其实现了强强联合，被有关专家称为是对实现我国从世界马铃薯生产大国到马铃薯产业强国的一种积极探索。由于当地马铃薯产业科技的发展，2010年国际马铃薯中心亚太分中心也在延庆落户。

三是促进了本地农业企业的成长。北京的经济社会发展，也促进了一批本地农业企业的成长。首都农业集团是北京市著名的农业企业集团，在畜禽良种繁育、养殖、食品加工、生物制药、物产物流等方面具有行业明显优势，形成了从田间到餐桌的完整产业链条，具有较强的市场竞争力和影响力，已经初步形成管控区域农业经济的企业总部。为了成为提供绿色健康食品、在国内同行业具有龙头地位、体现首都标志的都市型现代农业产业集团，首农集团在外埠建立了一批原料生产基地。据集团2010年年底提供的数据，外埠基地为集团提供的毛鸡、北京鸭、生鲜牛奶占到了年需求的25%、19%、57%。集团先后在河北建立毛鸡、北京鸭、生鲜牛奶生产基地，规模分别达到200万只/批、500万只/批、42 000头，年提供量分别达到1 000万只、200万只、12.6万吨，分别占到年需求量的25%、19%、28%；在山东、内蒙古、河南、天津、江苏、广西建立的生鲜牛奶生产基地，奶牛头数分别达到14 500头、9 100头、7 000头、5 500头、1 500头、700头，提供的生鲜牛奶分别达到50 000吨、31 000吨、24 000吨、20 000吨、5 500吨、2 600吨，分别占到年需求量的11%、7%、5%、4%、1%、0.5%。外埠基地的原料供应，不仅保证了首农集团农产品加工企业的生产需要，满足了市场供应，而且相对低廉的原料生产成本也促进了企业经济效益的提高。北京二商集团是以食品制造肉类加工、现代物流、现代分销与专业市场为主导产业，以科技、教育、信息、物业经营为支撑的大型国有食品产业集团，生产经营猪肉、牛羊肉、海鲜水产品及其制品和糖、酒、烟、茶，调味品、糕点、蔬菜、豆制品、水产品等20多个大类万余种产品，是初具规模和影响的农业总部企业。在为首都消费者提供高品质放心食品的同时，还承担着国家和北京市两级政府重要商品的储备任务，发挥了调控市场、应急救灾、确保社会稳定的重要作用。为构筑食品安全诚信体系，二商集团抓源头、建体系、重管理，在全国自建和投资5个生猪和蛋鸡养殖基地，并依托25个国家和北京市两级生猪活体储备基地、300多个生猪、鸡蛋和蔬菜养殖种植基地、600多家稳固的生产供应商，形成了科学化管控、标准化采购、全程化追溯的原材料供应保障体系。二商集团2010年在河北安平建设的养猪基地，占地1 500亩，年提供肉猪15万头，占年需求的4%；在天津宝坻建设的养猪基地，占地160亩，年提供肉猪3.5万头，占年需求的1%；在福建政和建设的茶叶生产基地，占地1 000亩，年提供茶叶50吨，占年需求的40%。严格的货源采购，传统的生产工艺，加上自动化的生产流水线、全封闭的制造加工环境、实时记录的远程和近程监控、高科技的质量检测，实现了食品质量安全源头可追溯、流向可追踪、过程可监控、产品可召回的食品安全监控目标。此外，为满足首都市场对水产食品的需求，依靠现代高端渔业技术，集团实施远洋金枪鱼、鱿鱼捕捞和海水、淡水鱼养殖以及水产品加工，为首都市场提供品种众多、鲜活安全的水产品。近年来，集团先后建成了西南郊肉类水产品市场、四道口水产市场、北水嘉伦水产品市场、大红门京深海鲜市场、五色土农副产品市场、京华茶叶市场，北京国际茶城等一批专业市场，已经成为我国北方肉类、水产品、农副产品、茶叶等商品的重要集散地。成立于1992年的大北农公司，起步时仅有两个人、两万元、两间房，依托创办人母校——中国农业大学的科技优势，以及北京对科技企业的政策扶持和对科技研发的支持，企业得到快速发展。1996年，建立怀柔基地，托管了江西泰和大北农，合资成立了宁夏大北农、柳州大北农、新乡大北农等企业，奠定了集团的饲料产业基础。2001年开始建设集示范、生产、科研、培训为一体的大北农科技园，2002年被国家九部委评为农业产业化国家重点龙头企业。2004年和2005年，集团连续两年被评为"中关村经济20强企业"，2010年公司A股上市。至2012年，大北农集团已发展成为以饲料、种业为主体，动物保键、植物保护为辅的科技企业，拥有30名博士、151名硕士、5名享受国家级政府津贴的高级专家组成的研发队伍，以及8 000余名员工、40多家生产企业、62家子公司，建立了覆盖全国500多个县级服务站、10 000多个村镇级推广服务点的农业科技企业集团。创建于2000年的德青源农业科技股份有限公司，是中外合资企业，由于充分利用北京的市场、科技和资金的优势，成立后的五年，企业规模就从50万元发展到5亿元，占据了北京品牌鸡蛋71%市场份额。2008年，公司建立在延庆的养殖场拥有300万只蛋鸡，是亚洲单体规模最大的蛋鸡养殖场。德青源（北京）生态园是国家高新技术产业化现代农业示范基地，也是全国农业标准化示范区。2009年，德青源国家蛋品工程技术研究中心建设方案通过了科技部评审，开始承担国家蛋品工程技术研究中心建设工作。2010年，位于安徽黄山休宁县的种禽基地投入使用；2012年，协议在安徽滁州的明光市建设滁州生态园项目，该项目占地25平方千米，蛋鸡存栏量700万只，产蛋量15亿枚/年。项目建成后，集团蛋鸡总存栏量将达1 000万只，将成为中国最大的蛋鸡养殖企业①。目前在全国其他区域的生产基地正在筹划中。

北京总部型农业企业发展的实践表明，北京的环境条件和政策条件适合于总部农业的发展。目前，北京的农业总部虽然数量不多、影响不大，但已经开始起步，而且可以

① 数据来源：北京德青源在安徽建全国最大蛋鸡养殖基地．http：//www. sn110. com/news/kuaixun/Layers/show_ 20120925_ 166685. html.

预言，随着北京平原造林措施的实施，以及非首都功能的疏解和京津冀协同发展战略的持续推进，北京的总部农业的将会发挥越来越大的作用。

④京外合作农业。也称协作型农业。事实上，在不断提升自身生产发展水平的基础上，北京市强化区域合作，完善农产品供应链条，发展外埠蔬菜基地超过 4 万公顷（60 万亩），通过龙头企业建立起一批联系紧密、可控性强的畜禽产品外埠生产基地。实际上，自改革开放以来，北京和周边地区的区域合作几乎不曾中断，理论界和实践界都一直在探索科学有效的北京合作农业发展道路。从 2000 年开始，北京市就与张家口市开始了蔬菜信息工作合作，建立了京张蔬菜产销信息平台，带动了张家口市蔬菜产业数据分析、发展决策能力和水平的提高，形成了依据监测数据分析、通过信息进行引导的现代化管理服务方式。同时，还推进了京张两地蔬菜生产情况、市场行情等信息的发布与共享，每年京张两地定期举行的信息会商，丰富和完善了京张蔬菜产销合作机制，为“菜园子”走向“菜篮子”提供了信息高速公路。2008 年以来，北京市以京张蔬菜产销协作为载体，大力推进京张农业区域合作，发展蔬菜生产重点乡镇、供京蔬菜专业合作社示范社、蔬菜经销企业、种植大户，建设精品示范、常态供应、应急储备“三大基地”。近年来，京张蔬菜产销对接平稳发展，已形成政府间合作的成功模式，既让坝上农民因菜致富，更为北京提供了高质量的蔬菜保障。京承农业合作始于 2004 年，在双方共同努力下取得了丰硕成果。多年来，京承两地按照“资源共享、产业融合、互利互赢、共同发展”的合作模式，形成了京承区域经济发展既一体化又有差异的发展格局，实现了京承区域人与自然环境的和谐，促进了区域协调发展和共同繁荣新局面。目前，已有首农集团、华都集团等 100 多家北京农业龙头企业进驻承德，承德已成为首都绿色农产品供应基地。此外，通过畅通鲜活农产品绿色通道，春节期间北京蔬菜日均供应量增加 10%左右，圆满保证了 APEC 会议、中国人民抗日战争暨世界反法西斯战争胜利 70 周年阅兵、世界田径锦标赛等重大活动及重要节假日的农产品供应保障。全市肉、禽、蛋、奶自给率已达 31%、63%、54%、56%，市场控制率已达到 83.3%、69%、67%、79.7%，有力保证了首都农产品市场的有效供应，提升了应急保障水平。

（2）生态型都市现代农业

与传统农业相比，都市型现代农业是依附于城市发展、服务于城市需要的一种新型农业。生态型都市现代农业除了其本身的生产属性之外，其还主要依靠其生物的多样性和生活状态，为城市人们宜居提供所需要的良好的生态环境。据北京市有关部门组织专家测算，2015 年，北京都市型现代农业生态服务价值年值为 3 481.16 亿元，比上年增长 1.4%；贴现值为 10 414.27 亿元，比上年增长 5.7%。从构成农业生态服务价值年值的三个部分看：直接经济价值为384.59亿元，比上年下降16.7%（主要受农林牧渔业产值下降影响），占总价值的11.0%；间接经济价值为1 290.95亿元，比上年增长4.3%，占总价值的37.1%；生态与环境价值为1 805.62亿元，比上年增长4.1%，占总价值的51.9%①。事实上，北京作为超大型城市，以及目前所出现的严重的“大城市病”，其对生态环境建设有着极为迫切的要求。因此，发展生态型都市现代农业，就成为北京农业的客观要求和重要任务。目前可以说，北京农业的绝大多数都同时兼具生态功能。这种类型的都市型现代农业主要有：

①生态农业。它是按照生态学原理和经济学原理，运用现代科学技术成果和现代管理手段，以及传统农业的有效经验建立起来的，能获得较高的经济效益、生态效益和社会效益的现代化农业。由于北京农业是北京生态屏障的重要组成部分，加上北京山区占全市辖区总面积的62%，因而“生态优先”是北京市农业发展遵循的重要原则。目前，北京已经建成4个生态农业示范县、数十个生态农业示范园区、上百个生态农业示范村和几万个生态农业示范户。大兴、怀柔、密云和平谷4个区的生态农业示范县建设基本上实现了经济、生态、社会效益的“三统一”，提高了生态农业建设的档次和品位②。为推进生态农业发展，2014年，北京市委成立了生态文明体制改革专项小组，北京市农业局制定了生态农业三年行动方案，将清洁空气、净化水源、改良土壤作为未来首都生态农业发展的三大核心目标，力争在改善农业生态环境、保证农产品安全和质量的同时，通过冬春季生物覆盖减少裸地扬尘、推广秸秆综合利用与禁烧、畜禽养殖场粪污资源化利用等具体措施；2016年，北京市农业局制定出台了《种植业生态园区评价规范》，围绕化学投入品减量化和科学使用、水资源和农业废弃物的高效利用、清洁能源替代燃煤等重点内容，指导建设了一批如顺义丰顺恒、昌平川府莱缘等生态园区。同时，着重从节水、节肥、节地、节能、节劳力、农业废弃物综合利用等方面，优选了一系列成熟、先进的主推技术在园区中进行全面示范推广。在基础设施完善方面，重点优化农业机械配套、完善设施保温和整治园区环境；在节水方面将采取覆盖保墒、膜面集雨、水肥一体化等技术，争取实现节水20%以上；在化肥利用方面，实施测土配方施肥全覆盖，通过培肥地力技术，合理施用有机肥与生物有机肥，减少化学肥料使用量，确保肥料利用率达到40%以上；在农药使用方面，普及生物、物理防治；在清洁能源方面，推广示范太阳能、空气源、土壤源等多种技术解决育苗、果蔬生产冬季加温，全面

---

① 数据来源：2015年北京都市型现代农业生态服务价值监测公报．http：//www.bjyl.gov.cn/zwgk/tjxx/201605/t20160513_ 180250.html.

② 北京农学院．北京都市型现代农业理论发展与实践创新［M］．北京：人民出版社，2016.

杜绝燃煤在园区中的利用，减少大气污染①。

②循环农业。这是指在农作系统中推进各种农业资源往复多层与高效流动的活动，以此实现节能减排与增收的目的，促进现代农业和农村的可持续发展的农业发展模式。通俗地讲，循环农业就是运用物质循环再生原理和物质多层次利用技术，实现较少废弃物的生产和提高资源利用效率的农业生产方式。循环农业作为一种环境友好型农作方式，具有较好的社会效益、经济效益和生态效益。实际上，发展循环农业是转变农业发展方式的重要途径。循环农业关键在循环，循环起来可以减少农业污染，提高农业生产效率，改善农民生活质量，助农增收，助推发展。因此，做好发展循环农业这篇大文章，是推动农业发展的一条有力途径。北京市高度重视循环农业的发展，通过在全市实施“三起来”工程②，从而推动循环农业的发展。事实上，早在2006年大力推进新农村建设的过程中，北京郊区很多村便遇到了诸如农作物秸秆、牲畜粪便、烂菜帮子、生活垃圾和污水等影响农村环境的问题。为此，北京市财政局设立了“北京市循环农业模式研究与示范”项目，由北京市农林科学院农业综合发展研究所承担，针对各区县的主导产业和循环农业中存在的问题，提供科学设计规划，为北京市循环农业的发展，提供具有推广价值的模式。2008年，北京市在郊区选择了5个村作为“样板”，由科技专家组成的“智囊团”，进村调研并选择适合的循环农业模式，解决关键技术，核算经济成本，指导当地发展循环农业。在示范点总结出的5种循环模式在全市推广，使板栗等林果产业、食用菌等种植产业、沼气工程与奶牛养殖业、设施农业的废弃物处理率不断提高，实现了节本增效的目标。北京市通过发展循环农业，在郊区新建、扩建大中型沼气、秸秆气集中供气工程250余处，户用沼气池4 000余户，生物质燃料加工厂20余处，雨洪利用工程800余处，粪污治理工程700余处③，而且使农村资源配置得到优化，人居环境得到改善，还带动了农村循环产业发展，促进了农民增收。北京郊区农民运用“四位一体”形式：将沼气池、畜舍、厕所、日光温室等组合在一起，构成综合利用体系，产气、积肥同步，种植、养殖并举，使改善生态环境和增收致富结合到了一起。

③有机农业。它是指在生产中完全或基本不用人工合成的肥料、农药、生长调节剂和畜禽饲料添加剂，而采用有机肥满足作物营养需求的种植业，或采用有机饲料满足畜禽营养需求的养殖业。有机农业的发展可以帮助解决现代农业带来的一系列问题，如严重的土

---

① 北京市2016年打造48个生态农业园．http：//beijing. qianlong. com/2016/0413/530767. shtml.

② 即北京市从2006年起，在郊区农村实施的“让农村亮起来”“让农户暖起来”“让农业资源循环起来”的工程项目，简称“三起来”工程。

③ 北京：“三起来”让三百万农民日子美起来［EB/OL］．http：//money. 163. com/12/0106/08/7N2S3KUV00253B0H.html.

壤侵蚀和土地质量下降，农药和化肥大量使用对环境造成污染和能源的消耗，物种多样性的减少等；还有助于提高农民收入，发展农村经济，具有极大的发展潜力。北京的有机农业是20世纪90年代为顺应世界农业发展潮流而发展起来的。大力发展有机农业，是北京打造特色农业产业的重要手段，能有效促进首都农业产业的转型升级，增强北京有机农产品在国内外市场上的竞争力，对增加北京郊区农民收入、加快新农村建设步伐、保护北京生态环境、维护公众健康具有重大意义。随着北京居民消费水平的提高和大众对食品质量安全的日益重视，有机农产品正被越来越多的消费者所接受。加之近年来北京不少知名人士投资有机农产品项目，如柳传志投资的有机猕猴桃种植、刘强东投资的有机大米种植、王健林投资的有机农业园区等，在一定程度上带动了有机农业的发展。目前，北京已发展成为我国最大的有机农产品市场，市场份额几乎占到国内份额的1/3左右，并形成了较为稳定的有机农产品消费群。

事实上，北京有机农业生产大致分为两种类型：一种是沿袭以往单个家庭的生产组织方式，如部分消费者到区县租赁土地开展有机农业生产，这种生产方式有着自给自足、规模小、品质不稳定的特点；另一种是专门从事有机农产品生产的规模化农业企业所进行的有机农业生产，这种生产方式有着“适度规模+品牌化运营+目标市场销售”的特点，如正谷、德青源、天福园、百年栗园、爱农基地等，就是这种生产类型的典型代表。

北京的有机食品生产和开发，还主要使集中在初级农副产品上，其种类主要包括大米、豆类、谷物、蔬菜、肉类、蛋类、牛奶和食用油等。目前，北京已形成了颇具特色的区域有机农业产业，如房山的有机食用菌、大兴的有机西瓜、昌平的有机草莓和有机杏、延庆的出口菜和顺义的有机樱桃等。

北京有机农产品的销售渠道主要有有机农产品专卖、大型超市售卖、网店送货上门、直销酒店、优惠礼券及观光销售等几种途径。2012年，北京首家大型有机食品超市——“三安诚”开业，专卖超有机食品，开辟了有机农产品销售的新渠道。再如北京有机农夫市集，是消费者自愿发起建立的一个有机农产品销售平台，让从事有机农业的农户能够和消费者直接沟通、交流，既帮助消费者找到安全、放心的产品，也帮助农户拓宽市场渠道，是一种新型的有机产品销售形式。此外，以北京大兴活力有机菜园为代表的CSA（国内社区支持农业）是北京新发展起来的有机农产品营销模式。

从有机产业发展规模及产量来看，北京郊区的有机农业发展态势良好。2004年，北京市13个通过认证的有机农业生产基地，累计生产各类有机农产品9 562吨，包括果品2 160吨，蔬菜4 502吨，谷物1 100吨，畜产品150吨，水产品1 300吨；2006年，北京市共有63家农业生产单位通过有机农产品转换期认证；2008年，仅密云一个区县，就累计发展有机食品基地4 827.5公顷。其中有机板栗基地3 432.9公顷、有机苹果基地213.3

公顷、有机樱桃基地200公顷、有机红香酥梨基地80公顷、有机李子基地66.7公顷、有机葡萄基地20公顷、有机小杂粮基地667.9公顷、有机糯玉米基地133.3公顷、有机蔬菜基地13.3公顷；2013年，仅延庆一个区县，就新增有机农业生产企业和基地18家，涉及蔬菜、果品、牛奶、水产、畜禽5个领域，从事有机农业生产的企业和基地达50家，有机农业占农业产值得比例达到18%①。

（3）休闲型都市现代农业

休闲型都市现代农业除生产属性外，其将农业和旅游业结合起来，为城市居民营造出具有多样性的休闲产品，如观光、体验、游乐、科普等。北京发展休闲型都市现代农业具有优越条件和巨大潜力，随着经济社会的快速发展，人们对休闲的需求也越来越多、越来越高。北京农业的休闲、观光、游憩、体验等功能被发掘，北京的休闲农业发展走在了全国的前列，从20世纪90年代起得到了迅速发展。到目前可以说，北京农业的绝大多数也都同时兼有休闲功能。这种类型的都市型现代农业主要有：

①休闲农业园区（农业观光园）。20世纪80年代，昌平十三陵旅游区开放观光采摘桃园，供游客自行采摘和品尝；1988年大兴举办第一届“西瓜节”，通过选瓜、品瓜、评瓜，为游客提供参与性活动，同时也提高了瓜农的经济收入。自此，各类观光果园和观光菜园相继出现，观光农作物和采摘农产品的种类也不断增多。近年来，政府部门不断增大对观光休闲农业的基础设施建设的投入，休闲、餐饮、住宿、交通等条件得到了大幅度改善。此外，为了让农民“学有目标”，企业“赶有方向”，市民“游有参考”，促进观光休闲农业转变发展方式、提档升级，并增加农民收入，市农村工作委员会于2012年启动了休闲农业星级园区评定，委托北京观光休闲农业行业协会组织实施。经过标准制定、园区申报、区县推荐、专家评审、网上公示等环节，2014年5月评出第一批星级休闲农业园区155家，其中五星级园区15家，四星级园区30家，三星级园区84家，二星级园区19家，一星级园区7家；2016年5月评出第二批星级休闲农业园区79家，其中五星级园区14家，四星级园区20家，三星级园区40家，二星级园区5家。另据市农村经济研究中心统计，截至2015年年底，全市有各类休闲农业园区1 328家，共接待游客1 903.3万人次，实现总收入26.3亿元。休闲农业园区的总体情况见表5-7。

---

① 张惠娜，苗润莲，娄博杰．北京有机农业发展问题与对策研究［J］．中国农业信息，2015（11）：111-112.

表 5-7　北京郊区休闲农业园区发展情况一览表

指标名称	单位	2015 年数据	2014 年数据	增减（%）
园区总数	家	1 328	1 301	+2.1
高峰期从业人数	人	42 617	47 088	-9.5
其中：本地从业人数	人	32 134	36 670	-12.4
从业人员劳动报酬	万元	57 063.9	52 461.3	+8.8
接待人次数	万人次	1 903.3	1 911.2	-0.4
其中：接待外国游客数	人次	28 884.0	44 747.0	-35.5
接待港澳台有游客数	人次	1 474.0	8 377.0	-82.4
采摘农产品数量	万千克	3 798.7	4 002.3	-5.1
其中：设施地采摘数量	万千克	957.9	982.1	-2.5
总收入	万元	263 138.9	249 154.7	+5.6
门票收入	万元	9461.6	7 633.0	+24.0
其中：纯种植或养殖园门票收入	万元	286.7	634.6	-54.8
采摘收入	万元	80 403.4	78 031.6	+3.0
其中：设施地采摘收入	万元	32 436.6	32 459.0	-0.1
出售农产品收入	万元	49 654.6	50 681.6	-2.0
出售其他商品收入	万元	17 764.7	18 092.0	-1.8
健身娱乐收入	万元	4 325.1	2 892.6	+49.5
垂钓收入	万元	6 486.6	6 263.9	+3.6
餐饮收入	万元	58 628.8	51 289.0	+14.3
住宿收入	万元	24 036.1	20 094.4	+19.6
其他收入	万元	12 378.0	14 176.6	-12.7

注：资料由北京市观光休闲农业行业协会秘书处提供。

②景观农业（观光农田）。为适应都市型现代农业发展的需要，促进本市农田景观建设水平的提升和发展，北京市农业技术推广站组建了专门的业务队伍，以科技为支撑，围绕“以农造景，以景促旅，三生（生产、生活、生态）结合，融合发展”的理念，在景观农业发展上做了大量探索和实践。北京农田观光季是市农业技术推广站于 2011 年创意发起的一项旨在搭建“农业进城”和“市民下乡”桥梁的主题公益活动。观光季通过挖掘农作物的文化底蕴，开发农作物的休闲观光功能，来打造具有浓郁特色的优美景观农田，为市民提供与自然和谐共处的田园休闲场所，通过市民的观光消费，达到带动农民增收致富的目的。近年来，北京市先后推出了油菜、向日葵、薰衣草等不同的农田观光主题何观光点，吸引了大批市民前去观光休闲，通过市民消费带动，实现农村经济发展和农民增收。此外，自 2014 年以来，北京市以“游快乐农田、品瓜果鲜蔬”为主题，着力重点

打造特色鲜明的专业村，如在密云县石城镇捧河岩村，利用微田园、微花园、阳台农业等形式，打造具有浓郁乡土特色的民俗院落景观；在密云县东邵渠镇东葫芦峪村，将引进几百种葫芦科品种，通过葫芦大观园建设、民俗户打造、葫芦宴开发和特色旅游产品设计等，围绕葫芦主题进行整个村落的升级改造；在大兴区长子营镇西北台村，通过杂粮、药材等多种作物的品种搭配，营造优美的林下景观；在延庆县康庄镇大营村，以荷花为切入点，引进100多个荷花品种，打造以荷花为主的水生景观作物展示基地，并结合民俗旅游进行相关产品的开发；在延庆县大榆树镇阜高营村，结合传统养生理念，打造中药材种植景观，开发中药材药食同源、养生药浴、加工体验等多种功能。通过依托特色资源打造景观农业专业村，从而带动更多村庄实现景观和产业融合发展。

③公园农业。北京的公园农业，以昌平的苹果主题公园、通州的南瓜主题公园等的建设为标志，在休闲型都市现代农业发展中独树一帜。2007年10月10日，全国范围内以苹果品种为主题、融园艺园林为一体的现代果园——昌平苹果主题公园举行奠基仪式。昌平苹果主题公园位于北京市昌平区“暖流玉带”中心位置——昌平十三陵水库北岸军都山下，其独特的地理位置赋予了昌平苹果得天独厚的区域环境和独一无二的口味与品质。昌平苹果主题公园占地47万平方米，分品种储备、观光采摘、专家示范、设施栽培、展览展示和良种繁育6个功能区，并设有4个广场，供人们采摘、科普、娱乐与休闲。除此之外，昌平苹果主题公园还作为苹果科技种植研发中心，对全区以至全市的苹果品种进行优化和更新换代，为苹果种植户提供优质种苗。近年来，在中国农业大学、中国农业科学院、北京林业大学、北京市农林科学院等高校和科研院所的专家学者指导下，成立果树科技种植研发中心，对整个昌平果树品种进行优化和更新换代，为苹果种植户提供优质种苗。不断改进果树培育技术、进行深沟施肥、使土地深度肥沃，自制发酵有机肥更容易被果树吸收。自制调配生物制剂药物，通过虫类与花草相生相克原理，以草驱虫，以天敌治虫，保证每个苹果都达到绿色有机无公害品质。2008年7月，地处通州区的京东地区最大的南瓜主题公园正式开园，这是北京市首家通过社会公开招投标方式、市场化运作的都市型现代农业项目，也是全国首家以单一蔬菜品种“南瓜”命名的农业主题公园。通州南瓜主题公园位于通州区于家务回族乡，项目投资3 850万元，总占地面积3 200亩，其中以农业休闲为主题的南瓜都市观光园占地500亩，拥有12 000平方米的南瓜品种展示大棚，种植的南瓜品种超过300种。通州南瓜主题公园集科普、教育、示范及旅游观光为一体，既开展现代农业、设施农业的展示，又将第一产业直接转化为第三产业，延长南瓜产业链，每亩特色南瓜可以增收5 000元，项目区农民增收500万元，实现了带动从事该项目的农民增收的目的。此外，该项目还增加非农就业岗位近200个，并带动近千人提供配套服务，间接拉动了农民增收。与此同时，怀柔区依托山区面积达88.7%、林木覆盖率

75.1%的资源优势，提出了农业公园化的发展理念。作为新兴的农业形态，农业公园兼具农业内涵与园林特征，在农业生产中融入城市公园元素，将农业生产场所、农产品消费场所和休闲旅游场所结合为一体，使农业具有旅游观光、科技示范、休闲购物、怡情益智等多种功能。与城市公园相比，农业公园自然生态景观突出，“农”味十足，游客不仅可以欣赏田园风光、纵情青山绿水，还可以了解农业知识，体验农家生活，感受乡土文化，品尝乡村美食。按照整体规划，怀柔区在平原和山前暖区重点发展综合性设施农业公园；在北部山区重点发展观光采摘、休闲养生、资源种养业农业园区。同时打破现有村、镇界线，采取连村、连沟、连片等模式进行区域规划。如呈“8”字形的凤山百果园涉及桥梓镇 19 个村、20 平方千米，共有 6 943 户 13 762 人从中受益。以不同资源分主题建农业园，不仅使板栗、红梨、花卉、西洋参、冷水鱼、大枣等各项产业均衡发展，还避免了采摘休闲园内容雷同。农业公园以观光采摘、农产品销售、餐饮、住宿等实现盈利，不仅带动了生态餐厅、农副产品售卖的发展，还建成集观光体验、民俗旅游、休闲度假、餐饮娱乐、科普教育、名优果品展示为一体的都市型现代农业园区。此外，北京市还提出“公园下乡、森林进城”的思路，着力拓展绿色空间，大幅提升城市绿地总量，不断提高首都绿化美化工作的质量和效益。从 2007 年起开始在第一道绿化隔离带地区建设郊野公园，按照“以野为魂、以林为体、因地制宜、自然朴野、健康生态”理念，推动园林绿化功能由生态景观向休闲服务升级。2008 年以来，北京市在中心城区选择空间相对集中、规模较大的代征绿地建设休闲森林公园，既增加中心城区绿地总量、丰富绿化体系层级，也满足市民就近健身休闲的需求。2010 年建成城市休闲森林公园 6 个，约 33 公顷。2008 年年底，北京市决定为郊区每座新城建设一个有水有林的滨河森林公园，打造“以水为魂、以林为体、林水相依”的生态环境，提升新城环境品质。目前，各个新城滨河森林公园均已完工，总面积达 10 多万亩，全部免费开放。

④市民农园。也称开心农场，是指由农民提供耕地，农民帮助种植管理，由城市市民出资认购并参与耕作，其收获的产品为市民所有，期间体验享受农业生产劳动过程乐趣的一种农业生产经营形式。市民农园作为休闲型都市现代农业的高级阶段和重要形式，在欧、美、日及我国台湾地区发展较早而且较为完善。北京作为国内都市农业的首发地区，市民农园虽然起步较晚，但发展的势头极其迅猛。以 2003 年延庆县延庆镇东小河屯村“乡下有我一分地”项目为起点，市民小菜园、现实版“开心农场”在京郊大地逐渐自发地发展起来。据北京市农村经济研究中心课题组 2014 年通过其农村观察员（大学生村官）队伍以乡镇为单位进行的市民农园项目基本情况调查，结果显示，目前全市郊区有市民农园 251 个，耕种面积大约 1.3 万亩。具体情况见表 5-8。

表 5-8　北京郊区市民农园统计

区县	乡镇（村）	市民农园数量（个）	面积（亩）
朝阳区	金盏乡（长店村）	1	不详
	金盏乡（皮村）	1	不详
海淀区	苏家坨镇	2	314
	四季青镇	5	200
	西北旺镇	2	25
丰台区	南苑乡（南苑村）	2	200
	长辛店镇（李家峪村）	1	80（未开张）
房山区	韩村河镇	1	200
通州区	西集镇	7	500
	张家湾镇	13	1 100
	台湖镇	8	900
	宋庄镇	10	1 000
	潞城镇	2	300
	马驹桥镇	3	300
	漷县镇	4	500
	永乐店镇	4	600
	于家务乡	6	500
顺义区	北石槽镇	4	200
	赵全营镇	1	260
	李遂镇	1	200
	仁和镇	3	15
昌平区	十三陵镇	78	350
	沙河镇	57	2 400
延庆县	延庆镇	1	11
大兴区	西红门镇	1	95（实际 65）
	长子营镇	4	8（试验期）
	榆垡镇	1	20
	采育镇	12	500
	青云店镇	1	12
密云县	北庄镇	1	1 280
	河南寨镇	2	280
	溪翁庄镇	1	20
怀柔区	怀柔镇	2	15
	雁栖镇	1	3
	九渡河镇	4	10
	喇叭沟门满族乡	3	400
平谷区	大华山镇	1	3
	总计	251	12 771

从表 5-8 可以看出，251 个市民农园，大小规模不一，经营水平参差不齐。如昌平区十三陵镇、沙河镇数量较多，据了解，多为依托当地的果园开展的果树认养、林下地体验耕种等项目。据课题组实地考察和分析，在 251 个项目中，有 105 个较为规范，且主要分布在近郊平原地区，以及城市主干道、高速公路附近，其中海淀区 19 个，占 18.1%；顺义区 17 个，占 16.2%；通州区 16 个，占 15.2%；其他区县 53 个，约占 50.4%。105 家市民农园出租或用于农耕体验的农用地总规模约 7 000 亩，占全市市民农园面积的 54%。大部分市民农园租地规模在 20~200 亩之间，市民农园年参与人数约为 200 多万人次。

（4）示范型都市现代农业

北京借助“四个中心”的定位，其都市型现代农业也发挥着示范、展示等“窗口”作用。北京农业依托北京丰富的农业科技、人才、信息等资源，其总体上科技含量较高，加上优越的地理位置，其必然成为国内外和业内外高科技农业的示范与展示窗口，从而示范型都市现代农业应运而生。这种类型的都市型现代农业主要有科技农业、会展农业和品牌农业等。会展农业前已述及，在此不再赘述。科技农业和品牌农业的情况如下：

①科技农业。它是农业生产水平发展到一定阶段后，随着科学技术对农业生产的贡献不断提高，以信息技术、生物技术等为代表的高新技术在农业领域得到广泛应用，并促进相关学科对农业支撑作用不断增强，而形成的以科技应用为特征的具有重要示范引领功能的农业。实际上，汇聚国内外先进农业科技，采用技术集成和新的管理方式，形成集科技创新、技术示范、生产加工、营销推广等功能等于一体的高投入、高科技、高产出、高效益的农业种植区或养殖区，是北京都市型现代农业的一大特色。这种类型的都市型现代农业主要是通过人工利用高新技术在特定的大棚或者温室内种植或者养殖，所采用的方法类似工厂，所以又称为工厂化农园。北京市海淀区的锦绣大地农业观光园、朝阳区的朝来农艺园、顺义区的国际鲜花港、昌平小汤山现代农业科技示范园等，都是其中的典型代表。2010 年 8 月，科技部、农业部和北京市签署协议，共同启动了北京国家现代农业科技城（以下简称“北京农科城”）建设，通过高端研发与现代服务引领现代农业走“高端、高效、高辐射”之路，经过 5~10 年时间，将北京农科城建设成为全国农业科技创新中心和现代农业产业链创业服务中心，面向世界，立足首都，服务全国。北京农科城的建设，旨在突破一般农业科技园区的技术示范、成果转化、生产加工功能，通过科技和服务的结合，从产业链创业的层面统筹“三农”发展，拉近城乡距离，实现产业、村镇、区域整体功能的突破与升级；通过资本、技术、信息等现代农业服务要素的聚集，形成“高端研发、品牌服务和营销管理在京，生产加工在外”（两端在内，中间在外）的服务模式。北京农科城以现代服务业引领现代农业，以要素聚集武装现代农业，以信息化融合提升现代农业，以产业链创业促进现代农业为主要特征，是我国农业科技自主创新的重要载体和标

志，为全国现代农业发展提供技术引领和服务支撑。北京农科城建设采取“一城多园”的布局思路。“一城”市指物理空间（标志）与虚拟网络相连接的农业科技城；“多园”①是指在科技城内建设若干特色鲜明、专业性强、辐射面广、科技与服务结合紧密、具有现代农业高端形态的特色园区。建设内容以打造“五个中心”②为国家层面的支撑平台，以构建“多园”为实施载体，逐渐形成“中心”与“多园”互动、科技城与外埠园区网联的发展态势。北京农科城的建设，以“高端、高效、高辐射”为目标，以农业高端研发、产业链创业和现代服务业引领为重心，实现农业高端服务、总部经济研发、产业链创业和先导示范功能。以此为支撑，北京依托在京的44家农业科技创新机构（其中中央在京农业科技创新机构25家），在全市建立了8支“现代农业产业技术体系北京市创新团队”、244个农业科技协调员工作站与1 588人的农业科技协调员队伍，以及288个农业科技示范园、10 937个科技示范户，在促进农业生产方式由传统粗放型向现代集约型转化方面发挥了重要作用。此外，“互联网+”等新信息技术深度渗透融合，电子商务、加工体验和中央厨房等新业态的引入，模糊了产业边界。通过网络链接，大大缩短了供求距离，降低了经营成本。如首农集团与京东集团联手成立首都农业大数据中心、旗舰集团与京东联合成立了京东绿安特产体验馆、大北农集团推出了“猪联网”生猪产业网络平台、伟嘉集团创建了“嘉农在线”蛋鸡产业网络平台等。农业产业链、价值链的延长，推动现代农业产业体系、生产体系、经营体系的加快构建，也实现了补农、建农、带农的目标。

②节水农业。发展节水农业是保障水资源可持续利用和经济持续健康发展的一项重大战略措施，是构建节水型社会的重要组成部分。北京农业用水是全市的用水大户，水资源的高效利用是农业可持续发展所应追求的目标之一，发展节水农业不仅是解决水危机的首要途径，也是建设都市型现代农业本身的需要。因此，应树立向观念要水、向科技要水、向机制要水的理念，提高水资源利用效率，大力推进农业节水，发展节水农业。北京大力

① 多园即“先导技术与产业融合示范园”，主要包括昌平小汤山国家农业科技园（建设园区核心区2 300亩，聚集企业52家，开展设施农业、精准农业、低碳农业等先导技术示范，打造草莓、园林苗木、智能装备等特色产业链）、顺义国际鲜花港（建设园区核心区8 800亩，聚集企业43家，打造花卉服务产业链，已逐步成为北京市花卉的生产、研发、展示和交易中心，以及花卉的休闲观光和文化交流中心）、通州国际种业科技园（建设园区核心区5 000亩，聚集企业42家，引进应用分子标记技术应用、植物组织培养技术体系与装备、航天育种技术等10项先进技术，搭建种业研发与成果展示平台，探索以工业园区模式打造农业园区，采用政府搭台、企业运作、政策引领和园区化管理的管理机制，吸纳育种制种、装备设施等国内外企业入驻，进行研发创新、中试展示、成果推广，与国家现代农业科技城良种创制中心及首都育种平台相对接，实现对北京乃至全国种业的引领带动作用，提升种业发展整体水平）等。

② 五个中心即农业科技网络服务中心、农业科技金融服务中心、农业科技创新产业促进中心、良种创制与种业交易中心、农业科技国际合作交流中心。

发展节水农业，其节水灌溉面积的比重、灌溉水的利用率、水分生产效率逐年提高，并在全国居于前列。一是农业用水量逐渐减少，用水结构逐步优化。北京地区的用水主要是生活用水、环境用水、工业用水、农业用水。从2003—2013年的数据来看，全市用水总量中农业和工业用水量呈下降趋势，生活和环境用水量呈上升趋势。其中，农业用水由2003年的13.80亿立方米下降到2013年的9.1亿立方米，减少了34%；在全市用水总量中，丧失了“霸主”地位，下降到第二位，在用水总量中的占比由39%下降到25%。同时，农业用水结构由主要依靠地下水转向地下水、再生水、雨洪水相结合。2013年农业用水9.1亿立方米中，再生水为1.77亿立方米，农业新水用量实际为7.3亿立方米。同时，北京市于2014年启动实施了“2463”农业节水行动，计划到2020年，实现农业用水从2013年的7亿立方米左右减少到5亿立方米，达到减少2亿立方米的总体目标。这标志着北京市农业用水将进一步减少。二是灌溉水利用系数逐步提高。全面推广高标准节水技术，全面采用现代化节水措施，积极发展旱作农业。北京农业必须走节水之路。数据显示，北京农业灌溉水利用系数由2000年的0.55提高到了0.69，而全国的平均水平是0.52，比全国平均水平高出近40%，位居全国第二。三是节水农业灌溉面积逐步扩大。近年来，以“用水下降、农业增效、农民增收”为目标，喷灌、滴灌、微灌等农业节水新技术不断推广，北京农田水利设施建设也取得了明显成效。据北京市水务局统计，截至2013年，全市灌溉面积23.2万公顷，占总灌溉面积的近90%。按照国家节水技术规范，北京已发展节水灌溉面积20.3万公顷，其中管灌13.1万公顷，喷灌4.0万公顷，微灌1.1万公顷，渠道防渗2.0万公顷，占灌溉总面积的88%。四是节水灌溉措施更加综合化。综合使用多种节水灌溉措施，工程节水灌溉技术、农艺节水技术、管理节水技术、生物节水技术、集雨节水技术等交叉同时使用。同时，大力发展了再生水和雨洪水利用，再生水灌溉控制面积已达4.0万公顷，雨洪水利用工程建成了1 000处。目前北京市节水农业基本形成了以滴灌、膜面集雨高效利用为代表的工程节水技术，以应用滴灌专用、有机培肥保墒、肥微灌施肥等为代表的农艺节水技术，以测土配方施肥为代表的管理节水技术，这些技术在各农业示范园区随处可见，实现了农业节水与农民增收双赢①。

③品牌农业。它是以商品生产为前提，以国内外市场为导向，以生产单位为主体，使生产、科研、流通、服务等各个环节有机联系在一起，建立在现代科学技术体系之上，并在市场上享有较高知名度的高品位的农业。事实上，深入推进农业品牌建设，对于加快农业现代化步伐、促进农业稳定发展和农民持续增收具有重要意义。实际上，北京市在推进品牌农业建设与发展方面，深入贯彻落实科学发展观，坚持“市场导向、企业主体、政府

① 李瑾，孙留萍．北京发展节水农业的思考［J］．黑龙江农业科学，2015（12）：155-160.

推动、社会参与”的农业品牌建设与保护机制，切实加强品牌建设统筹规划，加快完善品牌建设激励机制，着力夯实品牌建设基础支撑，不断创新品牌建设方式方法，推动优化品牌建设的政策环境，加快培育形成一批质量水平较高、具有较强国际竞争力的农业知名品牌，促进农业增效、农民增收和农产品竞争力增强。特别是“十一五”以来，北京市大力发展唯一性特色农产品，打造都市型现代农业品牌，对获得中国驰名商标和北京市著名商标的企业给予政策支持与奖励，企业品牌影响力不断提高。如借助2014年世界葡萄大会的召开，北京市整合北京延庆和河北怀来的优势资源，打破行政区域划分，以“延怀河谷葡萄”为名登记了地理标志农产品，成为全国首个跨省市地理标志农产品。“延怀河谷葡萄”种植面积达30万亩，总产值10.64亿元，其中延庆产区内种植面积3万亩，覆盖8个乡镇、30个街村、5千多农户，农户户均收入3万多元，建成35家葡萄及葡萄酒生产企业，年葡萄加工能力2万吨、葡萄酒生产能力1万吨，年创产值近1亿元，对全区财政收入的贡献率达8%。昌平区在2012年举办第七届世界草莓大会期间，登记了“昌平草莓”地理标志农产品，建成了400公顷领先全国的三级现代草莓种业基地，辐射全国草莓产业，发展了2 000公顷精品草莓示范区，带动了全市2万名农民就业。会展后续开发方面，通过举办“北京农业嘉年华”，向市民提供农业创意体验、优质草莓采摘、农业技术展示等项目，打造成每年一届的都市型现代农业盛会。目前，全市有效使用“三品一标”证书的企业超过1 200家，产品达4 060个，年产量167万吨，占全市同类产品年产量的37.2%，其中菜篮子产品的“三品一标”认证率达到42.3%，居全国前列①。

（5）文创型都市现代农业

即文化创意型都市现代农业。北京既有丰富多样的农业资源，同时也具有悠久的农耕文化传统和独特的民俗风情，因此具有发展文化创意型都市现代农业的资源基础。农业资源要转化为满足人们物质生活和精神生活需求的产品，就要按照农业、文化、旅游等领域的规律性加以艺术创造，这种艺术创造的过程，就是农业项目的规划和设计过程。这一类型的都市现代农业主要有：

①创意农业。创意农业是将文化创意产业、现代农业生产、农产品加工技术与传统农业生产相结合，融合科技、文化与营销等，具有高附加值的新型业态。随着创意产业的迅速崛起、资源的日益短缺，以及生态环境的持续恶化，现代农业出现了新的发展理念，并提出一些新的概念和思想，如新田园经济、绿色农业、休闲农业等，“创意农业”逐渐成为新型农业发展模式之一。自2004年北京市提出大力发展都市型现代农业和文化创意产

① 北京市立足都市型现代农业走“三品一标”品牌化发展之路［EB/OL］. http：//www.cnfood.cn/n/2016/0411/83412.html.

业以来，北京依托自身独特的农业资源和丰富的创意理念，通过“艺术+设计+农业+生活”的全新产业理念及创意亮点，创造出丰富多样的创意产品，如延庆的五彩豆画、平谷桃木工艺品、怀柔的板栗、大兴的玻璃西瓜等。许多产品经过设计人员的精心策划和宣传，所产生的价值大幅提升，如乐平太空西瓜、平谷的生日鲜桃等。实际上，北京创意农业的发展成效主要表现在以下几个方面①：

一是成为北京都市型现代农业的新的增长点。创意农业既具有创意产业的共同属性，也具有农业的个性特色。通过创意产业与农业的融合发展，发挥了北京科技、文化、人才、信息等优势，摆脱了北京农业物质资源相对不足的劣势，从而创新了农业的发展模式，推动了郊区产业结构的优化升级，提升了都市型现代农业的发展水平和能力，增强了北京农产品的市场竞争力，彰显出农业与农村经济的发展活力，推进了新农村建设。怀柔区打造的不夜谷、夜渤海、水长城、栗花沟、溪水湾、白桦谷、白河湾、银河谷等沟域经济发展带，沟域总长124.8千米，涉及37个行政村、56个自然村、6 601户、16 062人。八条沟建成后，将新建观光采摘园62个，新增民俗村25个、民俗户740户、旅游从业人员4 000人，年接待能力达到360万人，年新增收入2 000万元。

二是形成了模式各异、百花齐放的创意农业发展新格局。从种类和数量来看，农产品创意占主导地位，约占创意总数的50%；但从效益与影响来看，农业节庆创意占主导地位。据粗略统计，创意农业园以占全市观光农业采摘园9.2%的数量，接待了全市33.8%的旅游人次数，实现了占全市45.3%的收入。从分布与发展程度上看，表现为区域之间的不平衡，像香草园、红酒庄园、宠物公园等特色创意园在各个区县均有规模大小不一的项目。相对而言，丰台区、大兴区、通州区、怀柔区、平谷区、密云县、延庆县的发展水平相对较高，活动类型较多、形式与内容也较丰富。

三是创造了多种能满足个性化需求的唯一性产品。创意是技术、文化和经济等相互交融的产物。创意农业的产品并非单属某一种产业，而是多学科、多知识、多技术交叉、渗透、辐射的物化形式，具有强烈的融合性，呈现出个性化、特色化、艺术化、智能化的特点。在具体实践过程中，通过实现区域化、规模化、品牌化、文化化的发展战略，开辟出新的都市型现代农业的发展途径，打造出一大批具有地域特色、内涵丰富、有一定品牌支撑的创意产品。门头沟区妙峰山镇在连绵的群山中开发出的玫瑰谷，每到6月初夏时分，就有大片大片的玫瑰花盛开，满山遍野的各色玫瑰娇艳浓烈，花团锦簇，谷中的玫瑰香气沁人心脾，满山遍野都飘荡着爱情的浪漫气息。因此，“玫瑰谷”不仅是玫瑰花种植的地方，还成为玫瑰花深加工的生产基地，更由于她的“玫瑰传奇”成为人们共同向往的

① 北京创意农业：效益显著潜力方显［EB/OL］. http：//news.21food.cn/35/534771.html.

"爱情圣地"。

四是促进了城乡的沟通交流和和谐发展。由于创意农业是以市场需求和资源禀赋为出发点的，做到了生产与消费的有机结合，客观上适应了首都现代都市生活崇尚自然与时尚的需求，于是吸引了众多的投资者、生产者、经营者和消费者，使得市民和农民双双受益。仅就农民增收而言，平谷区大华山镇泉水峪胜泉康汇农产品专业合作社自 2004 年以来，通过刻模、贴字等技术手段，已经成功开发出"生日""贺寿""寿星""十二生肖""喜庆"等晒字桃、异型桃系列产品，鲜桃图案丰富，寓意深刻，着色期仅仅 10 多天，却成了平谷桃农无限挖掘桃的文化内涵的黄金期，产品深受广大消费者青睐，取得了显著的经济效益和社会效益。据调查，应用该项新技术生产的"生日礼品桃"，每斤销售价比普通价提高 2~3 元，使农产品实现了增值增效。

创意，是都市现代农业发展的不懈驱动力。通过探索与实践，北京打造出一批创意农业品牌，拓展了北京农业的发展思路，提升了北京农业的形象与效益，使北京郊区农业与农村资源得到了新的开发，实现了快速和充分的增值，同时也使农业产业得到了由弱向强的发展。

②节庆农业。农业节庆，或称为农业节事，可以简单地说就是在农业生产活动中形成和开发出来的节庆。而节庆农业，是指围绕节庆形成或者按照节庆活动的要求打造的农业生产经营活动，以及农业产业和农产品。北京的农业节庆活动在各个区县异彩纷呈，有区县级的，有乡镇级的，也有园区自己搞的，平均每个区县有 4~8 个，基本上都是依托当地的特色产业和优势产业开展的。如房山开发的玉米采摘节、花田节、郁金香节、葡萄酒节等，怀柔开发的栗花节、虹鳟鱼美食节等，大兴开发的西瓜节、桑葚旅游文化节、梨花节等，昌平开发的苹果节、草莓节等，通州开发的葡萄节、金秋捉蟹节、蘑菇文化节等，密云开发的板栗文化节、鱼王美食节，平谷开发的桃花节，门头沟开发的京白梨采摘文化节，等等。北京节庆农业的发展，渲染了农业节庆文化和优秀农耕文化，丰富了城市居民的精神文化生活，也促进了特色农业及农产品的形成，提高了农业生产的效益，带动了农民的增收致富。

3. 北京郊区农业发展的特点

都市型现代农业的提出，反映了工业化、城市化和农业现代化高度发展背景下人类对新时代农业的期望和探索，农业的多功能性日益得到了重视。都市型现代农业的多功能性和高度融合性，深刻反映了城乡关系的新变化，是城乡一体化建设的重要突破口。都市型现代农业的发展，已成为城乡生活和谐的客观需要，其有效地促进了城乡互动，推动了一、二、三产业融合，带动了城乡一体化发展。因此，都市型现代农业虽以农业为依托，但已不仅仅是一种单纯的农业类型，其形式、内容和功能独具特色。归纳起来，北京郊区农业的发展呈现出以下几个方面的鲜明特点。

（1）多种功能深度开发，农业综合效益日渐突出

在巩固发展农业传统生产功能的基础上，北京都市型现代农业的生活、生态和示范功能日益凸显。以农业景观资源为依托，以农业观光园和民俗旅游为主体的农业新形态在郊区蓬勃发展起来。与此同时，农业生态功能深度开发，不仅对过去造成的生态破坏进行了修复，而且明确了生态涵养的重点功能区，并在广大农村推行有利于节约能源、资源的生产生活方式、消费模式。都市型现代农业的示范效应日益增强，可以说北京郊区的农村和农业是现代农业的大观园，在这里可以找到符合都市型现代农业特点的一切农业形态，这些农业形态有的已经成为一种发展模式，在全市以至全国推广，如设施农业、休闲农业等；有的只是一个示范点，但是展现出良好的发展前景，如峪口籽种农业、樱桃沟的精品农业等。正是因为农业坚持多功能发展，农业的综合效益得到大幅提升，农业总产值每年不过几百亿，但是农林水的生态服务价值却超过了 1 万亿元，农业和它赖以存在的生态资源已经成为这个城市不可分割的一部分。

（2）多种发展模式并存，农业的适应性不断增强

北京因地制宜，根据资源禀赋和现实条件探索已经探索出多种有效的发展模式，无论是平原还是山区，无论是农业资源丰富还是贫瘠，都探索发展出适宜的农业形态，并形成了该地区都市农业发展的模式。如大兴区是一望无际的平原，历史上也有大面积耕种的传统，因此就重点发展设施农业，发挥了农业发展的比较优势；怀柔耕地有限，但山水旅游资源丰富，当地政府就提出农业公园化的发展思路，如今公园农业成为当地的新兴业态；密云的长城脚下有一片无垠的香草田，就是依据这独有的生态资源，创造出“紫海香堤”创意农业的发展新路。诸如此类的发展模式还有很多，实践证明，这些充分利用现有农业资源和生态条件，在政府主导和市场引导下形成的发展模式具有很强的生命力和良好的发展前景。

（3）农业发展“接二连三”，农业提质增效日益明显

农业与二、三产业的融合发展是北京加快转变农业发展方式的必然要求。依托农业，延长产业链条，发展农产品加工业、农业工厂、休闲农业等多种形态，是北京都市型现代农业的突出优势。近年来，北京农业着眼于提升附加值，不断拓宽农业发展领域，探索出了以“三元奶业”为代表的精品农业发展新路。这种发展模式，就是利用外埠的奶源，利用北京的科技、资本等优势，通过严把产品质量关，做强冷链物流配送服务，赢得了广泛的赞誉。

（4）科技、资本要素价值显现，农业发展潜力大幅提升

近年来，北京农业充分发挥科技、资本等优势，大大提高了生产效率和生产效益，实现了做大做强的发展目标。如籽种农业就是一个必须依靠前端科技研发的典型，没有种质的研发，就不可能有籽种农业。北京平谷峪口禽业以蛋种鸡为产业发展突破口，目前已经建设成为国内最具实力的蛋种鸡繁育基地，其关键就在于峪口禽业通过“引进——消化——吸收——再创新”的方式，自主研发了具有自主知识产权的新品种，科技在峪口禽业的发展中发挥了关键的作用。北京农业正逐渐走向资本市场，通过推动农业企业上市，解决农业无资本的难题。

（5）“调转节”①大力度推进，农业节水的成效日渐显现

2014年9月，北京市委、市政府适时出台了《关于调结构转方式发展高效节水农业的意见》，审时度势地提出了北京都市型现代农业新的战略定位和发展目标。为了贯彻落实习近平总书记视察北京时的重要讲话精神和市委、市政府的部署要求，北京市将启动实施了“2463”农业节水行动。即到2020年，实现农业用水从2013年7亿立方米左右减少到5亿立方米，达到减少2亿立方米的总体目标，实现蔬菜、粮经、畜牧、水产四大产业全面的节水生产。实际上，“2463”节水行动覆盖了农业生产种植养殖的所有领域：“2”即瞄准2020年农业节水2亿立方米的目标；“4”即实施蔬菜产业、粮经产业、畜牧业、渔业4大高效节水工程；“6”即推广菜田高效精量、菜田简便实用节水、旱作农业生产、灌溉区大田作物节水、畜牧业高效节水、渔业高效节水6种节水模式；“3”即采用微灌施肥、喷灌施肥、有机培肥保墒、膜面集雨等31项农业节水主推技术，全面实现农业节水增产②。近年来，北京市通过大力推进“调转节”，农业节水取得了显著成效。据不完全统计，2015年，北京市种植业（不含果树）推广应用高效节水技术90.4万亩次，实现总节水3 475万立方米。其中，粮食高效节水技术47.9万亩，总节水1 770万立方米，以高效灌溉技术（喷灌、微喷）为核心，配套节水品种、水肥一体化、秸秆覆盖保墒和深耕蓄水保墒四大农艺节水技术；推广蔬菜高效节水技术42.5万亩次，总节水1705万立方米，主推微灌和覆膜沟灌两种节水模式，配合高效灌溉制度、水肥一体化、地膜覆盖、培肥保墒等技术。③

（6）圈层布局基本形成，农业的辐射带动作用逐渐凸显

随着城市化进程的加快，根据北京及其延伸地带不同区域的区位条件、资源禀赋、产

---

① 即调结构、转方式，发展高效节水农业。

② 北京市启动“2463”农业节水行动［EB/OL］. http://news.xinhuanet.com/tech/2014-05/20/c_126521040.htm.

③ 北京市2015年农业节水取得成效［EB/OL］. http://www.bjny.gov.cn/nyj/232120/233040/5727298/index.html.

业基础和发展前景，北京农业的总体空间布局形成了以下五个发展圈层：一是五环以内中心区域的城区服务展示农业，其已经基本退出了瓜果蔬菜等食用农产品生产，严格禁止发展规模养殖业，鼓励发展花卉、草地等以美化环境为目的的种植业，重点发展以农产品展示交易为主要内容的景观农业和会展农业；二是五环以外六环以内的近郊田园景观农业，其重点发展露地绿化农业、休闲农业、田园农业和科普农业，积极营造城市田园景观，使农业生产空间与城市周边的居民区环境空间融为一体；三是远郊平原的优质高效农业，其重点发展设施农业、规模化优质安全种养业及农产品加工业，适当发展观光农业；四是郊区北部、西部和西南部山区的生态休闲农业，其在发展特色农业、生态农业和休闲农业等环境友好型资源节约型产业的基础上，以现有旅游景点、景区为载体，结合当地独特的人文、自然景观及土特产分布，使农业观光和休闲旅游、生态旅游得到快速发展；五是北京周边地区的环京辐射以至京津冀协同发展中的合作农业，其为北京与周边地区积极发展的订单农业、外向型农业和服务农业，通过优势互补，对周边区域形成强有力的辐射和带动①。

（7）社会化服务体系日趋完善，农业持续发展能力显著提高

完善的农业社会化服务体系是都市型现代农业的重要支撑，北京在建立完善社会化服务体系方面做了大量工作，初步形成了农村金融服务体系、农产品流通服务体系、农业信息化服务体系、农业技术推广体系等九大服务体系。这些体系包含的内容很丰富，涉及的工作范围很广，需要的投入也很大。以农产品流通服务体系为例，仅仅就批发市场的升级改造、冷链物流运输得建设、农产品安全质量检验检测的强化等，都需要大批资金的投入。没有这些服务体系的建设，都市型现代农业的发展会举步维艰。正是依靠这些服务体系，都市型现代农业才得以获得资金、科技、流通、信息、农机具等各方面的有力支持，农业持续发展才具有坚实基础。

（三）北京郊区农业发展的制约因素

北京郊区农业的发展虽然取得了瞩目的成就，但从未来的进一步发展来看，也面临着一些不可忽视的制约因素。

1. 农业发展的资源和空间受到限制

随着北京城市化进程的不断加快，以及新城和小城镇的建设，北京农业发展空间及资

① 李锐，李庆国．“五圈层”布局北京都市农业［J］. 农民日报，2007-09-11.

源的刚性约束越发凸显，农业大规模生产的难度越来越大。

北京市是水资源严重短缺的特大型城市，虽然南水北调江水进京使本市水资源短缺的局面得到一定程度的缓解，但由于地下水长期超采形成的历史欠账以及经济社会发展导致的用水刚性需求增加等因素，水资源短缺仍将是本市基本的市情水情，节约用水仍是首都经济发展永恒的主题。据北京市水务局 2016 年 11 月发布的《北京市水资源公报（2015 年）》公布的数据，2015 年全市人均水资源占有量为 123 立方米，不足全国人均占有量的 1/15。而我国是世界上水资源严重短缺的少数几个国家之一，人均淡水资源仅为世界人均水平的 1/4①。实际上，水资源供需矛盾不断加剧的局面在短期内难以得到根本解决。就北京市而言，目前全市农业用水约为 7 亿立方米②，占全市总用水量 38.2 亿立方米③的近 20%。即使在节水水平较高的条件下，水资源供需仍然存在很大缺口。

长期以来，北京郊区虽然在绿化造林、水土保持、生态农业建设、污染治理、饮用水源保护、农业节水等方面做了大量工作，也取得了明显的成效。但是，北京郊区作为首都城市的生态屏障，自身环境仍然相当脆弱。当前主要受到两方面的冲击：一是面临城市生活和工业排放的废水、废气和垃圾的影响；二是农业本身产生的农药、化肥残留，以及畜禽粪便等污染。

北京市土地资源数量有限，而且质量不高，山地多、平地少。北京山地面积占 62%，按农村人口计，人均耕地约为 1 亩。优质土地所占比重低，质量较好的土地不到全市土地的 1/3。此外，可开发利用的土地资源不多，土地后备资源不足④。郊区土地利用的区域配置是：近郊区农业用地与非农业用地兼有，是建设用地的主要预留地带；近郊平原以农业用地为主，远郊丘陵山区以林果和畜牧养殖用地为主。但值得注意的是，北京市的城建设往往挤占的多为耕地良田。由此可见，一方面是北京农业产业发展用地空间并不大，另一方面是不断推进的城市化也在不断压缩和挤占北京农业的用地空间。这表明，北京自身的农业资源非常有限，如果农业要寻求发展，则需要向外拓展。

2. 农业生产成本高

北京市二、三产业发达，因此其土地与劳动力等生产要素的机会成本大，劳动成本

---

① 我国人均水资源量仅为世界人均的 1/4［EB/OL］. http：//news. xinhuanet. com/energy/2015-03/05/c_ 127547539. htm.

② 北京年农业用水 7 亿立方米　将限定农作物每亩用水标准［EB/OL］. http：//www. ce. cn/xwzx/gnsz/gdxw/201412/24/t20141224_ 4189780. shtml.

③ 北京市水务局. 北京市水资源公报（2015）［EB/OL］. http：//119. 90. 25. 35/www. bjwater. gov. cn/pub/bjwater/zfgk/tjxx/ndbg/201611/P020161117339356272712.pdf.

④ 北京市现代农业发展的思路与对策［EB/OL］. http：//www. bjpopss. gov. cn/bjpssweb/n32881c29. aspx.

高，从而导致近十余年来北京郊区农产品生产成本全面、长期、持续攀升。据分析，北京郊区农产品的综合平均成本高于周边地区 20%左右①。再加上各种农产品生产成本的增长幅度均高于收入的增长幅度，从而导致效益水平持续下降。这成为北京农业发展的一个非常不利的因素。除了农业本身的生产成本之外，还包括环境成本，如发展规模化的畜禽养殖，还要治理畜禽场的污染，这就势必要增加畜禽养殖业的生产成本。同时，随着北京城市规模的不断扩张，土地成本也在不断提高，这也在很大程度上限制了农业企业规模的进一步扩大。

由于北京农业生产设施、水资源价格、劳动力成本比周边地区都高，加之为保证首都环境质量，在种养、加工方式上有诸多限制，多数农产品及其加工品的价格均高于周边地区，成本降低的空间很小，缺乏市场竞争力。

3. 社会化服务体系不健全

与全面建成小康社会的要求相比，北京郊区农村社会化服务体系仍然不够健全，尤其是农村金融、信贷、保险等方面还存在着较大差距。北京郊区农业社会化服务体系尤其是偏远郊区农业社会化服务供给远没有到位，而且供给也不够及时。与种养殖大户、协会会员相比，一家一户分散经营的个体农户得到的服务普遍偏少。目前，北京全市还约有 30%左右的农户得不到配套服务或者服务供给不够充分，而且全市农业的产前、产后服务环节比较薄弱。总而言之，北京郊区基层农业科技人员的经费待遇保障不够完善，北京各级财政在为农业、农民提供公共服务方面力度不够大。区、乡镇、村三级农业服务与技术推广的体系还远没有真正形成。

4. 农民失地问题时有发生

北京的“三农”问题与全国相比，既有共性，也有其特殊性。30 多年来，经济和社会的快速发展，加之亚运会、奥运会等大型赛事的筹办，北京城区呈现快速扩张态势，北京郊区的概念亦由原来的二、三环外，向五环外、六环外不断“浓缩”。期间，大量失地农民被裹挟着开始了融入城市生产与生活的艰难历程。事实上，随着北京城市扩张及交通基础设施的完善，北京郊区失地的农民越来越多。由于政治、历史遗留和长期城乡二元结构体制限制等原因，失地农民的补偿、安置和征地管理等方面依然存在着较多的问题，从而使失地农民陷入就业难、收入水平低、无社会保障等窘境，成为农村社会不稳定因素。

---

① 蒋和平．北京市现代农业发展的思路与对策［EB/OL］．http：//www.bjpopss.gov.cn/bjpssweb/n32881c29.aspx.

因而，保障失地农民权益是北京“三农”问题的鲜明特点。

5. 农业的国际化水平不高

现阶段，北京农业的国际参与度不高，国际竞争力不强，对比纽约、巴黎等世界城市，农业的生态价值和对宜居城市建设的保障作用还有不少潜力可挖。因此，要采取有效措施，不断深化北京农业的国际交流与合作，提升北京农业的开放水平，积极参与国际竞争，打造具有中国首都特色的农业国际品牌，以提升北京的国际形象。

（四）北京郊区农业发展展望

“十三五”时期是全面建成小康社会的决胜阶段，也是落实首都城市战略定位、加快建设国际一流的和谐宜居之都的关键阶段。“十三五”时期，党和政府依然会将“三农”工作作为重中之重，对农业和农村的支持力度会不断增强，而随着都市型现代农业发展方向和功能定位的进一步明确，高端化、多功能性和高技术支撑等特征会更加突出。

1. 城乡一体化持续推进，农业支持力度会有增无减

随着经济社会的快速发展，北京市对城乡一体化的认识越来越深入，对城乡统筹工作的部署和要求会越来越清晰明确。2008 年，市委出台《关于率先形成城乡经济社会发展一体化新格局意见》，对加快北京市农村改革发展步伐，率先形成城乡经济社会发展一体化新格局提出了工作意见；2010 年，北京市农委下发《关于集中力量，统筹城乡，集中资源，聚焦“三农”，全面推进城乡一体化进程的意见》，针对率先形成城乡经济社会发展一体化新格局的目标，对农村工作提出了具体要求；2011 年，市政府印发《北京市“十二五”时期城乡经济社会一体化发展规划》，提出到 2020 年，城乡经济社会发展一体化格局进一步巩固，并达到较高水平；2012 年召开的市十一次党代会将城乡一体化融入了世界城市建设，提出率先形成科技创新、文化创新“双轮驱动”的发展格局和城乡经济社会发展一体化新格局，努力让人民群众生活得更加幸福美好，向着建设中国特色世界城市迈出坚实步伐；2016 年 9 月，市政府印发出台《北京市“十三五”时期城乡一体化发展规划》，对“十三五”期间的城乡一体化建设作出了全面部署。由此可见，城乡一体化是北京未来发展的必然趋势，而在目前“城强乡弱”的大背景下，加快推进城乡一体化进程，必然会加大对农业与农村的支持力度，促进郊区农业与农村的大发展。

2. 农业产业升级锐不可当，农业4.0将在郊区农业发展中渐唱“主角”

从有关研究中可以看到，农业1.0是以体力劳动为主的小农经济时代，其显著标志是畜力和畜力农具的应用，以及人畜粪便的使用，主要是通过土地规模化获取更多的绝对地租，借以形成剩余价值，为工业化提供原始积累，也称传统农业；农业2.0是以机械化生产为主的种植大户时代，其显著标志是中小型农机、灌溉水渠系统的应用，以及化肥、农药的出现和开始使用，主要是通过工业化的生产方式改造农业，也叫作机械化农业、设施化农业，或者工厂化农业；而农业3.0是农业的信息化或者自动化时代，主要是以农业产品为纽带，以互联网、物联网等信息技术为手段，融合农业生产、交易、流通、金融等产业要素实施“订单式”销售，实现“按需订产”为标志，而且向为农业信息化服务的生产型服务业和为传统生活服务的生活型服务业扩展延伸，是让农产品从生产开始即与需求直接挂钩，是农业实体经济与虚拟经济相互交融的更高级的农业经济组织模式，也称信息化农业，或者自动化农业；农业4.0是农业的智能化阶段，以将世界最先进的种养技术，结合大数据分析、运用物联网传感器和软件，通过移动平台或者电脑平台，对农业生产进行控制，实现农产品全程追溯，使农业生产更具有“智慧”和“能力”，从而生产出高效、安全、绿色的农产品为标志，而且向为农业职能化服务的生产型服务业和为人们休闲服务的生活型服务业扩展延伸，是以物联网、大数据、移动互联、云计算等高新技术为支撑和手段的一种现代农业形态，也称智能农业，是继传统农业、机械化农业、信息化（自动化）农业之后进步到更高阶段的产物。

从北京农业发展情况来看，北京农业目前尚处于3.0阶段，信息化已经为北京农业插上了翅膀，但从北京农业的发展空间与需求出发，未来北京农业将秉持创新、协调、绿色、开放、共享的发展理念，迅速进入4.0时代。这是因为作为国家现代农业示范区，北京积极推动“互联网+”与农业生产、经营、服务等关键环节的深度融合。实际上，从2010年开始，北京市在13个郊区县的50多个农业生产基地开展农业物联网应用示范工作。如顺义粮食万亩示范方借助物联网、北斗导航、4G通信等现代信息技术，实现节水节肥，降低劳动力成本，效益十分明显。而且北京市农委联合相关部门研究制定了《关于推进“互联网+农业”的实施意见》，明确了“十三五”期间全市“互联网+农业”的重点任务和努力方向，将坚定不移地推进物联网技术的应用，打造一批实施物联网技术的种植业示范点，最终实现基于互联网技术的播种、灌溉、施肥等精准化作业；加上成为农民增收利器的电商渠道，企业或者以自身的网站、微博、微信等自媒体为平台，直接为消费者提供农产品选购、网上支付和线下配送服务，或者与第三方电商联姻，通过专业购物网站建立自己的网络旗舰店，利用专业的物流和仓储资源，使优质农产品第一时间送达消费者，节约企业的运营成本。这些措施使农业的生产经营更加“智慧”，从而使农业4.0在郊区农业发展中渐唱“主角”。

3. 产业结构持续优化，高端化成为郊区农业的主要发展方向

高端化发展是应对农业生产资源紧张和满足世界城市建设需求的根本途径。中共北京市第十一次大表大会提出了“优化一产、做强二产、做大三产”的方针，要求积极推进产业融合发展的实体经济，其核心就是要提高农业的发展质量和生产效率。为此，《北京市“十二五”时期都市型现代农业发展规划》就提出了农业发展的高端、高效、高辐射目标；“十三五”时期又提出了全面建成都市型现代农业示范区的发展目标。鉴于此，北京市都市型现代农业的高端形态将逐步形成，并成为北京都市型现代农业发展的亮点。

（1）籽种农业重点突破

种业是北京市的优势产业，也是未来发展的重点产业。针对种业发展，北京市已确立了打造“种业之都”的宏伟目标。为全面提升种业发展水平，市政府下发了《关于促进现代种业发展的意见》，强调到2020年，使全国种业科技创新中心地位得到巩固深化，成为全国种业研发中心、全球种业企业总部聚集和种业交易交流服务中心之一。种业同样也是北京农科城的发展重点。农科城专门设立了良种创制与种业交易中心，建立了通州国际种业科技园区，并围绕种业科技创新、成果转化和产业发展进行了大规模的投入。这些都为未来北京籽种产业发展奠定了坚实基础。

（2）设施农业大有可为

早在2008年，市政府就下发《关于促进设施农业发展的意见》，提出以“两区两带多群落”空间格局发展建设，实现区域特色设施农业和其它类型产业循环联动发展；2010年，相关部门又印发了《促进设施农业发展实施细则》，为进一步促进北京设施农业的健康发展做出安排；在《北京市“十三五”时期城乡一体化发展规划》中，设施农业同样被寄予厚望。该规划指出，到2020年，全市菜田面积将稳定在70万亩，其中设施蔬菜会占一半以上的比例。

（3）有机农业潜力巨大

近年来，随着人们生活质量的不断改善，首都人民对农产品质量的要求越来越高，而且频繁发生的农产品质量安全事件也强化了人们对“绿色”“安全”“无公害”农产品的需求，这就为有机农业的发展创造了良好条件。《北京市“十三五”时期城乡一体化发展规划》也对有机农业发展做了部署，提出要全面实施菜田补贴，建设一批蔬菜生产专业村镇，打造“北京安全农业”品牌，农产品“三品一标”覆盖率提升到60%以上。

（4）低碳循环农业方兴未艾

气候问题是人类社会所面临的重大挑战，而农业作为主要的排碳源和固碳渠道，其应对气候变化的作用受到社会各界的广泛关注。可以说，实现减源增汇，提升农业的固碳能力，重点在于发展低碳循环农业。2011 年，北京市科委等部门下发了《关于建设国家现代农业科技城开展科技支撑与成果惠民工程的意见》，提出实施科技支撑循环农业发展工程，建立农业循环生产模式、农民低碳生活模式和农村生态产业模式，建设绿色、低碳循环农业科技示范区，以点带面推进低碳循环农业经济发展。相关规划也对低碳循环农业发展提出较高的要求，以实现农业废弃物资源利用比例达到 95%以上，农业水、肥资源利用率的持续不断提高。

4. 首都农业定位进一步明确，多功能性日益增强

中共北京市第十一次代表大会提出，要发挥首都农业的应急保障、生态休闲、科技示范等功能，树立“安全农业”品牌，这就意味着未来首都农业的多功能性将持续强化。

（1）应急保障功能将进一步增强

鲜活农产品供应和应急保障一直是北京郊区农业的主要功能，北京市对蔬菜、肉类、禽蛋、牛奶、水产品等的自给率都有着明确的要求。“十三五”期间，这一要求不会放松，对应急保障的要求将进一步强化。

（2）生态休闲功能进一步凸显

北京市从 2012 年开始实施百万亩造林工程，在其拉动下，林业产值会得到持续提升。加上随着全面建成小康社会和美丽乡村建设的有力带动，预计到“十三五”末，全市农田周年覆盖率接近 100%，景观农田达到 200 万亩左右，农业系统的生态服务价值进一步提高。此外，2011 年，市政府相关部门就联合下发《关于加快推进京郊旅游发展的指导意见》，明确了京郊旅游发展的工作机制和思路，加上随着大众旅游时代的到来，未来京郊休闲农业与乡村旅游会得到蓬勃发展。

（3）科技示范功能日益显著

随着北京农科城建设的不断推进，其对全国农业科技的示范引领作用越来越强。此外，快速发展的会展农业也为科技示范功能的发挥提供了更为广阔的平台。事实上，“十二五”时期北京承办的世界草莓大会、世界食用菌大会、世界种子大会、世界葡萄大会、世界马铃薯大会和 2016 年举办的世界月季洲际大会，在科技展示和示范方面的作用不可小觑，其探索和实践为未来都市型现代农业科技示范功能的进一步发挥提供了成功经验。此外，目前的科博会农业科技会议会展、国际生物技术与农业峰会、北京种子大会、北京农业嘉年华等展示交流平台的作用也不容忽视。

5. 农业科技创新势头不减，科技支撑作用越来越大

科技是农业发展的主要支撑力量。为贯彻落实 2012 年中央 1 号文件，市政府相关部门下发了《关于进一步加强农业科技工作的若干意见》，提出要适应北京建设中国特色世界城市的要求，进一步促进全市农业科技工作，强化创新驱动，完善创新体系，加快成果转化，健全人才队伍，提升都市型现代农业发展的内生动力。2012 年 9 月，北京市委、市政府又下发《关于深化科技体制改革加快首都创新体系建设的意见》，指出要加快推进农业科技创新，着力突破农业重大关键技术和共性技术，加强城镇化与新农村建设集成技术研究，深化公益性推广、社会化创业和专业化服务“三位一体”的农业科技服务体系，为提高农民生活质量、改善农村生活条件提供科技保障。北京农科城的建设为上述政策文件的落实提供了机遇和平台。北京农科城的目标是要建成为全国农业科技创新中心和现代农业产业链创业服务中心，为全国现代农业发展提供技术引领和服务支撑。相信在农科城建设带动下，北京市会持续推进农业科技创新，不断驱动都市型现代农业向着“高端、高效、高辐射”的方向发展。

六、北京郊区农村非农产业发展研究

改革开放前，北京郊区农村的非农产业在曲折的道路上缓慢发展；改革开放后，不断完善农村非农产业发展的政策和措施，使北京郊区的农村非农产业得到发展壮大。

（一）北京郊区农村非农产业发展的历程

新中国成立以来到改革开放之前，在计划经济体制下，北京郊区的农村产业以农业为主，工商业比重很小，而且促进非农产业发展的措施不多，且时常反复，限制也较多。改革开放以后，北京市委、市政府陆续采取了一系列推动农村非农产业发展的政策和措施，使北京郊区农村非农产业逐步得到发展壮大。

1. 孕育发展阶段（1978—1985年）

这一阶段，随着改革开放的强大动力，农村干部群众的思想观念和社会生产力得到大解放，从而在北京郊区农村陆续出现了对“农村只能发展农业”等思想禁锢的突破，一些村的非农产业迅速崛起，如房山区韩村河的建筑业的崛起就是例证。实际上，这一阶段的标志性节点主要有：

（1）设立主管机构，明确发展政策

1979年，北京市成立了人民公社企业局（1984年改名为北京市乡镇企业局），同时从区县到公社都加强了农村企业的管理机构建设，使非农产业有了主管部门。

（2）进一步解放思想

北京市委、市政府组织了多次“致富大讨论”，针对当时的思想观念问题，明确了农村企业需要的正常交际与不正之风的界限，让企业干部放开了手脚。

（3）鼓励城市企业向农村扩散

在当时北京郊区农村企业的发展中，“白兰道路”功不可没，发挥了不容忽视的带动作用，成为北京市城乡结合发展农村非农产业的重大创举。

（4）放开农贸市场

北京市工商行政管理局和市公安局，在改革开放以后确定了首都集贸市场的合法地位，肯定了其在活跃经济、方便群众生产生活方面的积极作用，积极推动有关部门与区县做好农贸市场建设规划，并逐步加以落实。

（5）放开对流通的限制

1983年，北京市人民政府发布了《关于发展郊区商品生产，搞活农村商品流通若干政策问题的暂行规定》（京政发〔1983〕33号），转发了《国务院批转〈国家体改委、商业部关于改革农村商品流通体制若干问题的试行规定〉的通知》，进一步扩大了农产品交易的权限，在改革农村供销合作体制的同时，发展农村集体和个体的商业、服务业，并放宽了对农村运输业等的限制。

2. 蓬勃发展阶段（1986—1995年）

这一阶段，可以说是乡镇企业的异军突起阶段。期间，北京市采取的促进郊区乡镇企业发展的主要措施有：一是进一步减轻乡镇企业的负担；二是进一步区分不正之风与必要的往来招待的界限；三是实现了乡镇企业的适当集中；四是从1994年开始，乡镇企业重组转制开始试行；五是开始引进外来资金，“三资”企业开始在郊区出现。除以上措施外，这一阶段，北京郊区乡镇企业在提高管理能力和水平，引进外来科学技术，提高产品质量等方面也采取了一系列措施。

在促进第三产业发展方面，主要是进一步放开对农产品流通的限制，允许农民进城销售农副产品，加快集贸市场建设，并创造乡村旅游业发展的条件，使乡村旅游项目走上规范化发展的轨道。

3. 规范提高阶段（1996—2005年）

这一阶段，北京郊区的乡镇企业出现了以下几个方面的特点。

（1）引进外来企业

北京郊区建立了一批经济开发区，部分乡镇将招商引资作为促进经济发展的主要工作之一，企业加快了集中的进程。在这一时期，北京市还总结了怀柔区怀柔镇富乐工业园等的经验，通过改善环境，创新条件，以商招商等方式，加快了引进外来资金的步伐和成效。

（2）加快重点小城镇的建设

这一时期，北京市政府发文要求，将新建工业企业集中在主要的开发区，防止工业企业分散建设①，现有企业也要逐步集中到工业小区中。

---

① 见北京市人民政府关于严格控制郊区工业企业分散建设的通知（京政发〔1992〕32号）。

（3）加强劳动力转移培训

北京市农村工作委员会发出了《关于进一步加强农村富裕劳动力转移培训的意见》，要求在培训中通过就业信息平台，了解就业信息，有针对性地培训农民；并增加了对农民培训的财政投入，由政府负责培训投入的主要部分。

（4）规范乡村旅游业的发展

为使新发展的乡村旅游业规范发展，北京市农村工作委员会在2002年推出一系列的标准和办法，使迅速发展的乡村旅游业有规可循，也使北京市民对乡村旅游有了信心。

（5）允许并创造条件让农民进城就业

从2000年开始，我国开始取消对农民进城务工的限制。2000年以后，陆续有部分乡镇开始向农民提供就业信息和培训，帮助农民在城区寻找适合的工作。

4.“二次创业”阶段（2005年以来）

在这一时期，北京市采取了更多的促进农村非农产业发展的措施。

（1）投资向郊区倾斜，完善农村基础设施建设

这一时期用于郊区的投资首次超过城区。到2006年，北京市实现了郊区农村油路和公交的“村村通”；2009年，又基本实现了饮用安全的自来水“村村通”。到2009年，北京郊区农村通过兴建沼气、秸秆气及秸秆固化设备等，解决了部分农村的新能源利用问题；全市农村实现了垃圾的集中处理，农村基础设施条件和环境卫生状况有了根本性改变。

（2）提出率先实现城乡一体化，逐步实现城乡政策的统一

2008年，北京市提出要率先实现城乡一体化，要求在新农村建设中，在城乡规划、产业布局、基础设施、公共服务、劳动就业、社会管理等六个方面加快一体化。同时，金融、保险业务也在农村进一步放活。

（3）进一步完善农民进城就业的政策与措施

2006年，北京市在全市范围内开展了“春风行动”，为本市和外地农村劳动力转移就业提供服务。市委、市政府制定了一系列奖励和补贴措施，使希望学习就业技术的农民都能获得培训机会。市级财政的支持力度由培训一名农民补贴100元增加到200元，再加上各区县出台的配套补贴办法，农民可以免费参加电工、焊工、家政等各类培训，并取得相应证书。

（4）统筹制定城乡发展规划

依据《北京城市总体规划（2004—2020年）》，北京市各区县、各乡镇响应制定了本辖区的发展规划。在制定上述规划的基础上，由政府资助，各行政村也制定了村级的发展建设规划。

（5）建设农民就业基地，集中工业开发区建设

根据工业集中发展的要求，在新农村建设中工业项目再次集中，主要措施有两个：一个是将分散于各村各地的企业向农民就业基地集中，另一个是合并郊区原有的开发区。

（二）北京郊区农村非农产业的现状、来源类型与运行特点

1. 北京郊区农村非农产业发展现状

北京郊区农村非农产业在市委、市政府的正确领导下，按照稳步推进京津冀一体化协同发展战略实施，全力疏解北京非首都功能的总要求，主动适应增速趋缓、结构优化、效益提高、质量提升的经济发展“新常态”，努力克服国内外经济发展环境中诸多不利因素的影响，积极调整产业结构和空间布局，坚决淘汰落后产业，大力压缩过剩产能，着力转变经济增长方式，努力实现产业转型升级，在经济总量和总体规模大幅缩减的前提下，实现了企业提质增效，创新能力和市场竞争能力有所提升，可持续发展能力有所增强。2015年，北京郊区农村非农企业12.6万家（其中规模以上工业企业1 062家），从业人员97.5万人；完成营业收入4 887亿元；完成利润总额285.5亿元。北京郊区农村非农企业各业基本情况，见表6-1。

表6-1　北京郊区农村非农企业各业基本情况（2015年）

项　目	企业个数（个）		从业人员（人）		总收入（万元）		利润总额（万元）	
	数量	构成（%）	数量	构成（%）	数量	构成（%）	数量	构成（%）
合计	126 106	100.0	975 130	100.0	48 871 257	100.0	2 855 278	100.0
工业	62 439	49.5	578 162	59.3	27 722 757	56.7	1 625 775	56.9
建筑业	5 142	4.1	79 493	8.2	5 083 087	10.4	197 569	6.9
交通运输业	7 125	5.6	33 349	3.4	1 824 348	3.7	150 148	5.3
批发零售业	18 318	14.5	61 165	6.3	7 782 700	15.9	281 132	9.8
住宿及餐饮业	7 607	6.0	47 637	4.9	613 616	1.3	34 234	1.2
居民服务和娱乐业	23 805	18.9	132 222	13.6	3 526 584	7.2	396 625	13.9
其他	1 670	1.3	43 102	4.4	2 318 165	4.7	169 795	5.9

资料来源：年度数据发布（2015，农业与农村经济数据）. http：//www.bjstats.gov.cn/tjsj/ndsj/ndsjfpfb/2015n/.

2. 北京郊区农村非农产业来源的类型

北京郊区农村非农产业，从来源上看，主要有以下类型。

（1）由农业产业链延伸的非农产业

一是农产品加工业。主要有食品加工业、食品制造业、饮料制造业和木材及竹藤棕草制造业等。二是农产品销售业。主要有农产品批发市场、农产品经纪人组织、农产品贸易市场以及销售网点等。在北京城区及新城周边分布着大量的农产品批发市场和农贸市场。三是农产品运输与储藏业。农产品运输主要是生产或销售的农户兼业完成，或由专业的运输企业完成；农产品储藏主要是近几年发展起来的，在大型鲜活农产品生产基地和农产品批发市场周边均有大型农产品仓库或者冷库等，以储存农产品。四是农产品包装业。北京郊区所用农产品包装物的生产企业主要分布在河北、江苏、浙江、福建等地，北京郊区除生产运输费用较高的农产品的纸箱、塑料瓶外，很少有其他包装物的生产厂。

（2）依靠当地资源发展的工矿业

从 20 世纪 80 年代后期开始，北京市对资源的开采和利用逐步限制，进入 21 世纪后，山区中的采矿、采石也逐步禁止。目前，北京郊区除了利用泉水生产瓶装水外，其他依靠资源开采发展非农产业的可能性已不复存在。

（3）农村传统产业再发展而成的非农产业

北京郊区农村历史上有诸多的传统产业，如竹编、藤编、剪纸、各种手工艺品生产等。这些曾是北京郊区农村村民的重要收入来源之一，但近年来由于就业机会收益的扩大及农村人口老龄化，而使这些产业逐步萎缩。进入 21 世纪后，少数产业与旅游等行业结合起来，又有了一定的起色。

（4）针对农村内部需求而发展的非农产业

改革开放后，农村开始有了商店、药店等，做饭开始用商品燃料，村中有了家用电器、有了自来水，其修理业也进入到村庄。进入 21 世纪后，不少村庄开设了网吧，部分农民开始经营起商店，加工粮食，销售燃气、煤炭等。越是收入高、人口多的村庄，村中的服务业越发达。另一方面，社会主义新农村开始建设后，随着北京城乡一体化的进程，北京农村新增公益就业岗位增多，2015 年已过万人。这些产业将在北京郊区农村经济发展的新增长点。

（5）针对城市需求而发展的农村非农产业

一是都市工业。进入 21 世纪后，近郊区农村的工业项目大量转移，处于萎缩的状态。但在农村多数加工企业不景气的情况下，都市工业发展一枝独秀，在农村还有一定的潜力。二是建筑业。2015 年，北京郊区镇村建筑业从业人员近 8 万人，占农村非农产业从业总人数的8.2%；就总收入508.3万元，占农村非农产业总收入的10.4%；创造利润19.8万元，占农村非农产业利润总额的6.9%。在非农就业中占有较大的比例。三是交通运输业。目前，北京郊区有从事运输的专业村，有的村甚至建起了运输公司，还有不少村中有以农民为主的运输队。由于北京的物流业近十年来发展迅速，从事运输业的人员增长很快。四是批零商业。在北京，由农村办的商业主体是批发市场，经过几十年的发展，部分农村商业的专业方向越来越明确，逐步发展成为区域性专业批发市场。从发展的趋势看，近郊区农村中商业的比例已经远远超过农村工业，经济效益较好，已经成为当地经济的支柱产业。五是房地产业。进入21世纪后，北京郊区农村开始利用资产运作房地产项目。在房地产业发展的同时，不少农民参与了当地的物业管理工作，有了就业的机会。六是农村租赁业。在位于城区和近郊区，租赁业已经成为发展速度较快的行业，已经成为部分农村的主要收入来源。租赁的对象主要是土地、场地、厂房、建筑物等。出租的主体有村集体，也有大量的村民个体。七是旅游业。乡村旅游是近十几年来发展速度很快的产业，部分农村集体和农民个人的收入有了明显增加，实现了致富的梦想。

（6）城市外迁到郊区农村的非农产业

一是工业企业。北京市区外迁工业企业数量很大，但外迁的范围很广，北京郊区乡镇及农村并没有因工业企业的外迁得到大发展的机会。二是商业企业。进入21世纪后，有些连锁超市开始在农村布点，不但进入乡镇，有的甚至进入比较大的农村。三是宾馆酒店等。北京的宾馆饭店在郊区农村发展的速度很快，为会议在农村举办及市民到郊区旅游等提供了便利条件，促进了乡村旅游业的发展。四是学校。北京的学校，特别是大专院校、职业培训机构等近十几年来转移到郊区的数量可观，郊区还有数量不少的驾驶学校，围绕这些学校常常有一系列的餐馆等服务企业。五是艺术创作。在北京较有名气的有海淀区的圆明园地区、通州区的宋庄镇、密云县的雾灵山、怀柔的新王峪村，以及昌平的香堂村等。艺术人才的集聚带来了对生活消费及艺术品交易等需求，当地的餐饮、商店等生活服务业都有发展的可能，同时也带动了出租、家政、房地产等的发展。六是公共交通。近十几年来，大量原位于市区的公共交通总站陆续迁到北京郊区乡镇，部分乡镇集中了数条甚至十几路公共汽车的总站，安排了大量的农民就业。七是影视基地。进入21世纪后开始迁到怀柔的杨宋镇、九渡河镇等。因影视基地常年有拍摄工作，需要大量的群众演员，给当地农民提供了就业机会，多年利用率不高的家畜也有了用武之地，少数农村因此有了不固定的收入来源。

（7）北京郊区农村招商引资引入的非农产业

20世纪90年代后，外省市及海外在北京郊区农村的投资逐步成为主体，主要有以下几种类型：一是农产品加工业。外来投资者的经验丰富，产品技术含量高，在市场上的竞争能力强，品牌知名度高，发展的速度快，影响大，效果也比较好，逐步成为北京农产品加工的主体。二是来料加工企业。20 多年来，北京引进了不少工业企业，主要集中于交通要道，城区周边和高速公路出口等地。对这些地区农村的发展起了明显的带动作用。三是区域开发。2010 年后，外来投资有一个新的趋势，即不完全是单个项目的投资，而是针对一个区域进行的全面改造，北京的沟域经济开发就利用了这一形式。四是第三产业。国内外对北京郊区农村投资中的第三产业项目也占有较大的比例，其中既有在旅游景点投资建设的度假村、宾馆等，也有在农村投资的房地产等。

3. 北京郊区农村非农产业运行特点

2015 年，北京郊区农村非农产业的运行呈现以下特点。

（1）经济总量有所下降

2015 年，受首都发展战略布局调整影响，北京郊区农村非农产业经济总量呈现负增长，营业收入和增加值降幅均超过 10%。全市郊区农村非农企业累计完成营业收入 4 887. 1 亿元，比上年下降 11. 2%，其中工业营业收入 2 619. 5 亿元，比上年下降 10. 9%；实现增加值 774. 9 亿元，比上年下降 11. 1%，其中工业增加值 491. 4 亿元，比上年下降 14. 1%。

（2）经济效益有所提升

2015 年，受北京郊区农村非农产业经济总量下滑影响，北京郊区农村非农产业的利润总额也呈现负增长，但利润总额降幅低于营业收入降幅，企业利润率有所提高，经济效益有所提升。全年郊区农村非农企业累计实现利润总额 285. 5 亿元，比上年下降 4%；非农企业利润率为 5. 9%，比上年提高 0. 5%。镇村工业企业实现利润总额 142. 5 亿元，比上年下降 1. 7%；镇村工业利润率为 5. 4%，比上年提高 0. 5%。

（3）产业结构继续优化

2015 年，北京郊区农村非农产业主动适应经济发展“新常态”，着力转变增长方式，积极调整产业结构，产业结构继续优化。2015 年北京郊区镇村企业（私营以上）完成增加值 778. 4 亿元，其中一产增加值 3. 5 亿元，占 0. 4%，所占比重比上年降低 0. 2%；二产增加值 531 亿元，占 68. 2%，所占比重比上年降低 4. 5%；三产增加值 243. 9 亿元，占 31. 4%，所占比重比上年提高 4. 7%（表 6-2）。与上年相比，一方面，一产和二产比重下降，三产比重上升，产业结构有所优化；另一方面，二产各项主要经济指标所占比重均超过 50%，仍然保持着较为显著的主体地位。

表 6-2　2015 年北京镇村企业（私营以上）主要经济指标产业分布情况

项目	增加值（%）	企业个数（个）	职工人数（人）	营业收入（亿元）	利润总额（亿元）
合计	778.4	18 716	643 016	4 389.1	231.6
一产	3.5	398	6 500	21.2	-0.6
比重	0.4	2.1	1.0	0.5	-0.3
二产	531.0	9 817	432 082	2 925.4	146.7
比重	68.2	52.5	67.2	66.7	63.3
三产	243.9	8 501	204 434	1 442.5	85.5
比重	31.4	45.4	31.8	32.9	37.0

（4）空间布局更加合理

2015 年，随着首都城市功能布局调整的不断深化，北京郊区农村非农产业的空间布局和区域结构更加趋于合理。城市发展新区（通州、顺义、大兴、昌平、房山）作为全市郊区农村经济的主体，非农产业营业收入、利润总额、增加值、工业增加值和出口产品交货值分别为 3 369 亿元、189.4 亿元、626.7 亿元、423 亿元和 82.8 亿元，分别占全市农村非农产业的 68.4%、65.6%、70.3%、86.1%和 83.6%，所占比重均在 60%以上，主导地位更加显著（表 6-3）。

表 6-3　2015 年京郊镇村企业主要经济指标区域分布情况

项目	营业收入（亿元）	利润总额（亿元）	增加值（%）	工业增加值（%）	出口产品交货值（%）
合计	4 924.5	288.7	890.7	491.3	99.0
城市功能拓展区	802.2	55.9	150.4	16.5	0.5
所占比重	16.3	19.4	16.9	3.4	0.5
城市发展新区	3 369.0	189.4	626.7	423.0	82.8
所占比重	68.4	65.6	70.3	86.1	83.6
生态涵养区	753.3	43.4	113.6	51.8	15.7
所占比重	15.3	15.0	12.8	10.5	15.9

（5）镇村工业仍占主体

2015 年，北京市稳步推进京津冀一体化协同发展，大力疏解非首都功能，加大工业小区、工业大院清理力度，农村工业规模大幅缩减，但在农村非农企业中仍占据主体地位。

2015 年北京郊区农村工业企业 16 148 家，比上年减少 14.8%；职工人数 449 181 人，比上年减少 12.6%；完成营业收入 2 619.5 亿元，比上年下降 10.9%；实现增加值 491.3 亿元，比上年下降 14.1%；实现利润总额 142.5 亿元，比上年下降 1.7%。镇村工业企业数、职工人数、营业收入、增加值和利润总额分别占镇村企业总量的 12.5%、45.6%、53.2%、55.2%和 49.4%，在镇村企业产业结构中继续占据主体地位。

表 6-4 2015 年北京镇村工业企业主要经济指标完成情况

项目	企业个数（个）	职工人数（人）	营业收入（亿元）	增加值（%）	利润总额（亿元）
私营以上	9 070	381 028	2 480.2	464.4	130.8
个体户	7 078	68 153	139.3	26.9	11.7
合　计	16 148	449 181	2 619.5	491.3	142.5
所占比重	12.5	45.6	53.2	55.2	49.4

（6）规模企业下滑明显

2015 年，受北京大力疏解非首都功能的影响，北京郊区农村规模企业，特别是规模工业企业各项主要经济指标及其所占比重大幅下降，在农村经济中的主导地位和带动作用有所弱化。

2015 年，农村规模企业 1 673 家，比上年减少 45.5%，占农村企业总数的 1.2%，所占比重比上年降低 0.9%；其中规模工业企业 1 062 家，比上年减少 36.1%，占农村工业企业总数的 6.6%，所占比重比上年降低 1%。

农村规模企业职工人数 314 492 人，比上年减少 18.9%，占农村企业职工总数的 31.9%，所占比重比上年降低 4.2%；其中农村规模工业企业职工人数 189 119 人，比上年减少 25.5%，占农村工业企业职工总数的 42.1%，所占比重比上年降低 7.3%。

农村规模企业营业收入 3 221.9 亿元，比上年下降 21.3%，占农村企业营业收入的 65.4%，所占比重比上年降低 8.4%；其中农村规模工业企业营业收入 1 702.6 亿元，比上年下降 25%，占农村工业企业营业收入的 65%，所占比重比上年降低 12.3%。

农村规模企业增加值 521.1 亿元，比上年下降 22.2%，占农村企业增加值的 58.5%，所占比重比上年降低 8.3%；其中农村规模工业企业增加值 302.3 亿元，比上年下降 28.8%，占农村工业企业增加值的 61.5%，所占比重比上年降低 12.8%。

农村规模企业利润总额 162.9 亿元，比上年下降 15%，占农村企业利润总额的 56.4%，所占比重比上年降低 7.3%；其中农村规模工业企业利润总额 91.3 亿元，比上年下降 23.5%，占年村工业企业利润总额的 64.1%，所占比重比上年降低 18.2%。

（7）节能减排成效显著

2015 年，农村工业企业着力转变经济增长方式，积极调整产业结构，坚决淘汰落后产能，加快推进产业升级，大力发展资源节约型和环境友好型的绿色低碳产业，节能减排工作取得显著成效，能源结构趋于合理，资源消耗量明显下降。

2015 年全市 1 062 家农村规模工业企业消耗水资源 2 180 万吨，比上年减少 29.4%；消耗电能 19.6 亿千瓦时，比上年减少 22.1%；消耗原煤 49.8 万吨，比上年减少 43.9%；消耗焦炭 3 180 吨，比上年减少 64.6%；消耗成品油 61.4 万吨，比上年增加 71.5%；消耗天然气 13 946.3 万立方米，比上年减少 23.2%。

（8）园区清理初见成效

近年来，北京加快疏解非首都功能，大力清理郊区农村工业小区和工业大院，取得初步成效。2015 年，农村工业园区数由上年的 83 个减少到 79 个，比上年减少了 4 个，降幅为 6%；园区内年末实有企业 1 968 家，比上年减少 261 家，降幅为 11.7%；园区内企业完成总产值 1 432.9 亿元，比上年下降 9.5%。

（9）外贸出口形势严峻

受国内外经济环境及各种不利因素影响，北京郊区农村企业外贸出口面临较大困难，全年出口企业数和出口产品交货值均呈现负增长，外贸出口下滑明显，形势较为严峻。2015 年，北京郊区农村出口企业 326 家，比上年减少 65 家，同比减少 16.7%；其中年出口交货值 500 万元（含）以上企业 184 家，比上年减少 46 家，同比减少 20%。全年累计完成出口产品交货值 99 亿元，比上年下降 13%；其中年出口交货值 500 万元（含）以上企业出口交货值 89.5 亿元，比上年下降 11%。出口产品交货值占营业收入的比重为 2%，比上年降低 0.1%。

（10）社会贡献有所弱化

2015 年，北京郊区农村企业数 128 854 家，比上年减少 7.8%；农村企业职工人数 984 986 人，比上年减少 8.3%；支付劳动者报酬 359.6 亿元，比上年下降 21.9%；农村企业职工人均劳动报酬 36 503 元，比上年下降 14.9%；上交税金 214.1 亿元，比上年下降 10.5%。农村企业吸纳农民就业，促进农民增收，支持郊区新农村建设，推动北京郊区农村经济社会发展的作用有所弱化。

（三）当前北京郊区农村非农产业发展的条件

总体来说，当前的客观条件有利于北京郊区农村非农产业的发展，同时也有一些新的矛盾、困难和问题。

1. 北京郊区农村非农产业发展的有利条件

（1）基础设施条件改善

北京郊区农村先后实现了油路、达标自来水、有线电视等“村村通”，村内街坊路全面硬化。目前，汽车可以方便地通达北京郊区的每一个村庄；村中的生产和生活用电能够满足要求，而且收费与城市相同；农户也普遍使用上了卫生厕所，各村都有了干净标准的公共厕所；垃圾得到了集中处理，农村环境卫生得到了彻底改善；等等。

（2）公共交通进入农村

进入21世纪后，北京郊区所有行政村开通了公交车；到2008年，北京郊区所有区县都通上了高速公路；到2010年，已有5个区县开通了与市区联系的轨道交通。2011年开始，区县内的小公共汽车也可以刷卡消费，不但方便了乘客，而且降低了票价。

（3）信息畅通

目前，北京郊区农村已经可以充分利用计算机网络、广播电视、报刊、固定电话、移动电话等多种形式，收集和处理发展所需要的各类实用信息，基本上消除了以往郊区农村“信息不畅”等问题。

（4）资金条件有所改善

当前，农村发展可得到来自五个方面的资金：一是政府加大对郊区农村的投入；二是农民收入提高后，增加了积累；三是农村金融体制改革有所突破，打通了投向农村的资金渠道；四是国内外对北京郊区农村投资明显增长。除上述四个类型的投资进入北京郊区农村外，北京还有大量的社会资金在郊区农村的投资项目。

（5）服务体系逐步健全

自2006年大力推进社会主义新农村建设以来，北京市重点加强了郊区的公共服务体系建设，就业、医疗、养老、低保、教育、邮政等基本公共服务正在加速向农村延伸覆盖，城乡经济社会发展一体化的新格局已在北京初步形成。

（6）教育与培训的支撑作用增强

到2010年，北京郊区已经普及了12年制的基础教育，加上电视机、手机、计算机等的普及，即使是老年的农民，其所接收到的信息也是20年前北京郊区农民无法相比的，不少农民通过互联网和向左邻右舍学习，掌握了开办家庭作坊，制造手工业品以及开办“农家乐”等方面的知识，驾驭市场经济的能力有了明显的提高。

（7）政策鼓励非农产业的发展

改革开放以来，北京郊区一直以提高农民收入为中心，强调郊区加快非农产业发展，不但在文件上明确提出鼓励发展非农产业，而且推出一系列具体措施，包括为城市工业下乡牵线搭桥、鼓励乡镇建设开发区、行政村建设农民就业基地，同时政府多次组织宣传各地农村非农产业发展经验等。每年政府的“折子工程”中也有支持非农产业发展的内容。

(8) 市场需求不断增长

北京郊区农村有着全国最好的市场条件，由于城乡居民收入和消费能力的不断提升，其市场需求会持续增长，这为北京郊区农村非农产业的发展创造了良好的需求条件。

(9) 城乡一体化格局初步形成

北京市提出要率先实现城乡一体化，目前已经实现了城乡交通一体化、电力一体化、通信一体化、养老保险一体化，正在实现城乡医疗一体化、教育一体化等。

综上所述，这诸多方面的有利条件为北京郊区农村非农产业的发展奠定了坚实的基础。

2. 北京郊区农村非农产业发展的不利条件

北京郊区还有制约农村非农产业发展的诸多不利条件，主要有：

(1) 人均资源减少

北京水资源的短缺在一定程度上影响了部分产业的发展；人均土地资源量少也使北京加大了对农村土地利用的限制，使部分项目目前在农村的发展受到严重影响，甚至不能发展。

(2) 环境压力加大

为了保护生态环境，北京采取了最严格的环境保护措施，禁止了几乎所有会对生态环境产生不利影响的产业，部分繁荣的农村因此逐步萧条以至凋敝，农民收入也受到很大影响。

(3) 市场竞争加剧

北京郊区农村面临的竞争压力逐步加大。高速公路的建设一方面方便了农村的发展，另一方面也使外埠的产品等更容易进入北京，增加了发展的难度。

(4) 农村人口流失

改革开放后，北京郊区农村人口的流失非常明显，特别是一些交通不便的山区农村，村中的人口目前只有改革开放之初的30%左右，且以50岁以上的老年人为主，整个农村缺乏活力，甚至连现状都难于维持，发展非常困难。

(5) 农村劳动力老龄化

目前，北京郊区农村的发展主要依靠老年劳动力。由于历史条件等，北京的老年劳动力文化程度普遍偏低，思想观念落后且主观保守，各方面的技能也比较差，这就使得郊区农村的发展会非常困难。

(四) 北京郊区农村非农产业发展展望

根据北京郊区农村现实状况及未来发展趋势，参考国内外的经验和教训，可以预见，北京郊区农村非农产业发展将呈现以下几个方面的趋势：

1. 从非均衡发展向均衡发展转变

2010 年，北京的人均 GDP 已经超过 1 万美元，达到中等富裕程度，北京应该而且需要转向均衡发展。均衡发展的各项措施有利于资源在一个国家和地区内的均衡布局，特别有利于中小城市和农村的发展，也是缩小城乡差别，促进农村非农产业发展的最根本措施。

2. 对农村投资的限制会进一步减少

随着扶贫开发工作的深入，北京市会对偏远的郊区农村，对收入较低、就业困难的农村实行特殊政策，允许这些地区将已经荒废或无人利用的宅基地及非农业用土地租给有需要的投资人，同时规范管理，让这些闲置的资产得到有效利用，促进农村非农产业发展，为农民增收创造条件。

3. 北京的郊区化进程会进一步加快

随着京津冀协同发展战略的持续推进，北京的郊区化进程也会进一步加快。对此，北京郊区农村会准确把握郊区化带来的机遇，着力加快农村非农产业的发展。从发展的角度，合理安排郊区化进程，布局郊区化的人口和产业，适度集中于交通方便的区域，同时考虑为周边农村发展提供条件，一方面适应郊区化的进程，同时也使郊区化更好地带动农村发展。

4. 民营经济会得到进一步的重视和发展

为促进北京郊区农村中民营企业的发展，一是北京市制定了促进个体、私营经济发展和保障其合法权益的法律法规和政府规章；二是北京市已经创造出公平的市场环境，拓宽了个体、私营经济的发展领域；三是北京市改善对个体私营企业的金融服务，建立起个体、私营经济的融资体系；四是北京市改善了个体私营经济的生产经营条件；五是北京市完善了对个体私营经济的社会服务体系；六是北京市重视治乱减负，营造公平竞争环境，使个体私营企业的各项费用负担下降到合理水平，为农村经济发展创造出有利的条件。相信这些优越环境，会使民营经济在“十三五”以至更长时期得到进一步发展。

5. 公益性就业会保持合理适度

近年来，北京市对因发展而受到各种限制的地区，通过核算适度增加补贴，实现生态环境建设的合理补偿，让做出贡献者在收入上得到应有的补偿。“十三五”以至更长时期，北京将着力治理“大城市病”和疏解非首都功能，这势必在保障良好生态环境、保证清洁水源等方面会有广大农民作出付出和牺牲，应该对这些农民给予合理的补偿，并以此得到长远发展的机会。因此，北京郊区农村的公益性就业将以“政府购买服务”的形式在未来还会保持合理适度，从而带动郊区农村非农产业的发展。

6. 农民兼业会越来越多、越来越便利

由于北京郊区农村土地面积的限制，这为郊区农民兼业创造了客观的需求。加上交通、通信等的越来越便捷，部分适合于分散在农村发展的企业和项目会转移到农村，有些适合办在家庭的企业或项目会在农户家庭发展，这必然会使农民兼业越来越便利。因此，“十三五”以至于更长的时期，郊区农民兼业将更加普遍，从而带动农村非农产业的发展。

7. 农业产业链进一步延长

一直以来，北京市重视解决农业产业链延长中遇到的具体问题，在严格控制对耕地占用的情况下，对农业发展的配套用地给予特殊的政策。同时，注重农业发展的组织工作，扩大农业组织的规模，提高对延长农业产业链的科技投入，提高农产品的附加值，以此提高农民的收入。相信在国家大力推进农村第一、二、三产业融合发展的大好形势下，北京郊区以农业为基础的产业链会加速向二、三产业延伸，以在不断提高农产品附加值的基础上，促进农村非农产业的发展。

北京郊区放开对农民发展非农产业的限制已有30多年，北京市委、市政府已经采取了多种办法促进农村非农产业的发展。当前，限制农村非农产业发展的主要障碍多数已经或者正在去除，但要形成一个郊区农村产业蓬勃发展的新局面还需要针对不同的情况、不同的地区、不同的农村采取不同的措施，北京郊区农村非农产业的发展还是大有潜力的。

七、国内外城乡一体化过程中的农村产业发展比较研究

在农业产业化发展进程上，我国与西方发达国家经历相似，一是称之为“农业产业一体化”或“农业一体化”，二是“合作化”或“集约经营”，目前，世界主要发达国家已经实现了农业产业化，我国也在吸收借鉴发达国家农业与农村产业一体化的组织方式、经营形式的基础上，发展适合我国农业产业化特色的运行与管理方式，探索农业现代化，加快城乡一体化建设具有重要意义。

（一）国外部分城市的农村产业发展情况

美国、法国和日本是西方发达国家的代表，纽约、巴黎、东京也是公认的世界城市。其经过多年的发展，基本形成了各有特色的都市型农业，也形成了自身的发展模式，对于建设世界城市背景下的北京农业发展有着很好的参考与借鉴作用。近年来，这些世界城市所在的国家充分发挥其高投入、高科技、高产值的优势，巩固其经济功能，强化农业的多功能性，更加注重发展农业的辐射带动功能，以跨国企业为载体对发展中国家进行输出与控制。主要体现在都市农业的功能多元化、经营国际化、产品多样化和质量标准化。

事实上，各个国家的农业基础、城市特点及其发展轨迹存在较大差异，自20世纪80年代以来，纽约、巴黎、东京等世界城市的都市农业发展不仅有力地保障了城市居民的食品消费，而且成为城市生态涵养、居民休闲、科普教育等多元功能的有机载体。我们主要选取三个代表性的世界城市，并对他们各自发展现代都市农业不同的发展重点和模式进行研究①。

1. 美国纽约

纽约州是一个重要的农业州，2011年全州农业总产值达到52.6亿美元。纽约州共有36 000个农场，平均规模达194英亩，销售额在10万美元以上的农场有6 300家（占总数的18%），经营面积却占到360万英亩②。全州有58 000个农场，总面积为4 680 000公

① 宋涛，蔡建明，刘军萍等．世界城市都市农业发展的经验借鉴［J］．世界地理研究，2013（06）．

② 杨改娟．美国大都市区的蔓延与农田的保护（1960—2000）［D］．浙江金华：浙江师范大学，2015.

顷。平均每一农场为 80 公顷。纽约州水果、蔬菜、奶、肉等产品在全国占有重要地位，蔬菜、西瓜、甜樱桃、酸樱桃、梨、枫糖浆产量均为各州之冠。葡萄产量次于加州，苹果产量次于华盛顿州①。大田作物主要是小麦及玉米生产，主要用来支持畜牧业，肉鸡业十分发达，农产品加工业发达。纽约州农业以为城市发展服务为主，是都市型农业的基本体现。尽管农业总产值只占全州 GDP 的 0.4%，但是其依然受到重视和保护。

（1）发展田园经济，为城市低收入群体创造就业机会

纽约州主要发展田园经济，为城市低收入群体创造就业机会，并且注重保障食品安全。通过发展城市家庭农场，实现特色食品生产，为市民提供安全、新鲜、高品质的农产品。有资料显示，美国城市农业生产的农产品价值已占到美国全国农产品总价值的 1/3 以上。同时，注重农业的生态、文化、生活功能。为了更好地满足城市的多种功能需求，大力鼓励发展城市农业，最大限度挖掘农地资源；鼓励发展“楼顶农业”，在核心城区内将现代农业生产与楼宇建筑设计相结合，通过垂直种植美化城市景观，构建世界城市的天然氧吧，达到节能减排的目的，成为城市不可或缺的绿色产业，同时为市民提供休闲放松的空间和农业教育基地，满足城市居民对农耕文化和休闲文化的需求，还具有优化生态、营造宜居环境的功能。

（2）节约土地资源，发展社区支持农业体系

纽约强大的生产性服务业及其国际化特点是 20 世纪 70 年代后期城市经济高速发展的关键。1969—2000 年，生产性服务业就业人数从 95 万人增至 203 万人，占就业人口比重从 25%升至 62%，生产性服务业的增加值也已占到全部服务业增加值总量的 50%以上。为避免城市土地资源影响农产品质量，城市农业推广组织随时对用于耕作的土地进行检测监测，将城区各个地区的闲置地块及废弃的足球场、棒球场逐步开发为耕种土地；在核心城区内将现代农业生产与楼宇建筑设计相结合，通过垂直种植美化城市景观。近年来，纽约楼顶农业风行，成为颇具特色的现代农业创新模式。近些年来，纽约涌现出一些小型的以社区支援农业为主要模式的家庭农场，这种农场为市民提供安全、新鲜、高品质且低于市场零售价的农产品，社区为农场提供了固定的销售渠道，做到双方互利。社区支援农业型家庭农场大部分由城市低收入群体社团来经营，为低收入者提供了就业增收渠道，保障城市农产品质量安全。目前已经建成 24 个蔬菜农场，为 6 500 个遍布纽约市 5 个区的会员服务。

（3）统筹市场资源，发展农工商一体化农业

农工商一体化是指农业生产单位同农业产前、产中、产后相关企业连成一个经营体系

① 纽约州［EB/OL］. http：//us. mofcom. gov. cn/article/zt_ investguide/lanmufour/201404/20140400560337. shtml.

的过程。主要包括两种类型：一是纵向一体化（垂直一体化）的经营形式。这种经营形式的主导是企业，其农产品的生产、加工、运输和销售都是由这个企业来进行管理和全面协调①。也只有一些大型托拉斯集团或跨国公司直接投资成立的规模较大的资金力量雄厚、科技研发能力较强的工厂式农业企业，才能成为这一主导企业。二是横向一体化的经营形式。合同制联合企业是美国最主要的农工商一体化经营形式。这是通过合同的形式把大公司与农场联合起来，并在合同中明确双方的权利和义务，完成农产品的生产、加工和销售各环节，实现独立经营共担市场风险②。同时，美国的农业合作社是农场主和农业生产者为实现各自在农业生产中的不同需要，实现各自的利益而自愿联合起来的互助组织。但为了降低服务费用，农场主组织合作社，雇佣专门人才来为它的社员提供服务。

2. 法国巴黎

巴黎大区又称法兰西岛，是法国本土 22 个大区之一，巴黎为该大区首府所在地。2010 年，巴黎大区总面积 119. 65 万公顷，人口 1 206. 70 万（2007 年），国内总产值为 7 975 亿美元。人均 GDP 为 67 663. 7 美元，经济发展水平位居欧洲前五位。巴黎大区是高度城市化的地区，同时农业发展程度也很高。巴黎大区畜牧业发达，主要以养殖奶牛为主，牛肉、牛奶和奶制品产业比较发达。主要农产品有小麦、玉米、甜菜、水果等，是全国重要的粮食生产基地之一③。

巴黎中心城区拥有 220. 16 万居民。除了巴黎城区，周围郊区也参与城市整体财富的创造，其中当代农业和生态的资源在平衡着大都市的发展。巴黎曾经讨论过现代都市的政策规划问题，围绕巴黎大区的农业演变过程中相互对立的两种模式展开：一种是单一的谷物生产模式，以出口导向性和集约化为特征，带有激烈的竞争性；另一种模式是可更新的，具有本地化和生态型特征，是关系都市消费的多样化生产模式④。

（1）以开发农业多功能为突破口，促进农业多形态发展

2010 年，巴黎大区农业用地面积 57. 07 万公顷，占总面积的 47. 7%。在农业用地中，各类农作物用地占 97%。巴黎大区的农业生产以私人农场为主，2010 年共有 5 027 家农场。农业的经济效益较高，2010 年农业总产值达 10. 25 亿欧元，农业净增加值 2. 63 亿欧元，农业企业年净收入 1. 8 亿欧元。巴黎大区生态农业建设成效显著，有机农业的农场数

---

① 马春光．美国订单农业的发展对中国的启示［J］．农业经济，2011（04）．

② 吕军书．美国农业产业化发展及对河南省的启示［J］．云南行政学院学报，2009（04）．

③ 刘娟，张一帆．伦敦·纽约·东京·巴黎四大世界城市的农业啥模样［J］．科技潮，2011（10）．

④ 陆羽．大都市的现代农业（上）——巴黎大区农业的演变［J］．自然与科技，2012（08）．

量达 178 个，占巴黎大区农场总数的 3.5%（2011 年）；有机农业用地面积总计 7 974 公顷。

在农业多功能发展上，兼顾生态功能和社会功能，营造绿色景观，为城市提供绿色空间、园林景观、绿色公共活动场所；发展休闲、会展、体验等农业新业态，为市民提供田园体验、生态旅游、休闲观光、科普教育等场所。目前，巴黎大区建有很多观光果园、乡村农业观光度假区及生态旅游地等。巴黎市印发了给居民的“绿化许可证”，鼓励市民参与。不过，门槛并不低：市政府不仅仅把绿墙、城市果园当作怡情养性的环保“实验”，它希望逐渐扩大至盈利规模，打造“本地供应链”。巴黎市长在推特①上专门组织了城市农产品生产计划参与者的领英②讨论群。城市果园志愿者协会的负责人帕科表示，“研究表明，在 600~800 平方米土地上的产出足以养活一个人。这很快会成为真正的农业”③。

（2）以会展为龙头，带动家庭农场发展

巴黎每年 3 月举行的国际农业博览会有“巴黎最大的农场”之称，已经成为巴黎市乃至法国城市经济发展的助推器，目前已举办了 47 届。其主要功能有：一是农产品宣传功能，其“不以推销的手段达到推销的目的”，成为展会的典型特色；二是农事教育功能，参观者自觉接受高质量的生活培训，而非被动接受商品推销；三是农产品质量评比功能，即每年都举办种类繁多的农产品、水产品、葡萄酒，以及各种牲畜等专项评比，获奖的商品也将身价倍增，并引导消费新潮流；四是经济拉动效应，即每届展会具有近 5 000 万欧元的门票收入，而且博览会给法国农户、政府，以及巴黎城市餐饮、旅游等带来的间接收益也非常巨大。

巴黎地区的家庭农场可以子承父业，但继承者必须接受过农业专业教育，并具有在其他农场工作的经历。农场的耕作，一般由农场主亲自完成，有的农场主基本不参与生产，由雇佣专职的农场经理来进行耕作活动。家庭农场的规模较大，农场主年龄以中青年为主。据统计，目前 35~54 岁的中青年主持的农场占到农场数的 49.3%，占农场土地面积的 55.8%。农场主可以参加农业合作社，合作社主要是为农业工作者提供生产服务。如机器使用合作社主要为各家农户提供各种农业机械服务，加工销售合作社主要帮助家庭农场完成农产品的加工或销售等。

---

① 即 Twitter（非官方中文惯称），是一家美国社交网络（Social Network Service）及微博客服务的网站，是全球互联网上访问量最大的十个网站之一。

② 即 LinkedIn，创建于 2002 年，致力于向全球职场人士提供沟通平台，并协助他们事半功倍，发挥所长。

③ 巴黎人民人人争当城市园艺师 打造“鲜花之都” [EB/OL]. http://www.green007.cn/1611/020802021.html.

(3) 以合作社为龙头，促进农业产业化发展

法国主要通过农业合作社实现各环节的横向合作。在农产品生产、加工和销售的这一循环过程中，农户与企业联合起来，达到生产经营的专业化，通过集中的资本优势去获得高效的经济收益。法国农业合作社是具备法人资格的一种特殊的企业形式，但是它又与一般的民事或贸易公司不一样。合作社里面的社员为了使用生产手段的统一性和组织农业生产经营的一致性，他们自愿组成互利的联合体，便于农户共同使用生产手段、发展农业经营的机构。合作社在法国发挥着重要的经济职能，是法国农业经济的重要组成部分。在法国，农业劳动力加入各种合作社的占到90%以上，60%左右的农产品被农业合作社收购。法国农业合作化按照功能地位分类，法国的农业合作社包括购销合作社、服务合作社和信贷合作社等。购销合作社主要负责农产品的储存、运输和销售，并将收购来的农产品进行加工。也就是说，这种合作社主要是从事销售和为成员提供生产资料和生活资料。服务合作社是向社员提供以技术服务为主的特别服务。因为在农业发展过程中一些技术性的问题，如土壤钙含量、实验分析和农业生产咨询等这些受农户素质限制，职能依靠合作社来解决。信贷合作社分三级管理，其根据层级不同也有着不同的职能和业务侧重点①。

3. 日本东京

东京（Tokyo，全称东京都），是日本的首都，也是日本经济、金融、商业中心，总面积2 188.67平方千米，森林覆盖率为36%，人口1 327.7万人，是世界上人口最多的城市之一。在日本，东京的农业并不强大，但农地作为弥补都市设施单一化的重要空间，在保障都市居民生活、防灾、生态安全以及城市健康可持续发展方面起着重要的作用②。

日本农林水产省发布2015年度日本粮食自给率连续6年为39%，是发达国家中最低的。日本农业规模较小，农业生产总值仅占国内生产总值的1%，除了大米以外几乎日本所有农产品都依靠进口，日本农民更是习惯于依赖国家的保护政策、避免参与国际竞争。日本政府希望未来借助区域自贸协定，将农林水产品以及食品的出口额从2014年6 000多亿日元的基础上，扩大到2020年出口1万亿日元，但现实情况很不乐观。分析认为，日本农业未来发展面临着严峻挑战③。

---

① 文娟．法国农业信贷银行法人治理结构探讨及启示［J］．改革与战略，2009（12）．

② 李梅，苗润莲，蔚晓川．日本东京都市农业发展现状及对北京的启示［J］．世界农业，2014（03）．

③ 日本农业面临严峻挑战［EB/OL］．http：//news.ifeng.com/a/20160805/49721674_0.shtml.

（1）重视农业投入，着力提高土地产出率

东京耕地面积为7 670公顷（2010年），且分布分散，主要以资源节约型和技术密集型为主，家庭经营是主要形式。2010年，东京农林水产业生产总值为475亿日元，占城市总生产值的0.052%。随着耕地面积的减少，东京的农户数量也不断减少。东京的农作物（除果树之外）种植面积共计3 670.99公顷，主要以露天栽培为主，占农作物种植面积的94.6%，而露天栽培又以蔬菜类为主。2010年，畜产品总生产额为21亿日元，占都内农产品总生产额的7.6%。农户经营组织形式多样化，农业协会发挥了很大的作用，商品率很高。

东京都市农业发展较为成熟，更重视农业投入，提高土地生产率，提升农业附加值。东京每0.1公顷耕地的农业净产值在全国排第9位，是全国平均水平的1.87倍，在狭小的土地上实现了高收益。东京都市农业的另一个特点是发展技术集约型设施农业，其中园艺生产设施较为先进。2010年园艺设施（玻璃温室）面积为169.53公顷。东京还积极生产特色农产品，开发体验农园、休闲农园、教育农园等高级农业形态。截至2012年，东京市民农园共计484个，占日本市民农园总数的12.2%。东京都市农业的另一大特色就是注重环保，发展循环农业和有机农业，减少化肥和农药的使用量，发展高质量的安全农业产业。

（2）科技引领发展，类型丰富功能多样

东京郊区农户建设现代农业，以生产蔬菜为主，为市民提供优质新鲜的时令蔬菜，同时也保留一定规模的畜牧生产，为有机蔬菜生产提供重要的优质堆肥。据统计，东京蔬菜的自给率为6.1%，而牛奶、鸡蛋的自给率分别是3.4%、1.4%，肉类的自给率只有0.5%。此外，充分利用科技手段开发的“高楼田地”和“地下室农场”，实现了利用科技手段发展“城市农业”，将农业生产引入城市绿化。如日本电信电话公司在公司总部大楼楼顶引进了红薯种植，有效缓解了城市热岛效应。通过温度和光照模拟，写字楼的地下室也被改造成室内农场，提高了空间利用效率。

东京观光休闲农业十分发达，主要包括综合性观光农场、观光农园、民俗农庄、教育农园等多种形式。如东京农业公园的内容就十分丰富，蔬菜、水果、花卉、树木均可入园。农业公园一般有三个特点：一是生产特色农产品，二是采用先进农业技术，三是发展农产品加工业。东京十分重视高农业生产的科技含量，加大农业科技研发的投入，发展高附加值农业，不断提高土地生产效率。东京都的园艺生产设施较为先进，在财政重点扶持下，园艺设施基本上实现了小型化、集约化和现代化，蔬菜从播种到成品包装基本上实现了机械化操作，其蔬菜与花卉生产的80%实现了现代化园艺栽培。

（3）组织引领生产，综合服务农村社会

日本的各级各类农协承担着农业一体化经营所必须的各种社会化服务。日本农协从现行体系和结构来看是由三级构成，基本与政府相同。其中最主要的是由各地“农协中央会”组成的“全国农业协同组合中央会”（简称“全国农协中央会”）。此外，还有各地对应“联合会”组成的全国性农协联合会。上述三级农协组织，彼此有清楚的对应关系，农协系统的各项事务均可通过各对应机构上承下达，统一行动，但上一级机构只是在自愿条件下由下一级机构联合而成，在经济和经营范围上也是彼此独立的，并不存在直接的隶属关系①。农协的主要作用在于提供农业生产资料和农用设旖，代办农产品加工、仓储和运销，集农业资金，办理农业保险；事营农指导，发展农业教育等②。

4. 结论与启示

纽约、巴黎、东京等主要世界城市发展都市农业卓有成效，特别是在发展现代都市农业中的探索与实践，对北京发展现代都市农业具有以下几个方面的启示。

（1）统筹城乡规划发展，做好土地集约管理

城市化进程的不断加快，土地资源越来越稀缺，在北京这样的中心城市建设农业总部，将生产基地建立在外埠是一种很好的农业发展模式。北京应加强对都市型现代农业产业发展规划的编制，严格落实用地的审批，明确城市土地的生产定位，将郊区农业的发展定位为籽种农业、设施农业、休闲观光农业、体验农业、会展农业、教育农业、文化农业等，但发展模式应定位为现代都市农业，走城乡统筹、城乡融合、城乡互动的发展之路。纽约、巴黎作为中心城市依靠发达的交通条件解决城市农产品的供给问题，而东京的农业始终发挥着城市农产品的供给保障作用。为此，北京需要不断加强基础设施建设，从信息、物流等领域统筹城乡均衡发展力度。还可以建设北京农业金融的“实验田”，将社会资本引入现代农业建设，从政策、法律法规等多方面建设为农业总部发展提供服务的保障体系。

（2）明确生产组织形式，加强全产业链管理

纽约、巴黎采取家庭农场的经营方式，而东京、巴黎是分散占有，但集中经营，有利于提高土地生产效率。主要世界城市的农业发展特点，见表7-1。

---

① 袁方成，蔡杨．合作与共赢：20世纪日本农协发展的观察与启示［J］．江南社会学院学报，2009（02）．

② 张春华．城乡一体化背景下农业产业化组织形式研究［D］．湖北武汉：华中师范大学，2012.

表 7-1　纽约、巴黎、东京及其所在国家农业发展特点比较

城市	基本特征	主要组织形式	生产特点	城市农业主要功能	法律政策
美国纽约	城市化和工业化高度发达；农业与工业伴生	大型家庭农场	专业化和专门化生产	出口创汇	1862 年宅地法；农产品物流法律法规
法国巴黎	高度发达的农业和城市文化	中型农场为主，农业土地组合以及农业共同经营组合	以种植业为主	城市景观组成部分，休闲场所	鼓励农民长期出租土地，建立中型农场的法律法规
日本东京	城市快速发展，城乡差距扩大，传统村落社会衰落	土地分散占有，集中经营；农协作用突出	小型化、工厂化、集约化和现代化生产	经济、社会、生态功能和防灾减灾功能等	从土地所有权和使用权、城市总体规划为主的法律法规体系完善

注：根据蔡建明资料整理。

从表 7-1 可以看出，无论城市和乡村处于何种背景，三大世界城市的农业发展表明，其都市农业特别是现代都市农业的发展实现了农业和农村在城市经济社会中的价值。

（3）提升组织吸引力，扩大合作社服务

美国、法国和日本农户参与农业组织的积极性非常高，这也是它们农业产业化如此发达的原因。日本几乎 100%加入农协，法国也超过了 80%，美国超过了 90%。这既反映了农业组织对农户的吸引力，也可以看出之所以这几个国家农业这么发达，其农户积极的组织化参与功不可没。这三个国家和城市都是合作社（农协）居于主要地位，这些国家在农业的发展过程中，合作社的功能在不断增强，比如延长其产业链，为了合理的资源整合，扩大农业的国际竞争力，提高农民的收入，不断的减少了合作社，使现存的合作社的规模越来越大。

（4）注重生态环境建设，提高城市发展质量

纽约、东京等主要世界城市都十分重视对生态环境的保护，强化都市农业对于城市居民生活的重要保障，东京也曾经有过环境恶化的时期，北京的发展不能再重蹈这些城市的覆辙，应该关注城市居民的生活质量，提高农业对于环境保护的重要基础作用。必须规划和建设城市森林、绿地等休闲环境，提高城市的植被覆盖率和森林覆盖率；要保护树种、草种等品种的多样性，从根本上防治恶性疾病的出现，营造清新、宁静的生活环境。应为市民提供接触农村与农业的场所和机会，并发挥农业的教育功能，以传承农业和农村的优

秀文化与优良传统。

当然，复杂的城市和农村发展环境决定了北京将不可避免地经历从传统农业向都市农业的一次跳跃。在这期间，我们不仅要充分吸收发达国家的经验，也要从战略角度处理好农业在发展中国家在食品安全和就业等方面的关系。从北京乃至我国现实的国情来看，可以尝试选择“农业科技研发总部+外埠生产基地”等模式，从而平衡农业和城市用地关系、保护城市发展环境、缩小城乡差距、加快农业市场化进程、提供农村剩余劳动力区域间和产业间转移。通过大力推动发展系现代都市农业，将其与城市经济相结合的产出城市化，与农业传统相结合的产品传统化，与国际发展背景相结合的过程国际化，与地域特点相结合的资源地域化等方面的实现，将会使北京的现代农业的发展带来翻天覆地的变化。

（二）国内部分城市的农村产业发展情况

1. 上海

上海作为目前中国最大的经济、金融、贸易和航运中心，也是我国农业最发达的地区之一，不仅具有吸引外省市工商业投资的吸引力，而且具有吸引外省市农业投资的吸引力。上海，随着工业化和城市化进程的加快，在全市经济总量中，农业增加值的比重不断降低。截至 2015 年年底，上海市粮食种植面积保持在 150 万亩左右，菜田面积稳定在 50 万亩。农业生产的机械化、组织化和规模化水平不断提升，到“十二五”末，主要农作物生产综合机械化水平达到 83%，农业劳动生产率达到 8.5 万元/人，居于国内领先水平。全市共发展家庭农场 3 829 户，具有一定经营能力的农民合作社 3 192 户，农业产业化龙头企业 387 家，各类新型农业经营主体不断涌现①。

农产品供应保障能力得到增强，全市粮食种植面积保持在 250 万亩左右，菜田面积稳定在 50 万亩，生猪、牛奶、水产品等“菜篮子”产品的生产规模和产量总体保持稳定。农业劳动生产率达到 8.5 万元，居于国内领先水平。农产品质量安全处于可控状态，2015 年，上海市“三品一标”认证率达 68%，农产品质量安全追溯体系覆盖率达到 80%，地产农产品抽检合格率继续保持高位。农业科技支撑作用逐步显现，农业装备水平明显改善，主要农作物生产综合机械化水平达到 83%，农业科技进步贡献率达到 70%左右，乡镇农业公共服务体系实现全覆盖，农业物联网区域试验工程和农业农村信息化工作走在全国前列。农业经营产业化水平不断提升，农业与工业和服务业的融合特征不断增强，各类新

① 上海市人民政府关于印发《上海市城乡发展一体化“十三五”规划》的通知（沪府发〔2016〕93 号）［EB/OL］. http://www.shanghai.gov.cn/nw2/nw2314/nw2319/nw12344/u26aw50207.html.

型农业经营主体不断涌现，全市发展家庭农场3 829户，具有一定经营能力的农民合作社3 192家，农业产业化龙头企业387家。生态农业建设取得成效，2015年，农业废弃物综合利用率达到91%以上，基本实现了秸秆禁烧。农民收入增长较快，2015年，农村居民人均可支配收入达到23 205元，农村居民收入增幅连续五年快于城镇居民。农村改革成果显著，农村集体经济组织产权制度改革等取得突破，松江家庭农场等实践和经验得到中央领导和国家有关部门的充分肯定。统筹城乡发展不断推进，城乡基础设施和基本公共服务均等化程度持续改善，农民得到更多实惠①。

（1）上海统筹城乡发展的农村产业推进历程

20世纪80年代及其之前的上海农业严格定位于农民口粮立足自给，城市副食品供应立足郊区的“两个立足”。在这种严格的政策要求下，上海郊区的农业既受到保护又受到制约，农地的转用得到严格控制，农业的投入有所保障，农产品的市场销售主渠道确保稳定，但农业作为产业可自主选择的发展空间却相当有限。

进入20世纪90年代以后，全国农产品供应日趋丰富，上海农产品市场对外开放，郊区农地大规模转为工业用地和房地产用地，面对这样的形势，上海的农业出现了两极化的趋势：一极是主动适应市场开放、土地资源减少的总趋势，积极探索产业化经营模式，利用国内国际两种资源，面向国内国际两个市场，培育和壮大上海农业新的发展基础；另一极是坚守仅有的土地资源，在小规模经营模式下积极引入附加值高的农产品，尽可能地增加农家的农业收入。前者代表了新兴的发展力量，在充分竞争的市场中成长出一批农业龙头企业；后者代表了传统的发展力量，但在大规模的城市化、工业化进程中日趋衰落。

1999年起，围绕现代农业园区建设，上海郊区各农业园区借鉴工业开发区的经验，面向国内外吸引一批农业龙头企业进入园区建立生产基地。同年，上海市政府还出台了《关于鼓励外商独资企业投资上海农业领域的若干意见》，加大了各园区农业招商引资的力度。进入园区的农业龙头企业多数利用这一空间平台建立农产品加工链条，其资源来自国内外，其市场也分布在全国各地和国际上。

2004年以来，一批农业龙头企业快速成长，成为国内外市场最具活力的新力量。研究他们的发展轨迹不难看出：这些企业多数发育于内地的农村或小城市，为寻求更大的发展机会，积极向外拓展，成为跨地区，甚至跨国发展的大中型农业龙头企业。而当企业发展到一定规模时，农村或小城市地域环境就会对其形成很大的制约，这时企业就会将其总部及销售中心、研发中心等搬迁到大中城市，尤其到具有经济中心功能的大城市，以分享大

---

① 上海市人民政府关于印发《上海市城乡发展一体化“十三五”规划》的通知（沪府发〔2016〕93号）［EB/OL］. http://www.shanghai.gov.cn/nw2/nw2314/nw2319/nw12344/u26aw50207.html.

城市在信息、技术、人才、资金方面的优势，而把生产基地留在当地，从而实现新的发展方式的转变。

同时，在农村产权制度改革上，上海也走在全国的前列。到 2015 年年底，全市 1 458 个村完成了集体经济组织产权制度改革，完成率达到 86.9%。104 个镇完成了镇级集体资产产权界定工作，占 122 个有集体资产镇总数的 85.2%，15 个镇完成镇级改革，8 个镇启动改革。截至 2016 年 2 月底，全市 262 个村集体经济组织实行了 2015 年度分红，惠及成员人数 66.8 万人。大力推动农村承包地流转，98.6%的村完成了土地承包经营权确权登记工作，承包地流转比例达到 73.7%。稳妥推进松江区农村集体经营性建设用地入市试点工作，按照国家总体部署，制定了农村集体经营性建设用地入市试点的“1+5”政策体系，完成了首幅试点地块的出让工作。

（2）上海发展农村产业的具体措施

一是要素集聚化。上海市于 2009 年已正式揭牌成立了上海农村产权交易所，这是充分利用市场资源，打造农业要素集聚的平台。他有利于加快农业要素流转，使农业要素充分为现代农业服务。该交易所充分依靠上海建设国际金融中心建设和发展的动力，把发展现代农业和生产性服务业、依靠科技创新和社会资本集聚结合起来，加快推进信息、金融产业应用于现代农业发展，加快资本与农业对接，农业的市场潜能和资源要素的能量就能得到充分的释放。

二是经营产业化。在推进农业产业化经营过程中，一批农业企业为了摆脱本地资源严重不足的制约，立足上海本地，积极走向全国，实施“用全国资源做全国市场”的战略。例如：光明乳业从 1996 年开始实施全国战略，在内蒙古和黑龙江省建立北方奶源基地，同时从华东市场起步，全面进军全国的乳品市场。崇明的河蟹产业，据 2008 年统计，其养殖面积已达到 186 万亩，其中岛外湖泊养殖面积 125 万亩，养殖区域已拓展到黑龙江、河北、北京、江苏、安徽、江西、湖北等 9 个省。

三是管理园区化。奉贤现代农业园区吸引了乳制品行业巨头光明乳业，全国最大的蔬菜种植、加工、出口农业龙头企业上海高榕，干香菇出口量名列全国第一的上海大山合集团，年出口量近亿美元的水产品加工企业上海汉德等。1999 年 4 月全国著名的民营企业希望集团所属的二级集团公司——东方希望集团总部从四川迁到上海浦东，开启了上海农业发展又一新的阶段。

四是区域联合化。据有关研究发现，外省市农业龙头企业投资上海，有三种类型：一是利用上海的港口、信息、资金优势，企业总部整体搬迁到上海，然后加工、生产基地分布在全国各地，其形态类似于市场型现代都市农业，典型的案例如东方希望、上海高榕；二是为进入上海市场，在上海设立加工厂，典型案例如上海双汇大昌；三是利用上海现代农业园区的优惠政策，设立加工基地、研发中心、出口中转基地等，其形态类似于加工型和科技型复合的农业总部经济，典型案例如上海大山合、上海汉德、上海益升食品。

2. 广州

2015 年广州市实现农业总产值 413 亿元、农业增加值 247 亿元，同比增长 2.8%；粮食及菜、禽、鱼、蛋等“菜篮子”产品产量稳步增长或基本持平，生猪养殖规模化、集约化水平明显提升，水果、花卉增产较好。农民人均可支配收入 19 323 元，同比增长 9.4%。全市农村集体经济组织总资产 1 375 亿元，总收入 215 亿元，村（含组）级集体经济组织平均收入 1 659 万元①。

（1）组织化程度高、产业化水平好

广州市农业企业大多具有一定的规模和一定的技术含量。截至 2010 年，广州市有市级以上农业龙头企业 80 家，其中国家级 8 家，省级 27 家；2008 年市级以上农业龙头企业总资产 35.4 亿元，销售收入 99.7 亿元，吸纳从业人员 2 万多人，带动农户 23.1 万户。规模以上家庭农场 3 214 家，合计产值达 104.2 亿元，占全市农业总产值的 41.9%。其中：农产品生产加工型的农业企业有 61 家，产值达 55.8 亿元；农产品市场流通型 6 家，交易额达 230.96 亿元；农业生产资料型 5 家，产值达 27.98 亿元；共带动农户 27.3 万户，占全市从事农林牧渔业生产户总数的 55%。同时，广州市规划建设了 10 个千亩以上规模蔬菜基地和 20 个专业村，生产面积 14 万亩，约占全市菜地面积的 1/4，年产蔬菜 111 万吨，约占全市蔬菜供应量的 1/3；10 个水果基地和 20 个专业村，10 个渔业基地；31 个万头以上养猪场，年出栏 53 万头，约占全市生猪总量 1/4；96 个年出栏 10 万只以上的家禽养殖场，年出栏量 3 300 万只，约占全市家禽出栏总量 1/3。到 2015 年年底，广州市已建成连片千亩以上蔬菜生产基地达到 15 个、年出栏万头以上生猪养殖场 15 个、年出栏 5 万只以上肉鸡养殖场 140 个、农业部畜禽养殖标准化示范场 11 家、农业部水产健康养殖示范场 19 个。积极拓展市外供穗基地，引导本地企业在外地建成生猪生产基地 8 个。

广州市白云区鸟类养殖试验场，该场养殖七彩鸡、绿金顶、白金丝等观赏鸟类多达 27 个品种，产品销往全国各地并有一定量的出口。据统计，2004 年广州市经认证的绿色食品、无公害农产品和市级以上名优农产品种类数量分别达到 126 个、101 个和 93 个，合计实现产值 42 亿多元。广州市的种子种苗产业也渐成气候，2004 年种子种苗产值近 10 亿元，列广东省第一，居全国同类城市前茅，在华南城市中具领导地位。

---

① 广州市农业局 2015 年工作总结和 2016 年重点工作计划［EB/OL］. http：//www.gz.gov.cn/gzgov/s2823/201611/0bd88a4df5dd4a1eb45acb55e1e5533e.shtml.

（2）市场型现代都市农业发展优势凸显

广州通过优化组合、创新经营机制、改造升级等措施，先后高标准建设了广州花博园、嘉禾生猪、江南果蔬、黄沙水产 4 个中心批发市场，并不断规范和发展二级批发市场、产地批发市场，形成了“大市场、大流通”的现代都市农业发展格局。2010 年全市拥有 61 个农产品专业市场，市场经营面积 94.13 万平方米，市场交易额 305.91 亿元，营业收入 4.26 亿元。其中江南果蔬批发市场是我国乃至东南亚地区规模最大的蔬菜批发市场，每天成交量达 1 万吨，果蔬存储能力 1.1 万吨；嘉禾畜禽交易服务中心是我国最大的生猪交易市场，日均交易 1.5 万头，日均屠宰能力 3 000 头。农产品专业交易市场体系的完善，带动了华南地区农业生产，有力的促进了农产品市场价格的稳定，广州的蔬菜、水产品、观赏植物、生猪的交易价格成为全国性的指导价格。

3. 杭州

杭州市是华东地区重要的农业生产中心。全市总面积 1.66 万平方千米，森林覆盖率达到 66%，耕地面积 18.6 万公顷，其中水田 16.0 万公顷，旱地 2.51 万公顷。杭州市的自然环境使农业发展具有多宜性，盛产各类农产品，素有“鱼米之乡”“丝绸之府”“茶叶之都”“花果之地”的美称。截至 2015 年年底，杭州市实现农林牧渔业增加值 292.13 亿元，比 2010 年增长 40.5%；农林牧渔业总产值 440.29 亿元，比 2010 年增长 39.5%；农村居民人均可支配收入 25 719 元，比 2010 年增长 95.5%、年均增长 14.3%，增幅超过同期城镇居民收入增幅；城乡居民收入差距继续缩小，由 2010 年的 2.21 : 1 缩小为 1.88 : 1。农业现代化发展水平综合得分 85.85 分，高出全省平均水平 5.06 分，53 项评价指标中有 16 项位列全省第一，进入基本实现现代化阶段①。

（1）产业体系完善，主导产业明显

杭州市重点发展花卉苗木、水产、节粮型畜禽、蔬菜、竹业、茶叶六大优势产业，大力培育水果、干果、蚕桑、中药材、蜂业五大特色产业，积极发展生态农业、休闲农业等新兴产业。2010 年杭州市优势特色产业产值 219.56 亿元，占农业总产值的 69.4%，农业产业结构明显优化，城市、平原、山区三大农业圈层的格局基本形成。全市累计建成市级以上农业龙头企业 430 家，年销售收入 526.1 亿元，出口创汇 67.1 亿元，实现利润 18.8 亿元，带动农户 46 万户，连接市内外基地 536 万亩。建成各类农业园区 365 个，面积 66

① 杭州市人民政府办公厅关于印发《杭州市现代农业发展“十三五”规划》的通知（杭政办函〔2016〕105 号）［EB/OL］.http：//hznews. hangzhou. com. cn/xinzheng/swwj/content/2016-10/13/content_6317671.htm.

万亩，连接基地150万亩，形成了以传化、森禾为代表的产研结合现代农业科技园区。截至2011年年底，杭州市农产品国家名牌产品4个，省市级以上品牌225个；著名商标农产品190件，其中中国驰名商标10件，省级著名商标97件。累计获得无公害、绿色、有机“三品”认证700余个，贡牌西湖龙井茶和淳牌有机鱼获“中国名牌农产品”称号，累计通过国家认证的优质安全农产品共有603只。

杭州市目前拥有一大批农产品加工的龙头企业，其中国家级的4家，省级45家、市级413家。年销售超亿元的农产品加工企业89家、超5亿元的5家。其中：花卉苗木产业已形成一批有实力的园林企业，萧山区的浙江（中国）花木城是华东地区最大的花木集散地，江干区的花卉基地和交易市场是华东地区最具繁华的花卉市场。杭州市拥有华东地区一流的大规模农副产品集散市场2个，其中杭州市农副产品物流中心总投资约60亿元，年进出量达600万吨，2011年年交易额达216亿元。农业主导产业的培育，促进了产业结构的合理化。

（2）打造农业总部，完善产业基地

杭州市现有2 214个农业企业、中介组织和专业市场，已建立279个农业示范园区。依托省会城市和地处长三角的区位优势，大力发展精品农业、现代都市农业、设施农业，健全“一体两翼”现代都市农业块状结构，建立现代农业综合体，打造以萧山传化农业科技示范区、中国花木城、新农都物流、农业总部大厦和余杭农副产品物流中心、高新农业示范园区、森禾种业、新迪国际、三农大厦为代表的“农业杭州大厦”，带动杭州西部五县（市）产业发展。

杭州市大力发展以都市农业示范园区为重点的各类产业基地建设，促进了产业规模的集聚化。目前，全市已经形成了一批规模大、竞争力强的特色产业基地，如西湖和名胜1.5万亩的西湖龙井茶基地，萧山10.3万亩南美白对虾、15万亩的花卉苗木、100万头的规模生猪基地，余杭2.4万亩中华鳖、5万亩的径山茶基地，临安1.7万亩的高山蔬菜基地，富阳1.3万亩的芦笋基地等。

4. 结论与启示

我们认为就农业企业总部发展较好的上海、广州、杭州等地发展均各有特色，对北京发展都市型现代农业具有重要的借鉴意义。

（1）统筹城乡资源，协调整体规划

各地现代都市农业的概念提出是在各地农业产业发展的现实情况和农产品的需求相结合和，而北京现代都市农业在北京疏解非首都功能的大环境下产生的，北京市疏解非首都功能的首要任务是保证政治发展空间并建设四个中心，对于这一科学定位的认识是需要各级政府和各层领导加强学习，不断深化认识。

（2）优化发展环境，强化服务体系

北京市建设现代都市农业的环境还非常不完善，在国际上，北京还没有形成具有影响世界国际事务的能力，仍然是一个大的区域政治中心，外部环境对于农业总部发展限制作用较强。在内部环境上，没有形成大的，具有跨国实力的农业企业，农业企业的影响能力有限。围绕北京市农业企业发展，当前的情况是政策缺乏普惠制，扶持政策一贯采用“头痛医头，脚痛医脚”的方式，而且对于急需满足北京需求的农业企业给予大规模的扶持。因而，必须尽快制定北京市相关农村产业发展的优惠政策，包括人才、资金筹集、企业运作等领域的配套政策。

（3）加强区域联动，实现集约经营

必须按照国家《京津冀都市圈区域规划》的要求，北京应积极主动与天津、河北多层次深入合作，结合北京开放式都市型现代农业和天津沿海外向型都市农业的发展，把产业转移和结构优化调整作为重要突破口，重点在产业转移上下功夫，努力扩大绿色无公害食品供应，加大京外标准化生产基地建设，不断丰富京津两市的“菜篮子”“米袋子”“油罐子”，提高安全农产品市场占有率，必将为京津冀农业区域合作打开更加广阔的空间。

八、城乡一体化进程中北京郊区农村产业发展面临的挑战与对策建议

（一）城乡一体化进程中北京郊区农村产业发展面临的挑战与问题

1. 北京的“大城市病”与京津冀协同发展

（1）人口膨胀与分布不均

虽然近年来北京制定和实施了严格的户籍制度，对调控户籍人口增长起到了一定的成效，但是常住外来人口增长迅猛，常住人口总量不断攀升。1996—2015 年，全市常住人口由 1 259.4 万人增长到 2 170.5 万人，即 20 年间人口总量增长了 911.1 万人，年均增长 45.56 万人，相当于每年增加一个小型城市。2009 年常住人口已达 1 860 万人，超出了《北京城市总体规划（2004—2020）》所确定的 1 800 万人的规划目标。在常驻外来人口中，河北籍居民占据了最大的比例。此外，在传统服务业、加工制造业和建筑业的低端劳动力市场，还聚集了一定规模的外来流动人口。人口的空间分布无论在总量还是密度上，都呈同心圆式向外梯度递减的模式。从总量分布来看，由首都功能核心区和城市功能拓展区组成的中心城六区集中了超过一半的人口数量，而城中村和城乡结合部，是聚集外来人口的主要区域。从人口密度来看，由中心向外拓展的四类功能区逐步减小，特别是首都功能核心区密度已高达 23 842 人/平方千米，超过了东京、纽约、伦敦核心区的人口密度。过快的人口增长稀释了基础设施和公共服务资源的供给增量，对于城市建设和运营造成了很大压力。

（2）交通拥堵持续加剧

2010 年以来，北京采取了针对小客车的限购措施，但对缓解交通拥堵成效不大。2015 年机动车保有量达到 561.9 万辆，比 2006 年增长 274.3 万辆，10 年间增长 95.4%，如此之快的增速已经超出了道路面积的增速，加大了交通压力。从空间特征来看，交通拥堵区域性特征明显，重点集中在中心城区以内，特别是重要功能区、医院、中小学校、火车站、长途汽车站等周边道路。从时间特征来看，居住在中心城区以外的大量就业者早晚往返于工作地点和住宅区之间，“潮汐交通”现象明显，使道路拥堵呈现出早晚高峰的现象，

给出行带来极大不便。

（3）环境污染日益突出

环境污染主要集中于大气污染和水污染。虽然近年来加大了对大气环境的治理力度，空气质量有所改善，但是与国家标准还有一定的差距。近年来区域性雾霾天气频发，已经逐渐成为春冬季节的常态，甚至在极端气候条件下达到重度污染的程度，严重影响了城市的正常生产生活，危害了市民的身心健康。2014 年空气中除二氧化硫（SO_2）年均浓度值达到国家标准外，细颗粒物（PM2.5）、二氧化氮（NO_2）和可吸入颗粒物（PM10）年均浓度值分别为 85.9、56.7 和 115.8 微克/立方米，分别超过国家标准的 1.45 倍、42% 和 65%。

水污染问题十分突出，改善水环境质量已经刻不容缓。从地表水污染情况来看，境内河流的污染情况重点集中于下游河道，化学需氧量（COD）、生化需氧量（BOD）、氨氮（NH_3-N）等污染物指标明显超标。北运河、清河、通惠河等主要河流水质持续恶化，接近或已经成为劣五类水质。另外，劣五类水质湖泊水面面积呈上升趋势，昆明湖、团城湖、后海、前海等重点湖泊水体富营养化程度明显。城市地下水污染同样严重，浅层地下水四类、五类水质占平原面积 50%，深层地下水四、五类水质占监测面积 20%。

（4）要素资源相对短缺

制约北京城市经济社会可持续发展的主要集中于水资源和土地资源。北京是典型的资源性缺水特大城市，水资源短缺是多年来城市承载力的一块短板。2015 年由于南水北调进京，水资源总量较 2014 年有了较大提高，但是此前年均用水缺口都在 10 亿立方米以上；2014 年人均水资源占有量为 94 立方米，远远低于人均 1 000 立方米标准的国际缺水警戒线。近年来，通过超采地下水等非常规措施缓解用水缺口，实现了水资源约束条件下的供需平衡，同时也造成了地面沉降等地质问题。从用水结构来看，城市用水量所占比重虽然明显上升，但是紧缺与浪费并存，河湖补给不足与河道断流等问题未能得到有效解决。可利用的土地资源相对稀缺，是高度城市化阶段进一步实现城市增长的又一约束因素。北京土地面积为 1.64 万平方千米，其中平原面积仅占 38%，可开发建设面积为 0.94 万平方千米，占总面积的 57.3%。伴随中心城区向周边地区“摊大饼”式圈层蔓延态势，城乡建设用地增长速度过快，已经突破《北京市土地利用总体规划（2006—2020 年）》中设定的 2700 平方千米的约束性指标。“十三五”时期北京在用地方面将“瘦身减量”，这会使未来市域内建设用地进一步趋紧，土地集约利用程度呈现出由中心向外围梯度递减的态势，在土地资源总体稀缺的情况下，各类产业功能区开发模式落后，分头出让，各自建设，土地资源碎片化现象严重；城市新区土地粗放利用明显，仍处于低密度扩张状态。

2. 城乡一体化发展中一些深层次问题和矛盾逐渐显露

从2002年党的“十六大”首次提出“统筹城乡经济社会发展”以来，破除城乡二元结构，加快推进城乡一体化，已成为解决“三农”问题的根本途径。在全国大力推进城乡一体化的背景下，2008年北京市通过了《关于率先形成城乡社会经济一体化新格局的意见》。围绕率先形成城乡经济一体化新格局这一根本目标，市委市政府制定了城乡一体化发展的具体规划。2011年，北京市政府制定了《北京市“十二五”时期城乡经济社会发展一体化发展规划》，从统筹城乡发展的战略高度，在空间、土地、产业、人口、生态等方面落实率先形成城乡经济社会发展一体化新格局的任务，极大地推动了北京城乡一体化实践的发展；2014年，北京市委市政府下发了《关于全面深化农村改革　加快推进城乡一体化的意见》；2015年，北京农村工作会议强调要坚持城乡一体化的发展方向，用改革创新推动城乡一体化；2016年，北京市政府印发了《北京市“十三五”时期城乡一体化发展规划》。在一系列政策、措施的推动下，北京城乡一体化取得了显著进展。但由于各种因素的影响，北京在推进城乡一体化深化发展中还存在不少突出问题。在2014年北京市委十一届四次全会上，市委书记郭金龙指出，城乡二元结构没有根本改变，城乡发展差距依然很大。当前，城乡发展中一些深层次的问题和矛盾逐渐显露，主要表现在以下几个方面。

（1）城乡收入差距仍然较大

近年来，北京城乡居民收入均保持较快的增长，但收入差距仍较大。2014年，城镇居民人均可支配收入为43 910元，比上年增长8.9%，扣除物价因素后，实际增长7.2%。农村居民人均纯收入为20 226元，比上年增长10.3%，扣除物价因素后，实际增长为8.6%，城乡居民收入比为2.17。北京城乡收入差距虽然从总体上看低于全国平均水平，但城乡居民收入差距缩小的趋势并不明显。2014年，北京人均GDP达到16 278美元，达到富裕国家发展的水平，城镇化率也已达到86.3%，进入城市化率较高阶段，但城乡居民收入差距比较高。1997年以前北京城乡居民收入比都在两倍以下，之后都超过两倍。从近三年城乡居民收入比来看，分别是2.21、2.20和2.17，收入差距逐步在缩小。但城乡收入绝对差距仍不断拉大，2012年是19 993元，2013年达到21 984元，2014年城乡居民收入绝对值差达到了23 684元，差距较大。

（2）集体经济发展后劲不足

北京农村集体经济整体发展活力不足，农村产业层次较低，发展效益较低。不少乡镇都利用集体产业用地发展乡镇企业，但乡镇企业的层次较低，多数处于“小散低弱”状况，经济效益很低。大多集中在批发零售业、交通运输业、居民服务业和一般制造业领域。有些乡镇虽然规划建设了科技园区和服务业功能区，但由于园区规模小，配套设施不完善，入驻企业层次不高，并存在一些企业占地不经营等问题，整体产出效益较低。村级集体经济组织中，有 55.8%以第一产业为主，村集体收入普遍偏低或者没有收入。有 2.2%以第二产业为主，多数从事小型建筑构件加工业务，缺乏持续发展能力和市场竞争力。第三产业也多以房屋出租为主。农业发展也面临很多问题。一是发展传统农业的资源约束加大。新城与小城镇建设、平原造林等都不同程度挤占了农业发展的空间。2005—2011 年，北京市耕地减少 17.9 万亩，年均减少约 3 万亩。农业发展的水资源约束不断增强，农业增加值占 GDP 的 0.8%，用水量却占到全市总用水量的 1/4，部分高水耗农业将逐步退出。二是休闲农业等现代农业发展有待提升。北京休闲农业发展带有盲目性，缺乏科学合理规划，导致项目雷同、质量不高，已有经营模式与消费者需求错位，不能体现出休闲农业的多功能性等问题。

(3) 农村各项制度改革进展缓慢

北京城乡一体化进程中，农村的各项制度改革进展较为缓慢，也阻碍着一体化的深化发展。一方面，农村土地制度改革进展较慢。第一，征地制度存在问题。现行的征地补偿办法存在着征地程序不完善，征地补偿标准差距大，被征地农民长远生计保障不足等，带来了农民的上访等问题。再加上在城乡一体化过程中，征地拆迁的成本不断提高，也加大了政府的负担。第二，集体建设用地流转制度改革问题。农村集体经营性建设用地无证私下流转、违法建设等现象比较普遍，违法建设主要用于流动人口出租屋、仓库、厂房、市场等低端业态，土地利用效率较低。据统计，2013 年在全市治理违法用地违法建设专项行动的台账中，汇总了全市 15 万处违法用地违法建设项目信息，总建设面积达 2 500 万平方米。其中很大一部分是农村集体建设用地的违法建设。第三，农村土地产权制度改革问题。北京对集体土地所有权的确权已经完成，集体土地承包经营权确权刚开始试点，由于制度不完善、承包经营权属关系混乱等问题，进展缓慢。另一方面，集体经济产权制度改革亟待深化。乡镇级集体产权改革进展缓慢，村级集体产权改革有不少也并不彻底，有的没有进行资产处置和股权量化。改制后一些新型集体经济组织管理运行不规范。截至 2014 年年底，全市累计完成改革的单位达到 3 882 个。正在进行改革的单位有 89 个，其中村级 77 个，乡镇级 12 个。全市尚有 114 个村没有完成产权制度改革。

(4) 城乡公共服务远未实现均等化

随着北京城乡一体化发展的推进，城乡公共服务水平得到了明显提升。但城乡居民的公共服务差距仍很大，远未实现均等化。一是城乡公共服务质量差距较大。虽然北京在学校、医疗设施、文化设施等硬件建设上基本实现了一体化，但由于长期对农村投入不足，而且财政对农村的投入偏重于农村生产，社会公共资源配置的城乡不均衡状态没有明显改善，郊区城镇地区污水处理、垃圾清理等基础设施不配套，限制了其缓解市区人口压力功能的发挥。城乡公共服务人才队伍建设不均衡，农村地区对优秀教师、优秀医务工作者等公共服务领域人才的吸引力不强，而且农村优秀公共服务人才流出现象严重，使得农村地区在教学质量、医疗服务能力、公共文化供给等方面，与城市相比存在明显差距。二是城乡基础设施差距大。虽然北京市城市基础设施水平在全国处于领先地位，但城乡差异大，道路长度、污水和垃圾处理能力、环卫机械等城市公共设施的人均占有量远低于城市近郊区。乡村差异也较大，最突出的是远郊山区建设水平远远低于平原区。而且基础设施与公共服务设施投入与维护机制尚未建立。三是城乡社会保障没有实现一体化。长期以来，由于受二元体制的影响，造成城乡社会保障系统各自封闭运行，保障水平和标准各异。

（5）城乡结合部外移现象严重

北京城乡结合部地区长期面临着人口与经济、社会、资源环境之间的尖锐矛盾。几年来进行的城乡结合部综合配套改革措施的实施取得了很大成效，使得城乡结合部面貌发生了很大改观。但近年来，北京常住人口持续增长，并继续向郊区扩散，出现了城乡结合部外移的趋势。2014 年北京按照治安秩序混乱、违建问题突出、警情案件高发、环境卫生脏乱、户籍人口与流动人口数量比例倒挂严重等标准，在城乡结合部范围内确定了 60 个重点地区进行专项整治。可见，随着近郊城乡一体化的改造，新的城乡结合部有向远郊区蔓延的趋势，形成一系列新的问题。只要城市的边界不断地扩张，在解决既有的城乡结合部问题的同时，新的城乡结合部问题便会伴随城市扩张不断地在边缘重新生长出来。这也是今后北京城乡一体化深化发展需要重点解决的问题。

3. 农村综合改革的进一步深化提出了新的要求

2015 年 11 月召开的全国农村综合改革工作座谈会明确提出：“十三五”时期，农村综合改革的总体任务，一是着力突破农村生产关系变革困局，探索发展农村生产力新途径，抓好扶持村级集体经济发展试点，探索建立农村集体经济发展新机制，创新财政支持农民合作社发展机制，完善新型农业社会化服务体系，探索建立新型农业经营体系；二是着力突破城乡二元结构的体制障碍，扩大农村公共服务运行维护试点范围，探索搭建农村公共服务平台，开展农村公共服务标准化试点，建立农村公共服务供给新机制，以建制镇示范试点和美丽乡村建设试点为抓手，做好新型城镇化与新农村建设的有机衔接，建立城乡协同发展新机制；三是着力突破农村资源环境瓶颈，探索农业农村可持续发展新模式，实施农业可持续发展战略，统筹做好试点先行与示范推广，探索总结可复制、能推广的模式，加大投入力度，建立长效机制，扩大农业可持续发展试点范围，加快农村生活污水和垃圾无害化处理设施的建设步伐，开展畜禽粪污等农业农村废弃物综合利用试点，积极探索解决农业面源污染问题，建立农村可持续发展新机制；四是着力突破农村要素市场体系弊端，探索实现农村产权权能新通道，支持做好农村土地承包经营权确权登记颁证工作，探索建立多种形式的农村产权流转交易市场和服务平台，稳定农民土地经营预期，增加农民财产性收入。北京市虽然在农村综合改革中探索推行了“新三起来”工程①、新型城镇化与新农村建设“双轮驱动”、切实转变乡镇政府职能等改革举措，但距离党和国家的要求还有一定的差距，需要按照国家“十三五”时期的发展思路，切实贯彻创新、协调、绿色、开放、共享的发展理念，把握发展形势，明确改革要求，创新城乡发展一体化体制机制，推动农村综合改革取得新成效。

（二）城乡一体化进程中北京郊区农村产业发展的对策建议

针对城乡一体化进程中北京郊区农村产业发展面临的挑战和存在的问题，特提出以下对策建议。

1. 在京津冀协同发展中优化农村产业的布局

（1）按照梯度转移理论在京津冀大区域内优化产业布局

梯度转移理论，源于雷蒙德·弗农（Raymond Vernon）提出的工业生产的产品生命周期理论。产品生命周期理论认为，工业各部门及各种工业产品，都处于生命周期的不同发展阶段，即经历创新、发展、成熟、衰退等四个阶段。此后小路易斯·T. 威尔斯（Louis T. Wells）和赫希哲（Hirsch）等人对该理论进行了验证，并作了充实和发展。区域经济学家将这一理论引入到区域经济学中，便产生了区域经济发展梯度转移理论。梯度转移理论认为，区域经济的发展取决于其产业结构的状况，而产业结构的状况又取决于地区经济部门，特别是其主导产业在工业生命周期中所处的阶段。如果其主导产业部门由处于创新阶段的专业部门所构成，则说明该区域具有发展潜力，因此将该区域列入高梯度区域。该理论认为，创新活动是决定区域发展梯度层次的决定性因素，而创新活动大都发生在高梯度地区。随着时间的推移及生命周期阶段的变化，生产活动逐渐从高梯度地区向低梯度地区转移，而这种梯度转移过程主要是通过多层次的城市系统扩展开来的。因此，梯度转移理论主张发达地区应首先加快发展，然后通过产业和要素向较发达地区和欠发达地区转移，以带动整个区域经济的发展。鉴此，建议北京市政府有关部门根据中共中央、国务院

① 即北京市委、市政府“十八大”以来为全面深化农村改革，提高农村土地产出率、资源利用率、劳动生产率，而及时作出的“土地流转起来、资产经营起来、农民组织起来”“新”部署。

印发的《京津冀协同发展规划纲要》及农业部、国家发展改革委、工业和信息化部、财政部、交通运输部、商务部、人民银行、银监会等联合印发的《京津冀现代农业协同发展规划（2016—2020年）》，研究借鉴我国珠三角、长三角等经济发达地区产业布局与发展的成功经验，在京津冀地区产业布局的大框架内明确北京郊区农村产业的功能定位、空间格局和发展方向，以与津冀两地的农村产业形成合理的梯度与分工，以实现京津冀三地农村产业的互补式发展。

（2）在非首都功能疏解中找准北京郊区农村产业的定位

《京津冀协同发展规划纲要》强调“有序疏解北京非首都功能是京津冀协同发展的关键环节和重中之重，是一项复杂的系统工程，对于推动京津冀协同发展具有重要先到作用”，并提出了“通过有序疏解北京非首都功能，降低北京市特别是城六区人口密度，调整经济结构和空间结构，走出一条内涵式集约发展的新路子”的目标要求。因此，建议北京市政府有关部门根据这一要求，综合考虑与首都功能定位和核心功能的关系，在坚持严控增量与疏解存量相结合原则的前提下，找准北京郊区特别是远郊区农村产业的发展定位，吸引部分适合在北京远郊区村镇发展的区域性物流基地、区域性专业市场、服务外包企业、健康养老机构等第三产业落户郊区农村地区，并通过“腾笼换鸟”等措施，促进北京郊区农村产业的布局优化和结构升级。

（3）从发挥“四个中心”作用的要求出发明确北京郊区农村产业的发展重点

中央明确指出，北京市为全国的政治中心、文化中心、国际交往中心和科技创新中心。这也为北京郊区农村产业的发展指明了方向。北京郊区农村产业的发展，应主要围绕“四个中心”作用的发挥和国际一流的和谐宜居之都建设的要求，重点发展涉农的文化创意产业、会展产业和高科技产业，如生态农业、循环农业、创意农业、会展农业、籽种农业、葡萄与葡萄酒产业、休闲农业与乡村旅游等资源节约型和环境友好型产业，以充分发挥首都优势和为首都做好服务工作。

（4）在强化产业政策的引导作用中引导北京郊区农村产业持续健康有序发展

让·梯若尔（Jean Tirole）认为，企业的策略性投资决策对其所处环境的具体情况十分敏感；政府制定产业竞争政策应该充分认识企业战略决策行为①。如针对蓬勃发展的各种大型超市、网上商城、互联网平台市场等，在维护其竞争秩序，保护消费者的合法权益的基础上，充分考虑产业的横向限制、纵向限制以及市场势力的效应，以便制定合理的产业政策，促进产业间的合理竞争与产业持续发展。鉴此，应该根据《京津冀协同发展规划

① 李宝良，郭其友．产业组织理论与新规制经济学的拓展和应用——2014年度诺贝尔经济学奖得主让·梯若尔主要经济理论贡献述评［J］．外国经济与管理，2014（11）：71-81.

纲要》的要求及各区域的功能定位，研究制定北京郊区产业指导目录和产业转移指南，明确鼓励类、限制类和禁止类项目，配套出台差别化的区域产业发展支持政策，以引导郊区农村产业的持续健康有序发展。

2. 在率先形成城乡一体化新格局的进程中推进农村产业升级

《北京市“十三五”时期城乡一体化发展规划》提出：“到‘十三五’末，城乡发展一体化体制机制进一步健全，以城带乡、城乡一体、协调发展的新型城乡关系进一步完善，农村地区发展活力进一步增强，城乡居民基本权益保障更加有力，城乡公共服务更加均等，城乡居民收入水平更加均衡，城乡要素配置更加合理，城乡产业发展更加协调，实现高水平的城乡发展一体化和农业现代化，农村地区率先全面建成小康社会。”为激发北京郊区农村地区的发展活力，应着力推进产业升级增效，以为高水平的城乡发展一体化奠定基础。

（1）都市型现代农业：推动实现升级换代

都市型现代化农业发展必须以高效、生态、环保、人文以及和谐为方向，以服务首都市民生活需要和郊区农村产业发展为导向，继续推进农业结构调整和一、二、三产业融合发展，积极优化郊区都市型现代农业布局，实现功能多样化、布局区域化、生产的标准化、景观田园化、设备现代化、产品安全化、经营企业化、环境友好化。《北京市“十三五”时期城乡一体化发展规划》提出了“全面建成都市型现代农业示范区”的发展目标，当前，应从北京农业尚处于3.0阶段，而4.0农业开始萌发的现实出发，按照“提升信息化、促进智能化”的思路，积极推动北京郊区都市型现代农业的升级换代，使北京农业在发展水平上走在全国的前列。

①大力提高北京农业的信息化水平。要根据目前北京农业处于3.0时代的现实情况，切实加强农业信息化基础建设，进一步提高北京农业的信息化水平。首先，要加强基层涉农信息服务站点建设。统筹现有农村数字家园、乡村信息服务站、爱农驿站等基层信息服务站点，完善“一站多能、统一管理”体制，加强村级服务终端功能建设，增强农村信息服务能力。其次，要继续完善北京移动农网应用。以提高效率、沟通城乡为目标，稳步推进移动农网的深入应用。再次，要进一步推进移动通信、宽带、电脑、智能手机等信息化基础设施的普及，并加大对农村物流基础设施的投入和改造，夯实3.0农业的发展基础，充分发挥3.0农业在首都经济社会发展中的有效作用。

②有效促进北京农业的智能化。根据4.0农业刚开始在北京郊区萌发的客观现实情况，要以超前的意识和眼光，大力创造宽松的环境和有利的条件，有效促进北京农业的智能化。首先，要按照国务院发布的《关于推进物联网有序健康发展的指导意见》，积极推

进物联网与新一代移动通信、云计算、下一代互联网、卫星通信等技术的在农业生产经营上的融合与发展，使之成为农业转型升级和技术创新的突破口，实现4.0农业全面透彻的感知、宽带泛在的互联、智能融合的应用和以人为本的可持续创新等智能化4大特征。其次，要设立专项补贴资金，并撬动社会投资，推进物联网、云计算、移动互联、3S等现代农业智能装备在农业生产经营领域的研究与示范。再次，要充分发挥北京在互联网产业上的资源优势，围绕农业生产、经营、管理、销售、服务等环节，应用大数据、云平台、物联网、移动端等互联网技术工具，积极推进农业智能装备系统化集成的产业化，使互联网等智能化技术成为服务农业全产业链的重要手段。最后，推进智慧农业建设，以大田、设施蔬菜标准园、农业生态园、规模化养殖场、农机智能装备等为重点，实现农业生产方式的智能化、精细化、精准化，以大力推动4.0农业的发展，使北京农业在发展水平上走在全国的前列。

（2）非农产业：积极发展都市型现代工业，重点发展特色服务业

北京郊区农村的非农产业发展，应以自身的资源禀赋、产业基础和城市发展需求为主导，积极发展都市型现代工业，重点发展特色型服务业。

①积极发展都市型现代工业。在农村产业发展中，应以乡镇为主体，集中优势力量积极发展都市型现代工业，促进农村工农产业协调发展。同时鼓励外来企业参与对农村现有工业企业的升级与改造。要与城镇建设相结合，调整优化工业布局，引导工业企业适度集中。要加强城镇工业聚集区和农民就业基地的基础设施建设，提高承载能力，加快企业集群的聚集，推进尽快形成优势产业基地。

②重点发展都市型特色服务业。北京作为首都具有得天独厚的地理优势、文化资源和消费市场，应结合北京的这些优势，发展都市型特色专业市场及与之配套的服务业、物流业、信息产业等，积极引导发展农村生产与生活服务业，努力提高农村服务业发展的水平。应在郊区农村建设一批高效、专业，具有影响力的物流配送企业、特色专业化市场、农产品批发市场和现货贸易市场。应在郊区大力发展信息服务业，以沟通城乡发展信息，为广大农民的生产生活服务。

（3）产业融合：以农业产业链整合为主线促进产业提质增效

北京郊区农村产业特别是农业的未来发展，应以提质增效为宗旨。为此，要顺应农业价值链驱动力由生产者向加工者和消费者转移的发展趋势，以产业项目为载体，向农产品加工业、农村服务业顺向融合，延伸农业产业链，提高农产品加工转化率和附加值。

①大力推进农业产业化经营。应按照延伸农业产业链、重构农业价值链的思路，积极培育龙头企业与农产品品牌，大力支持国有涉农企业和农村供销合作社在农业产业化方面

发挥引领、示范作用，重点打造一批年销售收入超过100亿元的领军龙头企业，通过“企业+合作社”“企业+基地”等方式，提高龙头企业整体带动水平；扶持一批具有上市潜力的龙头企业走向资本市场，增强发展潜力；发展一批农业产业化示范基地，增强集聚效应；培育一批高端、优质、安全的农产品品牌，提升品牌知名度；带动一批从事农村生产、加工、服务业的农户，促进农民增收。

②积极推动中央厨房示范工程的实施。应以传统“老字号”企业和区域内规模化主食加工企业为依托，适度整合现有的小微主食加工企业，建立专项或综合性中央厨房加工配送体系，支持其以传统米面主食及预制菜肴食品为发展重点，建设原料生产基地、区域配送中心、直营和加盟店，完善加工与包装设施设备，打造京津主食供应的中央厨房，实现主食加工规模化、标准化、专业化生产。

③有效促进休闲农业提档升级。应积极拓展农业的多种功能开发和利用，大力推进农业与教育、文化、舒心健体、养生养老等产业的深度融合。建议与津冀合作建立休闲农业产业联盟，共同打造休闲农业精品线路、特色主题活动，共同推动形成特色鲜明、类型丰富、京津冀互补、功能完善的休闲农业发展格局；结合美丽乡村建设，加强道路、电力、饮水、厕所、停车场、垃圾污水处理、商贸流通体系、信息网络等基础设施和公共服务设施建设，集中打造特色小镇和旅游专业村；加强农宅合作社建设，支持龙头企业、城镇居民到农村合建房屋，发展休闲观光与民俗旅游。

3. 在进一步深化农村综合改革中激发农村产业发展的活力

（1）以“新三起来”为抓手，为农村产业发展注入活力

农村产业的发展，首先需要激活农村的生产要素。因此，为推动北京郊区农村产业的进一步发展，应深入推进“新三起来”，以激活农村土地、资产和劳动力等要素，为农村产业发展注入活力。

①积极深化农村土地改革。农村土地，即通常所说的农村“三块地”，其改革应着力处理好农民与土地资源的关系。一是“农用土地”，即农村承包土地。目前，北京的耕地资源很有限，而种植面积在30亩以下家庭经营比例占50%以上①。应按照中央关于农村承包土地“三权分置”改革的总体要求，积极推动农用土地向专业大户、家庭农场、农民合作社、农业企业等新型经营主体流转，有序实现承包权和经营权分置并行，探索农民以承包土地的经营权入股发展。二是集体经营性建设用地。目前，北京郊区农村还有很大的

① 北京市委书记：农村土地流转不能搞“大跃进”.http：//money. 163. com/14/0301/03/9M7JGTEN00253B0H.html.

挖潜空间，北京市也在一些乡镇进行统筹、集约高效利用集体经营性建设用地的试点，积累了一定的经验。应加快编制集体建设用地规划，探索集体经营性建设用地的出让、租赁、入股，以实行与国有土地同等入市、同权同价，并实现产业升级、人口调控等目标。三是农村宅基地。目前，北京郊区出现了大量的“空心村”和农民闲置住房，这些“沉睡的资产”需要唤醒。应加快农村宅基地地籍调查，在保障农户宅基地用益物权的前提下，慎重稳妥推进农民住房财产权抵押、担保、转让，继续试点将闲置农民住房通过集体经济组织盘活利用，发展符合乡村功能定位的乡村旅游、养老等产业。

②大力推动农村集体资产的有效经营。北京市应着力处理好农民与积累的关系。首先，要进一步完善农村集体资产的产权制度改革，实现量化到人，以体现集体资产权属。目前，全市的村级集体资产产权制度改革虽然已经全面完成，但还要向乡镇级集体资产积极推进，乡镇级集体资产的改革涉及面非常广，非常复杂，要不断总结经验，稳妥推进。其次，要创新农村集体资产经营机制，促进农村集体资产的保值增值，这就要让集体资产经营起来，提高收益率。再次，要通过发展壮大农村集体经济，建立健全新型集体经济组织的法人治理结构，创新多元化的农村集体资产经营方式和机制，实现农村集体资产保值增值，规范集体经济收益分配机制，切实保障农民的集体收益分配权。具体应深化农村集体经济产权制度改革、创新农村集体资产经营机制、强化集体“三资”① 管理等。

③加快提升农民组织化程度。北京市应着力处理好农民与市场的关系。首先，应坚持以市场为导向、农民为主体、利益为纽带、发展与规范并重的原则，加大扶持力度，扩大覆盖范围，增强带动能力，积极培育和加快发展农民专业合作经济组织，不断提高农民的组织化程度，有效解决小生产与大市场的矛盾，降低农产品经营和交易成本，增强农产品竞争力，提高农民抵御市场风险能力。其次，要创新农业经营体制机制，提高农民的组织化程度，使农民在参与市场的竞争的博弈中真正发挥主体性作用，真正拥有维护自身权益的组织资源。具体应着力提升基层组织引领发展能力，鼓励镇、村集体经济组织开展社会化服务；积极发展农村社区股份合作社、土地股份合作社；鼓励合作社承担各级政府投资的农业综合开发、绿化造林、农业科技等建设项目，继续为示范合作社配备大学生村官担任理事长助理；促进农民向二三产业转移就业，提高农民在企业层面、社会层面的组织化程度。

④全面塑造新型农民。北京市应通过创新教育与培训机制，突出教育与培训重点，建立健全城乡一体化教育培训体系等有效措施，加大对现职农民和未来农民的教育培训力度，着力培养一大批有文化、懂技术、会经营、善管理的新型农民，为农村产业发展提供

① 即农村集体资金、资产和资源。

强有力的人才保障和智力支持。

（2）以新型城镇化和新农村建设为引擎，有效带动农村产业的发展

新型城镇化建设和新农村建设是建设小康社会、实现农村现代化的必由之路，是实现城乡统筹发展过程中相辅相成的两个方面。北京市要以新型城镇化和新农村建设为引擎，着力通过分类推进小城镇建设、积极推进美丽乡村建设和大力加快山区发展，以有效带动郊区农村产业的发展。

①分类推进小城镇建设。首先，要充分利用北京非首都功能疏解的重大机遇，调整重点镇规划布局，明确功能定位，突出特色功能，提升小城镇基础设施和公共服务水平，提高小城镇承载力，引导符合首都城市战略定位的功能性项目、特色文化活动、品牌企业落户小城镇，打造功能性特色小城镇。其次，对于平原地区的乡镇，其位于京津冀协同发展的“中部核心功能区”，应积极承接中心城和新城疏解的生产性服务业、医疗、教育等产业项目，打造一批大学镇、总部镇、高端产业镇，带动本地农民就地就近实现城镇化。再次，对于西北部山区的乡镇，其位于京津冀协同发展的“西北部生态涵养区”，应重点发挥生态保障、水源涵养、旅游休闲、绿色产品供给等功能，打造一批各具特色的健康养老镇、休闲度假镇，带动农民增收。

②积极推进美丽乡村建设。首先，应以新型农村社区、传统村落、美丽乡村为重点，努力建设留得住青山绿水、记得住乡愁的美丽乡村和农民幸福家园。其次，要加强历史文化名镇名村建设和传统村落保护，编制相关保护和发展规划，启动传统村落修缮保护改造试点。再次，要开展节水型村庄创建活动。

③大力加快山区发展。首先，应重点发挥山区生态保护、水源涵养、旅游休闲、绿色产品供给功能，提升山区生态建设水平。其次，要加强退耕还林、清洁生态小流域综合治理。建立山区生态林生态效益补偿增长机制。再次，要以抓完善、上水平、创品牌为目标，高标准建设多条生态环境优良、基础设施完善、产业特色鲜明，服务市民、富裕农民的山区沟域。第四，要培育山区特色林果、林下经济，大美山水田园和休闲健康等生态友好型产业，发展生态服务型沟域经济。

（3）以转变乡镇政府职能为保障，有效支持农村产业健康发展

乡镇政府作为行政层级最低的一级政府，是党和政府与农民、农村沟通的直接纽带。当前，北京郊区各乡镇要通过培植市场主体、组建产业协会与农民合作社、完善产业服务体系等方式，加快乡镇职能转换，逐步让龙头企业、种养大户、农民合作社等组织担当经济发展的主角，而强化自身“促进经济发展、加强社会管理、搞好公共服务、维护农村稳定”的职能。当前，北京郊区各乡镇政府应主动遵循市场经济的发展规律，加强宏观调控，综合运用各种经济手段，严厉打击各种非法经济活动，通过规范市场，创造良好的外部环境和市场秩序，实现由“经济管制”到“经济调节”的转变，使乡镇政府的经济管理职能从“直接干预”转变到“间接管理”。

①维护市场秩序。乡镇政府应集中力量创造良好的市场环境，对扰乱区域经济秩序、破坏经济发展的不法分子与不法经济主体，要坚决依法严办。而对促进经济发展、为当地经济做出贡献的经济主体，无论是国有的、民营的、招商引资的，都要维护好他们的正当利益。要把握好政府宏观调控的适度范围，避免乡镇成为企业的保护伞和市场分割的始作俑者，为区域经济建立统一的市场体系创造条件。当前，对于乡镇政府而言，一方面要完善行政制度，消除乡镇政府设置的贸易壁垒，切实转变政府职能；另一方面，要培育一批市场竞争力极强的龙头企业，以带动当地农村经济的发展。

②强化公共服务。目前，北京郊区农村公共产品的供给如乡村道路、卫生服务设施和文化教育设施等基本上都是由市、区两级财政来负担的。因此，乡镇政府应积极协调市、区两级政府部门加大对本区域公共产品的投入，并引进公共服务的市场竞争机制，允许和鼓励民间参与提供公共服务和产品，使公共机构与民营机构之间、公共机构之间、民营机构之间相互开展竞争，以使其能够提供更优质、更有效的公共服务。特别是乡镇政府要利用竞争机制来淘汰质次价高的服务提供者，支持那些讲诚信、重质量的服务提供者，充分发挥市场在公共产品提供中的决定性作用。

③创建法制环境。依法治国要求建立法制政府，实现行政管理法治化、规范化和高效化。因此，北京郊区各乡镇政府应加大执行各项经济法律法规的力度，维护法律法规的严肃性，切实解决有法不依、执法不严的问题，保护公平竞争，打击非法市场投机行业；要建立严格的规范的办事程序，减少和避免行政行为的盲目性，增强政府行为的透明度和政府工作人员的法律意识，提高依法行政的能力，为农村产业的发展创建良好的法制环境。

附录　部分有关的“十三五”时期规划与政策文件

北京市“十三五”时期城乡一体化发展规划

前　言

本规划是北京市国民经济和社会发展第十三个五年规划所属重点专项规划之一，是落实市委市政府全面推进城乡发展一体化战略部署的行动计划。

本规划解决的特定问题是：围绕落实新阶段首都城市功能定位，统筹协调农业、农村、农民问题的各项规划，形成配套协调的规划集成和政策集成，达到缩小城乡差距、推进社会公平的目标。

本规划覆盖的重点范围是：本市辖区内具有至少下列特征之一的地区，即有集体所有制土地、有农业生产经营、有农村建制、有乡村集体经济组织、有户籍农业人口。目前现状为：北京郊区（不含朝阳、海淀、丰台）土地总面积1.53万平方千米，占全市总面积（1.64万平方千米）的93%。集体所有制土地1 929.3万亩，占全市面积的78%。2015年建制乡镇182个、行政村3 936个；行政村常住人口593.8万人，本市户籍农业人口233.8万人。

本规划编制的主导思想是：与上位规划相呼应，与平行规划相衔接，重点解决本市率先基本形成城乡发展一体化新格局后，如何落实首都城市战略定位、进一步提高城乡发展一体化水平的问题。通过健全完善城乡一体化体制机制，加大生态环境建设力度，着力解决农村基础设施、公共服务的薄弱环节，大力促进农民增收，加快产业融合发展，深化农村各项改革，不断缩小城乡差距，努力让农民享受同城里人一样的生活。

本规划编制的主要依据是：京津冀协同发展规划纲要、中共中央关于制定国民经济和社会发展第十三个五年规划的建议；中共北京市委关于制定北京市国民经济和社会发展第十三个五年规划的建议；北京市国民经济和社会发展第十三个五年规划纲要；中共北京市委关于服务首都城市战略定位全面推进城乡发展一体化的意见；北京城市总体规划；北京市土地利用总体规划等。数据参考北京市统计部门和有关政府职能部门的统计数据。

本规划实施期限为2016—2020年。

一、规划背景

（一）发展基础

“十二五”时期，市委市政府把城乡发展一体化作为解决“三农”问题的根本途径，加快体制机制建设，加大投入力度，加强统筹协调，全面推进城乡一体化发展。经过五年发展，规划布局、产业发展、基础设施、公共服务、就业和社会保障及社会管理等各项城乡一体化发展任务得到全面落实，规划提出的各项目标基本完成，率先基本形成了城乡经济社会一体化发展新格局。

1. 都市型现代农业发展水平显著提高。农业调结构转方式全面推进，调减高耗水农作物33万亩，高效节水技术覆盖率大幅提升，农业用新水减少0.6亿立方米。农业的多功能性更加突出。设施农业面积达到35万亩。“菜篮子”有效供给能力稳定在鲜活农产品总需求的三分之一以上，产品合格率处于全国领先水平。会展农业强势突起，举办了世界草莓大会、食用菌大会、种子大会、葡萄大会、马铃薯大会等5项国际性农业重大展会。“种业之都”建设取得明显成效，种业销售额稳定在100亿元以上。休闲农业和乡村旅游蓬勃发展，总收入和接待游客数分别增长56.2%和21.5%。2015年规模以上农加工企业主营收入1 098亿元，同比2010年增长50.7%，农业产业化龙头企业达到162家，其中国家级39家。新增境内外涉农上市企业2家，新三板涉农上市企业13家。全市创建国家现代农业示范区工作扎实推进。农业服务体系建设不断完善。农业科技贡献率、土地产出率、劳动生产率和资源利用率不断提升。2015年达到基本实现农业现代化程度。

2. 新型城镇化和美丽乡村建设取得显著成效。城乡统筹力度持续加大，全社会固定资产投资投向郊区比例继续保持在50%以上。城乡结合部地区50个重点村建设任务基本完成，拆迁还绿14.2平方千米。“一绿”地区城市化建设试点深入实施。郊区新城建设取得良好成效。小城镇产业支撑和承载能力进一步增强，48个新型农村社区试点扎实推进。启动1 000余个村庄建设美丽乡村，完成48万户农宅抗震节能改造，农村基础设施长效管护机制基本建立。山区加快转型发展，沟域经济建设取得重大进展，4.4万山区农民顺利搬迁。

3. 郊区生态环境显著提升。全市森林覆盖率达到41.6%，林木绿化率达到59%。全面完成百万亩平原地区造林工程，平原地区森林覆盖率从14.85%提高到25%。京津风沙源治理、三北防护林建设、太行山绿化等国家级生态工程完成人工造林28.38万亩，封山育林124.75万亩。山区建成生态清洁小流域166条，累计治理水土流失面积2 010平方千米。农业生态建设和面源污染治理成效显著，全面完成“十二五”时期农业水污染源减排任务。南水北调工程中线工程通水，污水处理和再生水利用三年行动计划顺利实施。“减煤换煤”压减劣质燃煤380万吨，农业秸秆全面禁烧。全市农林水生态服务价值从2010年的8 754亿元提高到2015年的近1万亿元。全市11个郊区（县）被评为“国家级生态示范区（县）”。

4. 农村基础设施显著改善。由轨道交通、高速公路、新城路网、浅山区路网等构建的城乡交通路网体系已具规模。3条连接新城的轨道交通项目建成运营，山区环线基本全线贯通。郊区公交运营线路达到367条，日均客运量达到126万人次，率先基本实现“村村通公交”。在乡镇地区累计建成集中供水厂136座、村级供水站3 664处，基本实现农村安全饮水。建成乡镇污水处理厂48座、村污水处理站1 001处，郊区污水处理率达到66.2%。生活垃圾分类收集、运输、处理工作不断加强，远郊区垃圾无害化处理率达到98.8%。郊区能源结构加快调整，启动农村电网改造升级，6万余农户实现“煤改电”，阳光浴室、绿色燃气等能源安居工程惠及50多万户农村居民。出台了《北京市人民政府关于加强农村基础设施维护和管理的意见》，城乡一体的基础设施运行管护长效机制初步建立。

5. 城乡基本公共服务均等化水平显著提高。全面推进落实城乡教育“四倾斜”政策，学前教育、中小学建设三年行动计划顺利实施，新建65所城乡一体化学校、105所村办幼儿园，加固改造100所农村校舍，全市16区一次性通过全国义务教育均衡发展督导评估。建立了城乡一体的就业服务管理制度，制定城乡统一的鼓励用人单位招用就业困难人员补贴政策，城市化建设地区836个村的38.4万农村劳动力纳入城乡统一的就业失业管理体系，“十二五”时期共帮助就业和转移就业30.8万农村劳动力。中心城区优质医疗资源加快向郊区疏解，积水潭医院、同仁医院等城区医院在郊区建立分院。新城基本医疗和公共卫生服务体系日趋完善，乡村医生补助标准由每月800元调整至1 600元。一批区级养老机构抓紧建设，新增公办养老床位5 100余张。统筹推进城乡文化体育发展，全市四级文化设施建有率达到98%，率先在全国实现城乡公共文化服务设施基本全覆盖。100%的镇村建有全民健身设施，涌现一批深受农民喜爱的文体活动。

6. 农民收入和农村社会保障水平显著提升。2015年，农村居民人均可支配收入达到20 569元，连续7年快于城镇居民收入增速；低收入农户人均可支配收入达到8 494元，连续5年快于全市农民整体增速。推进养老保险从制度覆盖到人群覆盖，2015年年末，174.0万农村居民参加了城乡居民养老保险，34.1万农村居民领取了城乡居民福利养老金。城乡居民基础养老金由每月280元提高到470元，福利养老金由每月200元提高到385元。参加新型农村合作医疗的人数达到223.9万人，参合率为99.3%。新农合筹资标准由520元提高到1 200元。低保标准、低收入家庭认定标准和抚恤补助实现了城乡统一。

7. 农村改革取得显著进展。“土地流转起来、资产经营起来、农民组织起来”的“新三起来”工程全面实施，农村集体土地所有权确权登记颁证工作全面完成，集体建设用地使用权、农户土地承包经营权确权登记颁证工作加快推进，集体经营性建设用地入市、赋予农民集体股份权能改革等试点扎实推进，“二绿”地区乡镇统筹利用集体经营性建设用地试点稳步实施。集体林权制度改革主体任务基本完成，集体林地确权面积 1 300 万亩，涉及 3 274 个村、119.3 万山区农民。集体经济产权制度改革不断深化，村级完成产权制度改革比例达到 98%，全市有 326 万农村居民成为新型集体经济组织的股东，34% 的村集体实现按股分红。探索农村“三资”运营监管创新，海淀区试点设立了农村集体资产监督管理委员会，集体合同清查和规范工作取得初步成效。新型农业经营体系加快构建，积极引导适度规模经营，确权土地流转达到 61.6%。合作社规模化、规范化发展加快，创建市级示范社 216 家，组建联合社 31 家。农村金融不断创新，政策性农业保险稳步推进，农业农村风险管理体系不断完善。

8. 农村基层组织建设显著加强。深入扎实开展城乡基层党建“三级联创”活动，普遍开展了创先争优、党的群众路线、“三严三实”等党内集中教育实践活动，圆满完成村“两委”换届选举工作，软弱涣散村党组织得到全面整顿，基层服务型党组织建设全面推进，党在农村的执政基础更加稳固。市级财政对村级公益事业专项补助资金增加 50%，每年补助资金总量达到 7.71 亿元。新设立每村每年 15 万元的基层党组织服务群众专项经费。2 474 个村庄实现社区化管理，建成 36 个地区（乡镇）办事处社区服务中心、3 700 个村级综合性社区服务设施。村务公开和民主管理进一步加强，全面实施“村账托管”，全市农村实现村务监督委员会全覆盖。农村社会保持和谐稳定。

（二）发展形势

“十三五”时期是全面建成小康社会的决胜阶段，是落实首都城市战略定位、加快建设国际一流的和谐宜居之都的关键阶段，也是进一步缩小城乡差距、全面推进城乡一体化发展的攻坚时期。相对于全面建成小康社会的目标要求，郊区发展水平还有较大差距；相对于落实首都城市战略定位，郊区发展基础仍需加强；相对于治理“大城市病”，郊区承接城市功能的能力尚待提高；相对于推进区域协调发展，郊区发展水平仍然较低。

1. 在全面建成小康社会中，农村是急需补齐的最大短板。党的十八届五中全会提出了全面建成小康社会的目标要求。农业是全面建成小康社会、实现现代化的基础。小康不小康，关键看老乡。当前，全市城乡居民收入比为 2.57∶1，收入差距依然较大，农民持续增收的难度有所加大，经济薄弱地区和低收入农户增收尤为困难。与城市相比，农村的基本公共服务和社会保障水平也需要进一步提高。显然，农村仍然是北京全面建成小康社会，特别是高水平小康社会的最大短板。未来五年，全面建成小康社会最艰巨最繁重的任务在农村、在山区。必须采取多种措施，大力促进农民增收，必须在更高水平上统筹城乡发展、进一步缩小城乡发展差距。

2. 在落实首都城市战略定位中，郊区是协调发展的重要组成。相对于城区而言，郊区在落实首都城市战略定位和推进城乡协调发展方面，还有很大差距。当前，郊区正处于退出低端产业和引进高端产业的“换档期”，产业结构转型升级任务艰巨。农村资源、资产配置效率有待改进，农村经济发展质量和效益不是很高，农村发展活力急需激活。郊区、特别是山区，是北京重要的生态屏障和水源涵养区，但整体的生态文明建设水平还需要进一步提高。未来五年，必须加快农村地区产业结构调整，必须加快农村改革增强农村发展活力，必须进一步加大生态文明建设力度，为推进城乡协调发展和建设国际一流的和谐宜居之都提供重要支撑。

3. 在治理“大城市病”的过程中，郊区急需提升城市功能承载力。治理“大城市病”，需要在更广的空间内配置各类资源，需要进一步优化城市空间布局和产业布局。城市功能疏解的主要承接地在郊区，特别是平原地区。与城市相比，郊区的供水管网、污水管网、垃圾清运网、电网、乡村路网、互联网等基础设施建设急需加强。未来五年，必须加快推进新型城镇化，优化城市发展空间布局，加大投入力度，大力提升郊区基础设施和公共服务水平，在缩小城乡差距的同时提高对城市功能的承载能力，为疏解非首都核心城市功能、治理“大城市病”创造条件。

二、指导思想、基本原则和主要目标

（一）指导思想

全面贯彻落实党的十八大和十八届三中、四中、五中全会精神，深入贯彻习近平总书记系列重要讲话精神，坚持全面建成小康社会的目标要求，坚持创新、协调、绿色、开放、共享的发展理念，坚持服务首都城市战略定位，努力在统筹城乡关系上取得更大突破，在破解城乡二元结构上取得更大突破，在推进城乡要素平等交换上取得更大突破，在基础设施和公共服务均衡配置上取得更大突破，在生态文明建设和共享绿色福利上取得更大突破，在实现农业现代化上取得更大突破，为北京“四个中心”和国际一流的和谐宜居之都建设提供有力支撑。

（二）基本原则

1. 以人为本，增进福祉。把促进城乡居民共同富裕、增进民生福祉、促进社会公平正义作为规划编制的出发点和落脚点，更加关注增强农村活力、增加劳动就业、均衡公共服务、完善社会保障、建设生态文明等问题，不断缩小城乡居民收入差距，不断改善农村生产生活条件，使全市居民均衡分享更多的发展成果。

2. 明确定位、发挥功能。按照《京津冀协同发展规划纲要》的功能定位，加快京郊生态环境建设和产业结构升级，在疏解非首都功能的同时着力提高郊区承载能力，加强与首都核心区和天津、河北等地的对接交流，在京津冀协同发展和城市功能疏解中，进一步提升城乡一体化发展水平。

3. 统筹推进、协调发展。进一步强化以工促农、以城带乡、工农互惠、城乡一体的新型工农城乡关系，进一步发挥新农村建设领导小组领导城乡统筹发展的重要作用，进一步创新部门联动、政策集成、资金聚焦、资源整合的城乡统筹协调发展方式，进一步加快推进城乡经济社会融合发展的步伐，促进城乡要素平等交换和公共资源均衡配置，形成城乡互动共进、融合发展的格局。

4. 因地制宜、突出特色。要充分挖掘和发挥城镇与农村、平原与山区各自的优势和作用，科学定位郊区新城、小城镇、乡村和山区的功能，因地制宜推进一体化工作，尽力而为，量力而行。在城乡总体推进的大原则下，综合考虑规划布局、资源禀赋、产业特点、公共服务配套及群众意愿等因素，循序渐进，突出重点，分类推进，分步实施。

5. 改革引领、创新驱动。解放思想，大胆创新，在生态建设、基础设施、公共服务等领域引入新的建设经营管理模式，坚持市场对资源配置的主导作用，发挥农民的主体作用和创造精神。深入推进农村改革，促进城乡要素平等交换和合理流动，充分调动农民的主动性和积极性，保障农民利益，增强农村发展活力。

（三）主要目标

“十三五”时期，城乡一体化发展的总体目标是：经过五年努力，到“十三五”末，城乡发展一体化体制机制进一步健全，以城带乡、城乡一体、协调发展的新型城乡关系进一步完善，农村地区发展活力进一步增强，城乡居民基本权益保障更加有力，城乡公共服务更加均等，城乡居民收入水平更加均衡，城乡要素配置更加合理，城乡产业发展更加协调，实现高水平的城乡发展一体化和农业现代化，农村地区率先全面建成小康社会。具体而言，要在以下方面取得新成果：

1. 新型城镇化和新农村建设取得新成效。新型城镇化试点工作稳步推进，城区郊区发展更加协调，郊区在城市功能疏解和产业结构调整中的作用得到充分发挥。城乡结合部建设取得明显成效，重点新城建设综合服务功能进一步提升，建成一批功能性特色小城镇，新型农村社区试点建设继续推进，建设 1 500 个美丽乡村，山区发展取得新突破。进一步推进农转非工作，提高户籍人口城镇化率。

2. 提前实现农民收入翻番。坚持农村居民收入增长速度快于城镇居民，低收入农户收入增长速度快于全市农民平均水平的“两个快于”目标，提前实现农民人均收入比 2010 年翻一番。力争到 2020 年，农民人均收入达到 3 万元，低收入农户人均收入达到 1.5 万元。

3. 全面建成都市型现代农业示范区。调结构、转方式、发展高效节水农业取得显著成效，农业用新水减少2亿立方米左右。农业的生态功能更加凸显。土地产出率、劳动生产率、资源利用率、科技贡献率国内领先，农产品“三品一标”覆盖率提升到60%以上，第一产业增加值能耗累计下降15%。全面建成都市型现代农业示范区，实现高水平的农业现代化。

4. 基本公共服务均等化持续推进。进一步提升公共服务全覆盖水平，进一步缩小城乡基本公共服务差距。城乡教育资源配置更加均衡。加快建立城乡统一的就业失业管理制度，进一步完善城乡社会保障制度，城乡居民基础养老金和福利养老金水平稳步提高，尽快实现新农合市级统筹和即时结算，建立统一的城乡居民医疗保险制度。

5. 农村基础设施提档升级。实施农村“六网”（供水管网、污水管网、垃圾收运处理网、电网、乡村路网、互联网）改造提升工程。行政村集中供水基本实现全覆盖，农村饮水符合国家《生活饮用水标准》。郊区污水处理率达到90%。行政村生活垃圾收运处理率达到100%。力争生活用能全部采用清洁能源的用户达到50%左右，实现平原地区无煤化。行政村公共交通实现全覆盖。农村地区4G无线网络基本实现全覆盖。

6. 生态环境建设取得明显成效。大力拓展绿色空间，着力恢复与建设山、水、林、田、湖一体的自然生态系统。到2020年，全市森林覆盖率从2015年的41.6%提高到44%，林木绿化率达到60%，平原森林覆盖率达到30%以上。建设生态清洁小流域200条，治理水土流失面积2 000平方千米，山区主要水土流失区域实现全面治理。化肥、农药利用率分别提高到40%和45%，都市型现代农业生态服务价值年均增长3%。

7. 农村改革取得重大突破。全面完成农村土地承包经营权确权颁证。农村集体经营性建设用地改革试点取得明显进展。集体产权制度改革进一步深化，集体资产经营效益明显提高。农村居民的财产权、发展权得到更好保障。金融支持农业农村发展能力进一步提高。

8. 乡村治理水平明显提高。基层组织建设明显增强。农村社区综合服务设施不断改善，精细化服务管理水平不断提高。农民素质和农村社会文明程度继续提升。

三、重点任务

“十三五”时期全面推进城乡发展一体化，要坚持“创新、协调、绿色、开放、共享”的发展理念，坚持首都城市战略定位，重点抓好新型城镇化、农民增收、农业产业结构调整、基本公共服务、基础设施提升、生态环境建设、农村改革、乡村治理等八项任务。

（一）加快推进新型城镇化和新农村建设

坚持协调发展理念，坚持走新型城镇化道路，进一步完善中心城—新城—小城镇—新型农村社区的城镇体系。充分发挥郊区在京津冀协同发展中的作用，进一步优化城市空间和产业布局。做好通州、房山、大兴新型城镇化试点工作。继续推进农转非工作，提高户籍人口城镇化率。

1. 推进城乡结合部建设。按照“一绿建成、全面实现城市化，二绿建好、加快城乡一体化”的总体目标，抓好绿化隔离地区改革，积极推进城乡结合部建设。以乡（镇）域为基本规划实施单元，分批分期全面启动“一绿”地区城市化建设，每一实施单元用3~5年的时间，拆迁建设全部完成、农民身份全部转变、规划绿地全部实现。认真落实《北京市城乡结合部建设三年行动计划（2015—2017）》，编制城乡结合部专项规划，优先推进生态建设、基础设施建设、社会公共服务设施建设、集体产业结构调整，促进人口调减、用地集约、产业升级、环境改善和农民增收。编制覆盖“一绿”和“二绿”区域的中心城区城乡结合部专项规划。基本完成“一绿”地区城市化建设朝阳区试点任务和海淀区四季青镇整建制转居试点任务，推进“二绿”地区“五区六镇”统筹利用集体经营性建设用地试点，总结试点经验做法，择机将试点经验推广到其他地区。探索城镇集中建设区与周边城乡结合部改造捆绑实施政策，建立健全以基本规划实施单元进行区域统筹的机制，实施新增建设用地与现状低效用地盘活减量挂钩，完善农民转居、就业安置、基础设施建设等政策。

2. 加快新城建设。坚持以人为本、产城融合、职住平衡的发展理念，推进通州区、房山区、大兴区国家级新型城镇化试点建设，加快其他新城建设。积极发挥新城建设的带动作用，实现周边地区的城镇化和城乡一体化发展。加快建设北京城市副中心，着力推进通州区基础设施、水生态廊道和大尺度生态空间建设，加快配置教育、医疗、文化等公共服务设施，强化市级政务承载功能。确保到2017年市属行政事业单位整体或部分搬入取得实质性进展，带动其他行政事业单位及公共服务功能转移。加快新机场建设，发展临空经济，完善配套设施，带动城市南部地区发展。推进2019年世园会、2022年冬奥会、2020年世界休闲大会的筹备工作，带动所在区域城镇化和产业升级。

3. 分类推进建设小城镇。充分利用北京非首都功能疏解的重大机遇，调整重点镇规划布局，明确功能定位，突出特色功能，提升小城镇基础设施和公共服务水平，提高小城镇承载力，引导符合首都城市战略定位的功能性项目、特色文化活动、品牌企业落户小城镇，打造功能性特色小城镇。平原地区的乡镇，位于京津冀协同发展的“中部核心功能区”，积极承接中心城和新城疏解的生产性服务业、医疗、教育等产业项目，打造一批大学镇、总部镇、高端产业镇，带动本地农民就地就近实现城镇化。西北部山区的乡镇，位于京津冀协同发展的“西北部生态涵养区”，重点发挥生态保障、水源涵养、旅游休闲、绿色产品供给等功能，打造一批各具特色的健康养老镇、休闲度假镇，带动农民增收。指导和支持重点小城镇加快淘汰低端产业，建立“承接目标对象清单”，积极对接从核心区疏解、符合首都城市战略定位需要的产业或者其他符合小城镇功能定位的项目。以下放事权、扩大财权、改革人事权及强化用地指标保障等为重点，开展镇区人口10万以上的特大镇功能设置试点，同步推进特大镇行政管理体制改革试点。

4. 推进美丽乡村建设。以新型农村社区、传统村落、美丽乡村为重点，努力建设留得住青山绿水、记得住乡愁的美丽乡村和农民幸福家园。研究制定新型农村社区建设内容和基本标准，基本完成48个新型农村社区试点工作，择机推出新一轮试点。加强历史文化名镇名村建设和传统村落保护，编制相关保护和发展规划，启动传统村落修缮保护改造试点。开展节水型村庄创建活动。支持民族乡村经济发展。启动新一轮农宅抗震节能改造工程。“十三五”期间，全市再建设1 500个美丽乡村。

5. 加快山区发展。重点发挥山区生态保护、水源涵养、旅游休闲、绿色产品供给功能，提升山区生态建设水平。加强退耕还林、生态清洁小流域综合治理。建立山区生态林生态效益补偿增长机制。培育山区特色林果、林下经济、大美山水田园和休闲健康等生态友好型产业，发展生态服务型沟域经济，以抓完善、上水平、创品牌为目标，高标准建设多条生态环境优良、基础设施完善、产业特色鲜明，服务市民、富裕农民的山区沟域。探索推进门头沟、房山、怀柔、平谷、密云等郊区与河北协同打造跨区域的沟域经济带。继续推进山区搬迁工程，加大政策集成力度，完善相关配套政策，到2017年年底全面完成第三轮山区搬迁计划。按照“搬得出、稳得住、能致富”的要求，启动新一轮山区搬迁计划的编制和实施工作。充分发挥财政资金的引导和杠杆作用，鼓励社会资本参与山区建设，探索建立山区可持续发展基金。到2020年，建成一批山区特色精品小镇和山区特色生态村。

（二）提前实现农民收入翻番

坚持全面建成小康社会的目标要求，坚持共享发展理念，通过促进转移就业、加大保障力度，实施低收入农户帮扶政策，多渠道促进农民增收。坚持“两个快于”的目标，提前实现农民人均收入比2010年提前翻一番。力争到2020年，农民人均收入达到3万元，低收入农户人均收入达到1.5万元。

1. 大力促进农民转移就业。高度重视土地流转、土地征占、农业结构调整后的农民转移就业帮扶工作，全面提高农村居民就业质量。健全城乡就业困难人员长效帮扶机制，全面做实就业管理、就业服务和就业援助，加快建立城乡统一的就业失业管理制度。结合平原造林管护等公共管理服务和绿色生态建设项目，加强公益性岗位开发力度，将就业困难人员“托底”安置机制向农村延伸。开展在村集体经济组织、农民专业合作社稳定就业的农民参加职工社会保险的调研和试点工作。加大农民转移就业培训力度，提高就业技能。全面落实鼓励用人单位招用本市户籍农民的岗位补贴和社会保险补贴政策。研究制定实施鼓励农村劳动力自谋职业（自主创业）、合理引导农村就业困难人员灵活就业的社会保险补贴政策。

2. 完善农村发展与农民的利益联结机制。促进农业农村产业融合，推进农业产业链整合和价值链提升，让农民共享产业融合发展的增值收益。鼓励发展股份合作，引导农民自愿以土地经营权等入股龙头企业和农民合作社，采取“保底收益+按股分红”等方式获得更高收益。培育新型农业经营主体，加大对各种形式的农民专业合作社、农业龙头企业、家庭农场的扶持力度，引领农民参与分享产业链收益。引导农民主动对接市场，调整产品结构，发展优质优价农产品，研究制定区域大宗特色农产品价格调控机制，提高农民家庭经营收入。在新型城镇化和美丽乡村建设中，让农村集体经济组织和农民更多参与农村生态环境、基础设施、公共服务等项目建设，获得更多经营收益和劳动报酬。探索盘活农民闲置住房，发展旅游养老业。结合农村集体经营性建设用地制度改革，让农民更多分享土地增值收益，增加农民财产性收益。深入推进集体产权制度改革，制订支持集体经济组织做大做强的有关政策，完善其市场主体地位，创新经营模式，提高经营管理效益，增加农民集体股权收益。探索建立绿色生态为导向的农业补贴制度，提高生态补偿标准，提高农村社会保障水平，增加农民转移性收入。实施农村产业融合发展试点示范工程。各项财政支农资金使用要与农民收入增长支持政策体系相联系。

3. 着力推动低收入农户增收和低收入村发展。认真贯彻落实《中共北京市委北京市人民政府关于进一步推进低收入农户增收及低收入村发展的意见》，加强组织领导，加大工作力度，实现低收入农户收入增速快于全市农民平均水平，力争2020年人均可支配收入达到1.5万元；现行标准下的低收入村全部消除。

推进分类帮扶。调整提高低收入农户和低收入村认定标准，对全市20万户、50万人的低收入农户和500个左右的低收入村建档立卡，精准帮扶，定点帮扶。通过扶持产业帮扶一批、促进就业帮扶一批、山区搬迁帮扶一批、生态补偿帮扶一批、社会保障兜底一批、社会力量帮扶一批的“六个一批”分类帮扶措施，进一步推进低收入农户增收工作。加强社会帮扶，健全党政机关、部队、人民团体、国有企事业单位定点帮扶机制，实现低收入村定点帮扶全覆盖。鼓励民营企业、社会组织、个人等社会力量参与低收入帮扶工作。

强化政策保障。发挥政府投入在低收入农户增收工作中的主体和主导作用，市级加大投入力度，安排资金重点扶持低收入村、低收入农户产业发展项目，鼓励有条件的地区按照统一规划、统筹建设的原则，通过异地联建、联购经营性物业等多种形式，增加低收入村集体资产和物业经营收入。市、区各部门安排的各项惠民政策、项目和工程，要最大限度地向低收入村和低收入农户倾斜。探索资产收益扶持政策，在不改变用途的情况下，财政资金投入农村项目形成的资产，具备条件的可折股量化给低收入村和低收入农户。加强组织领导，建立市级统筹、区负总责的领导体制和精准帮扶的工作机制，建立健全监测、考核和奖励机制，落实工作责任，加强监督考核。

4. 提高生态林补偿标准和生态林管护员补贴标准。生态林是郊区农民，尤其是山区农民及其集体组织的重要财产权益。要建立健全生态补偿动态增长机制，提高补偿标准，充分发挥生态资产作用，体现生态林生态服务价值，并以此作为促进山区农民增收的一项资产收益扶持制度，在推进生态文明建设中促进农民增收。逐步实现山区生态林管护员补贴达到全市最低工资标准。鼓励郊区创新生态林管护体制机制，积极探索生态林管护人员“员工化”，签合同、上保险、保工资。

（三）全面建成都市型现代农业示范区

坚持绿色发展理念，坚持都市型现代农业发展方向，坚持产出高效、产品安全、资源节约、环境友好的农业现代化道路，更加强化生态功能，更加突出产业融合发展，在发展方式转变、农业结构调整、生产效率提升、服务城市功能、农业业态多样化、农业信息化、区域协同发展等方面继续处于全国领先水平，农产品质量和食品安全获得充分保障。到2020年，全面建成都市型现代农业示范区、高效节水农业样板区、京津冀协同发展引领区，实现高水平的农业现代化。

1. 深入推进农业结构调整。全面落实《中共北京市委北京市人民政府关于调结构转方式发展高效节水农业的意见》。加快实施地下水严重超采区和重点水源保护区农业结构调整方案，有序调减畜禽养殖总量。严格耕地保护，加强设施农用地管理，禁止非农生产。划定永久基本农田。到2020年，全市粮田、菜田、果园面积分别稳定在80万亩、70万亩和100万亩，生猪、肉禽年出栏量分别调减1/3、1/4。发展高效节水农业，在250万亩农业生产空间内，实现高效节水设施和农用机井计量设施全覆盖。继续强化农业节能工作，推广农业生产节能设施设备，提升低耗高效农业设施比例。全面推进种植业农艺节水，推广实施水肥一体化。实施农村水价改革，推动建立农村用水收费制度。强化农村用水户管理，全面推动节水型区创建。进一步发挥农民用水协会作用，整合农村管水员队伍，加强能力建设，适当提高管水员补贴标准。到2020年，农田灌溉水有效利用系数从0.7提高到0.75，农业用新水从7亿立方米降到5亿立方米。定期发布北京农业“三率”监测报告，有针对性地引导各郊区、农业各行业实现提质增效。

2. 提高“菜篮子”安全保障水平。严格落实“菜篮子”行政首长负责制，继续实施新一轮“菜篮子”工程，加强“菜篮子”基地建设，切实提高首都鲜活农产品日常供应能力、应急保障能力及质量安全水平。全面实施菜田补贴。着力打造一批能够规模生产、具有品种优势、品牌优势的专业村镇和蔬菜产销主体。发展工厂化蔬菜、食用菌生产。实施畜禽良种工程，推动畜牧业规模化、标准化发展和绿色健康养殖。加大标准池塘改造，推广工厂化节水池塘养殖和生态养殖。完善农产品质量安全检验检测体系，提升农产品质量和食品安全水平，大力推进农业标准化生产，农产品“三品一标”覆盖率提升到60%以上，打造“北京安全农业”品牌，建立健全农产品质量和食品安全信息平台，推进“全国农产品质量安全县”创建。进一步完善动植物疫病防控体系。

3. 加快种业之都建设。积极推进现代种业发展，重点围绕农作物、畜禽、水产和林果花卉四大种业，发挥首都科技和人才优势，强化种业公益性基础性研究，构建以产业为主导、以企业为主体、产学研相结合、育繁推一体化的现代种业体系。加快国家现代种业创新示范区建设，推动农作物品种权交易中心建设，加强种业国际合作交流，打造全国种业创新中心、交流交易中心和企业聚集中心。到2020年，种业销售额达到150亿元以上。

4. 推进农业产业化发展。延伸农业产业链，重构农业价值链。积极培育龙头企业与农产品品牌。大力支持国有涉农企业和供销社在农业产业化方面发挥引领、示范作用。重点打造一批年销售收入超过100亿元的领军龙头企业，通过“企业+合作社”“企业+基地”等方式，提高龙头企业整体带动水平。扶持一批具有上市潜力的龙头企业走向资本市场，增强发展潜力。发展一批农业产业化示范基地，增强集聚效应。培育一批高端、优质、安全的农产品品牌，提升品牌知名度。带动一批从事农村生产、加工、服务业的农户，促进农民增收。

5. 大力发展休闲农业和乡村旅游。落实《京郊旅游发展纲要（2015—2020年）》，大力发展休闲农业和乡村旅游。“十三五”期间，京郊旅游接待人次年均增长5%，旅游收入年均增长8%左右，人均消费年均增长3%左右、达到600元/人，旅游从业人员超过10万人。

提升旅游硬件建设。加大农田景观、村落景观、廊道景观建设，支持乡村旅游重点村开展旅游规划设计，加强古村落、旅游步道建设，完成浅山休闲旅游步道体系建设，打造一批主题突出、特色鲜明、多层次、多模式的农田景观，建设一批集聚连片的休闲、观光、文化传承农业示范区，集中改造、建设一批民俗旅游村落和旅游小镇，推动乡村旅游从“观光采摘游”向“休闲度假游”转型升级。加强休闲农业经营场所的游客综合服务中心、公共卫生间、停车场、垃圾污水处理、农事景观观光道路、信息网络等基础设施建设。

强化旅游服务体系。积极推进乡村旅游产品与互联网的全面对接，开展形式多样的线上线下宣传活动。加强京郊旅游人才培训。加大对休闲农业的信贷支持，探索休闲农业多元化投融资机制。强化行业运行监测分析，建立完善的休闲农业监测统计制度。开展休闲农业公益性宣传推介，扩大休闲农业的影响力。

加强旅游示范品牌建设。推进星级民俗旅游村、民俗旅游户、休闲农业园示范创建工作。打造一批乡村美食、创意产品、农事活动等特色乡村旅游品牌。鼓励休闲农业与乡村旅游企业参与有关标准体系认证。

积极拓展休闲农业新业态。积极推广校园农业、阳台农业、庭院农业、社区农业等城市农业业态。继续办好北京农业嘉年华，全力做好世界园艺博览会、世界月季洲际大会、国际作物科学大会、世界休闲大会等农业展会的筹办工作。

研究制定相关扶持政策。采取以奖代补、先建后补、财政贴息、产业投资基金等方式扶持休闲农业和乡村旅游发展。支持通过土地流转，扩大民俗村、民俗户发展休闲旅游规模。创新机制，引入高端外部资本，加大与村集体合作开发旅游资源力度。加强乡村旅游专业合作社建设，提高乡村旅游业的组织化程度。休闲农业用水用电享受农业收费标准。土地利用总体规划中统筹考虑休闲农业和乡村旅游项目合理用地需求。

6. 加强农业科技和流通体系建设。加快北京国家现代农业科技城建设。积极打造京津冀现代农业科技创新制高点，在农业节水、高产高效、质量安全等重点领域开展共性关键技术的研发与应用。深化农业科技体制机制改革，强化技术创新市场导向机制，健全科技成果转移机制和科技人员激励机制，加快推进具有自主知识产业的农业新品种、新技术、新成果的转化应用。健全“一主多元”的农业技术推广体系，加强现代农业科创团队和全科农技员队伍建设，鼓励和支持农业科研院所、高等学校与新型农业生产经营主体进行对接，积极推行推广型教授、推广型研究员制度，优化农业科技人才队伍。加快北京农产品现代流通体系建设，大力推进农产品流通基础设施升级改造，加快建成北京鲜活农产品流通中心，加快区域性农产品批发市场承接平台建设，构建环京津一小时鲜活农产品物流圈。创新农产品流通方式，推进涉农电子商务平台建设，加快实现农产品交易方式的多元化和现代化。建立和完善本市大宗、特色农产品调节、保障机制，确保农民增产增收。

7. 实施“互联网+”农业建设工程。充分发挥北京在互联网产业上的资源优势，围绕农业生产、经营、管理、销售、服务等环节，应用大数据、云平台、物联网、移动端等互联网技术工具，使互联网成为服务农业全产业链的重要手段。推进智慧农业建设，以大田、设施蔬菜标准园、农业生态园、规模化养殖场、农机智能装备等为重点，实现农业生产方式的智能化、精细化、精准化。积极引导和支持农产品电子商务，鼓励各类新型经营主体在农产品流通中运用电商技术，建成一批交易活跃、稳定运营的涉农电子商务平台，开辟农产品流通新渠道。加强农产品市场监测预警，制定统一标准，加强信息采集，构建农产品价格预测系统、风险预警系统。强化农业信息服务，构建农业信息资源共建共享模式，完善农业电商综合服务平台，提供农业科技、市场信息、郊区资源、农产品质量追溯等综合服务。

8. 促进京津冀农业协同发展。探索建立京津冀农业协同推进机制，推动三地产业统筹布局、联动发展。建设环京津鲜活农产品基地，鼓励本市种植、养殖企业与津冀开展有效对接，建立直接或紧密型的蔬菜和“肉、蛋、奶”外埠生产基地，建立京津冀优质渔产品养殖基地。推进京津冀农业安全合作，努力推进统一标准化体系和检测结果互认，完善区域农产品质量安全监管体系，建立农产品质量安全信息共享平台，逐步实现京津冀动物防疫一体化。拓展京津冀休闲农业与乡村旅游半径，联手打造一批旅游景观和基地。推动京津冀“互联网+”协同发展，建设农业协同平台和农业资源平台，促进三地农业信息化协同发展。构建京津冀农业协同创新链，健全京津冀协作联合攻关机制，加大北京农业高新技术向津冀的推广辐射力度，加快农业科技成果转化。

（四）推进基本公共服务均等化

坚持共享发展理念，提升基本公共服务全覆盖水平，进一步缩小城乡差距，不断推进教育、医疗卫生、文化体育、养老、社会保障等基本公共服务均等化。

1. 推进城乡教育资源均衡配置。构建以公共财政投入为主的农村地区学前教育体系，新建一批村办幼儿园，基本实现户籍儿童学前入园全覆盖。加强城乡基础教育均衡配置，支持各区开展集团化办学、学区制管理等改革试点。引导教师在城乡间合理流动，将优质教育资源向农村延伸。推动部分高校疏解项目落地郊区。继续实施高招“农村专项计划”和“3+2 中高职衔接试点项目”，郊区高考升学率达到80%左右。实施“高等技术技能型人才贯通培养计划”。通过科技入户、集中培训、现场指导、技术服务、田间学校、远程教育等方式，开展农业生产技能培训和新型职业农民培养。

2. 提高农村医疗卫生服务水平。推进优质医疗资源向郊区转移，继续推进医联体建设，科学规划、合理布局村级医疗卫生服务机构，让京郊农民更便捷地享有优质医疗服务。着重加强农村地区医疗队伍建设，研究通过政府购买服务等方式，优先从本市退休医务工作者中聘用乡村医生，鼓励大中专医学毕业生到乡村工作，多渠道解决农村医务人员不足问题。加大农村乡镇卫生人员定向培养力度。进一步提高乡村医生待遇水平，研究建立基层医疗卫生岗位津贴制度，吸引、留住医疗人才。

3. 加强文化体育建设。着力建设覆盖城乡、布局合理、功能健全、实用高效的公共文化体育服务体系。以农村居民实际需求为导向，继续完善农村基层文化体育设施，深入整合文体设施资源，提高文化综合服务能力，因地制宜开展群众喜闻乐见的文体活动。加强农村群众文化体育队伍建设，扶持农村地区品牌活动，推进文化特色村和体育特色乡镇建设，促进农民身心健康。

4. 提高农村养老服务水平。科学应对人口老龄化，完善以居家为基础、社区为依托、机构为补充、社会保障为支撑的养老服务体系。引导农村地区依托行政村、较大自然村，利用自家农家院、村活动中心等场所，建设托老所、老年活动站、村养老服务站等养老设施，为农村老年人提供日间照料、健康管理、精神关怀、养老助残、文化娱乐等居家养老服务。通过购买服务、股权合作、建立专项扶持资金、鼓励社会力量参与养老服务等方式提高农村养老服务水平，让农村老年人安享晚年。

5. 稳步提高农村社会保障水平。继续提高基础养老金和福利养老金水平，完善城乡居民养老保险缴费激励机制、待遇调整机制及社会养老保险制度衔接办法，巩固城乡居民养老保障制度全覆盖成果。建立健全新农合筹资标准稳定增长机制，落实好重大疾病保障政策和大病保险制度，研究推动新农合综合支付方式改革试点工作，尽快实现新农合市级统筹和即时结算。到2020年，实现城乡居民养老保险市级统筹管理，建立统一的城乡居民医疗保险制度。

6. 完善城乡一体的社会救助体系。建立健全以城乡低保制度和特困人员供养制度为基础，医疗、教育、住房等专项救助制度相配套，临时救助和社会互助制度为补充的全方位、多层次的城乡社会救助体系。完善最低生活保障认定条件，加强最低生活保障对象动态管理，积极推进特困人员供养标准城乡统筹。完善专项医疗救助政策和特困人群临时救助政策。积极引导和支持低保、特困、优抚对象参保，以解决其后顾之忧，提高其生活保障水平。积极实施农村精准救助，确保救助对象精准识别、救助措施到位、救助流程精准高效。到2020年，基本解决农民因病致贫和因病返贫问题。

（五）实施基础设施改造提升工程

坚持协调发展理念，进一步加大公共财政投入力度，突出重点，补足短板，优化提升农村基础设施建设水平，使农村居民同样享受城市居民的生活设施便利，提高郊区对城市功能的承接能力和服务城市的综合能力。到2020年，完成农村“六网”（供水管网、污水管网、垃圾收运处理网、电网、乡村路网、互联网）改造提升工程。

1. 提高集中饮水普及率。因地制宜建设集约化供水单元，行政村集中供水基本实现全覆盖，实施农村饮水安全巩固提升工程。加强农村供水设施建设，通过新建、改扩建集中供水厂，达标改造村级供水站，更新改造供水管网，推进单村供水站稳步向联村供水站过渡，实现市、区、乡镇、村庄一盘棋的供水格局。全面提高农村饮水安全保障水平，农村地区饮水符合国家《生活饮用水标准》。

2. 提高农村生活污水处理率。统筹规划农村污水处理设施布局，因地制宜开展农村地区污水处理设施建设。探索适合农村污水处理特点的建设、运营、监管、收费机制，积极吸引社会力量参与项目建设、运营。城乡结合部、水源保护区、民俗旅游区村庄等率先实现污水处理设施全覆盖。加强农村污水处理设施建设，扩大既有城镇污水处理设施服务范围。到2020年，郊区污水处理率达到90%。

3. 积极推进农村垃圾全处理。按照“户分类、村收集、镇运输”的模式，完善农村地区垃圾清运体系，提升清运能力。完善村级收集站、镇级转运站及运输车辆等设施设备建设，全面取缔露天垃圾池。加强源头控制，促进垃圾分类。健全农村环卫管理机制，落实管理责任。推进农村地区环卫作业专业化和机械化水平。到2020年，行政村生活垃圾无害化率基本达到100%。

4. 以电网改造为重点推进农村能源结构调整。以电网改造为重点，多能联动，实施“煤改清洁能源和减煤换煤”工程，加快推进农村地区能源结构调整。“十三五”期间，全市完成60万农户“煤改电”工程，户均变电容量达到9千伏安。继续在具备管网条件的行政村推进接通天然气工程，完成5万农户“煤改气”工程。大力推广太阳能、沼气、地源热泵等多元能源供应体系。对满足通气条件乡镇范围内的燃煤供热设施全部实施“煤改气”改造工程。加快推进农村采暖用能清洁化。推动农业企业、农业设施用能结构调整，禁止使用劣质煤。加大使用清洁能源、新能源的补贴力度。到2020年，实现平原地区农村“无煤化”，力争全市生活用能全部采用清洁能源的农户达到50%左右，打造一批无煤村和无煤乡（镇），支持郊区建设无煤区。

5. 提高乡村路网承载力。加快郊区铁路和轻轨建设，实现区区通轨道。完善远郊区区域路网，加快山区道路建设，打通山区各区之间的交通阻隔。提高农村公路技术等级，重点新、改、扩建县乡公路300千米以上，完成大修乡村公路3 000千米以上，对低荷载、老旧桥梁进行改造。到2020年，全市乡村公路（PQI）中等路以上比例保持在90%以上。研究建立全市统一、规范的郊区客运行业管理体系，研究制定市区两级财政共担的政策性亏损补贴机制，引导郊区客运健康发展。到2020年，力争每个郊区至少建有一个三级以上道路客运站场或客运枢纽，实现建制村村委会2千米范围内设置农村客运站点。加快推进京津冀省际毗邻地区主要通道客运班线公交化改造，到2020年实现与津冀农村公路全面对接。

6. 加快农村信息化建设。优化提升农村信息基础设施，“宽带北京”建设覆盖乡村，推进光纤进村入户行动。深入推进互联网在农村社区管理服务中的应用，推进智慧乡村建设和“信息进村入户工程”，为农民提供更加便捷、成本更低的网络服务。对农民开展手机应用和信息化能力培训，提升农民利用现代信息技术发展生产、便利生活和提升致富的能力。到2020年，基本实现4G无线网络农村地区全覆盖，率先在农村社区服务中心等公共场所实现免费无线上网服务。

7. 健全完善农村基础设施运营管护机制。认真落实北京市新农办《关于进一步加强新农村建设下划资金使用管理监督考核的意见》，新农村建设下划资金应主要用于已建成设施的运行维护，确保农村街坊路、供水、污水处理、垃圾处理、公共厕所、大中型沼气站、生物质气化站、太阳能浴室、路灯等设施设备的正常运行。采取政府出资购买服务等多种方式，建立稳定的管护队伍。完善公共设施管护制度，制订管护标准，完善考核机制，确保农村基础设施的长效管护和有效运行。结合实际，逐步将农村基础设施和公共服务设施运行纳入城市市政管理范围。

（六）加快推进生态环境建设

坚持协调和绿色发展理念，深入推进生态文明建设，继续加大京郊绿化造林力度，继续加大京郊环境整治力度，继续加大水源涵养和水系治理力度，逐步恢复山、水、林、田、湖一体的自然生态系统，增强园林绿化系统碳汇能力，积极构建京津冀一体的区域生态景观网络，为实现蓝天常在、青山常在、绿水常在的美丽家园奠定坚实基础，为首善之区打造强有力的生态屏障，为广大市民提供绿色福利。

1. 加快郊区森林绿地体系建设。构建城镇公园绿地系统。积极推动新城和乡镇休闲公园建设，全市公园绿地500米服务半径覆盖率达到85%，42个重点小城镇“一镇一园”全覆盖。推动“一绿”“二绿”地区疏解腾退建绿，重点加大城乡结合部、“一绿”朝阳6个城市化试点乡和“二绿”6个新型城镇化试点乡绿化建设。继续推进村庄街巷绿化、房前屋后边角地绿化和庭院绿化。在稳步推动八达岭国家公园体制试点区建设的基础上，积极推动构建野三坡-百花山、雾灵山区域等环首都国家公园体系。

完善平原绿色空间布局。继续推进实施38万亩平原地区造林绿化工程。推进北京新机场、2019年世园会、2022年冬奥会等重点功能区高品质绿化，形成一批景观优美、功能丰富的大尺度公共绿地。力争2017年前，完成1 000千米市级绿道建设，2020年以前完成全部区级绿道建设，完善全市绿道体系，满足市民绿色休闲需求。

巩固山区绿色生态屏障。继续推进京津风沙源治理、三北防护林建设、太行山绿化等重点生态工程，继续开展废弃矿山生态修复治理工作，实施20万亩宜林荒山绿化、100万亩低效林改造和300万亩森林健康经营林木抚育工程，全市宜林荒山绿化和关停废弃矿山生态修复基本完成。建设10条浅山休闲游憩景观带，提高山区森林的休闲服务功能。

2. 加快农业面源、点源污染治理。严格落实《北京市新增产业的禁止和限制目录（2015年版）》，不再新增一般畜禽养殖业和水产养殖业，加大存量养殖企业污染治理力度，实现全部达标排放。全面推进农业面源污染防治，做好畜禽粪污治理，农药利用率从2014年的39%提高到45%，化肥利用率从2014年的27.2%提高到40%，做好秸秆和原料绿化废弃物的禁烧与综合利用、冬春季裸露农田覆盖等工作。建立健全农田土壤环境质量监测网络，开展全市农田土壤环境质量状况调查，到2020年，监测网点覆盖率达到95%，种植业符合国家土壤环境质量标准的农田面积占全市农田面积90%以上。全面杜绝秸秆、园林绿化废弃物焚烧。因地制宜开展秸秆、畜禽粪便等农业废弃物资源化利用，实现农业的减源增汇。

3. 加快郊区水源涵养和水系治理。加大水源保护和水源涵养力度。实施农业灌溉减采工程，逐步实现地下水采补平衡。完成重要地表水源地、应急水源地、地下水源地、南水北调等各类水源地保护区划定。强化饮用水源保护，在重要水源区上游和源头全面实施生态清洁小流域建设，实施密云、官厅、怀柔等水库库滨带建设。到2020年，建设生态清洁小流域200条，治理水土流失面积2 000平方千米，全市山区主要水土流失区域实现全面治理。

推动重要河湖水系治理还清。继续推动永定河、北运河、潮白河三大干流河道水生态恢复。重点加强郊区城乡结合部水环境治理，充分利用再生水，对85条（段）、392千米黑臭水体进行治理。以北京城市副中心、世园会周边、北京新机场周边等区域为重点，加大新城和重点功能区的河道截污、防洪达标、河滨带绿化力度。

恢复建设集中连片湿地。恢复湿地8 000公顷、新增湿地3 000公顷。重点打造北部地区妫水河–官厅水库、翠湖–温榆河、潮白河、泃河，加快湿地恢复和建设。南部地区，以房山长沟–琉璃河、大兴长子营、通州马驹桥–于家务为节点，在本市京津保中心区过渡带恢复和建设大面积、集中连片生态湿地和湿地公园。同时，以北运河湿地、永定河下游区域和延–怀盆地湿地为重点，积极推动京津冀区域大尺度湿地恢复和建设。

4. 加快生态文明制度建设。深入落实北京市委市政府《关于全面提升生态文明水平推进国际一流和谐宜居之都建设的实施意见》，健全自然资源资产产权制度，建立统一的确权登记系统和权责明确的自然资源产权体系。健全完善都市型现代农业生态服务价值评价指标体系。加强生态保护红线管控，按照山、水、林、田、湖一体建设的要求，建立多规合一的空间规划体系。研究编制京津冀生态空间规划。

完善资源总量管理和全面节约制度，完善最严格的耕地保护制度，划定永久基本农田。以水定城、量水发展，实施最严格的水资源管理制度，实施用水管控。引导社会资本参与生态文明建设，完善投融资体系。改革和完善生态资源、生态设施的管理和维护机制，确保正常发挥作用。

5. 推进生态建设京津冀协同发展。推动京津保中心区过渡带退耕还林、退耕还湿。加强跨区森林防火、农业林业有害生物防治等联防联控。协同构建京津保森林湿地群，围绕建设张承生态涵养区，实施京冀生态水源保护林建设，构建森林资源一体化保护的环首都生态安全圈。建立京津冀及周边地区水污染防治联动协作机制，重点完善监测预警、信息共享、应急响应等工作机制。协同张家口、承德地区共同开展饮用水水源地保护，合作建设生态清洁小流域，推进永定河、北运河、潮白河等跨界河流的绿色生态河流廊道治理和水系连通工程。推进京津冀周边地区秸秆综合利用以及畜禽粪污治理，开展生态农业领域联合执法。推动北京市密云、怀柔、延庆和河北省承德、张家口共建生态文明先行示范区。编制实施区域大气污染防治中长期规划，完善京津冀大气污染防治联防联控协作机制。

（七）全面深化农村改革

坚持创新发展理念，深入推进土地流转起来、资产经营起来、农民组织起来，认真贯彻落实中共中央办公厅、国务院办公厅《深化农村改革综合性实施方案》，全面深化农村改革，增强农村发展活力，保护和实现好农民财产权、发展权。

1. 进一步加强农村土地承包流转管理。建立健全农村土地承包经营权登记制度。基本完成农村土地承包经营权确权登记颁证工作。做好土地承包经营权登记颁证与不动产登记工作的有效衔接。加快建立健全全市统一的土地承包经营权信息平台。

引导土地经营权规范有序流转。切实加强土地经营权流转的管理和服务，通过新增补贴向农业经营者倾斜等措施，引导和鼓励土地经营权向专业大户、家庭农场、农民合作社、农业企业流转，发展多种形式的适度规模经营。加强工商资本租赁农地监管和风险防范，建立健全农村土地承包经营权纠纷调解仲裁体系。

2. 稳步推进农村建设用地制度改革。结合城市总体规划修编工作，加快编制集体建设用地规划，拓展农村集体经济发展空间，为郊区农村承接高端、高效产业创造条件。建设农村集体建设用地使用权数据库。

积极推进农村集体经营性建设用地入市等试点工作。组织完成大兴区农村集体经营性建设用地入市试点，促进集体建设用地集约节约利用。加快建立农村集体经营性建设用地入市增值收益分配制度，探索建立城乡统一的土地交易平台。开展村庄地籍调查工作，保障农户宅基地用益物权。积极推进有组织地盘活农村闲置房屋发展养老和休闲旅游产业试点。

保护集体土地合法权益。按照中央统一部署，进一步完善征地制度，完善兼顾国家、集体、个人的土地征收增值收益分配机制，提高被征地农民社会保障水平，分类实施有针对性的社保政策。

3. 深化农村集体产权制度改革。巩固集体经济产权制度改革成果，健全和完善民主管理架构，规范运行管理，加快推进按股分红。认真组织完成赋予农民对集体资产股份权能改革试点，建立健全农民对集体资产股权占有、收益、有偿退出和继承机制，慎重探索集体资产股权抵押、担保机制。加快推进重点地区乡级产权制度改革。按照国家总体安排，结合本市实际，加快推进农村集体经济组织立法工作。深化集体林权制度改革，在集体林权流转试点基础上，创新山区生态林经营管理体制机制。

探索创新集体资产管理体制机制。进一步建立健全农村集体资产内部民主管理、监督和决策机制，采取在线审计、实地审计、重点审计、巡回轮流审计以及干部离任责任审计相结合等多种方式，加大审计力度，全面加强农村集体资产监督管理。大力推进农村集体财务管理示范区建设，规范村级会计委托代理制度，全面提升农村集体资产财务管理规范化水平。进一步完善和规范农村产权流转交易市场建设，一定数额的集体资产必须通过农村产权流转交易市场流转交易。

发展壮大农村集体经济。完善相关制度，赋予集体经济组织健全的市场主体资格。围绕土地、规划、金融、财税等方面，制订支持集体经济做大做强的针对性政策。简化集体产业项目用地手续。鼓励集体资产以入股、合作、租赁、专业承包等形式开展经营方式创新，提高集体资产经营效益。鼓励集体经济组织通过建立发展基金等多种方式参与土地开发和项目建设。探索建立财政扶持的产业项目资金按一定比例由村集体经济组织及其成员持股，参与分红。探索政经分开的实现形式，逐步剥离集体经济的社会性负担。

4. 加快培育建设新型农业经营体系。加快培育新型农业生产经营主体，构建集补贴、金融、保险和设施用地为一体的新型农业经营主体培育政策体系。深入推进农民合作社示范社培育创建工作，引导发展联合社，支持其开展农社对接和发展农产品加工流通。开展新型农业经营主体培训工作。总结试点经验，支持和鼓励各区加快发展家庭农（林）场。支持符合条件的新型农业经营主体优先承担涉农项目和开展代耕代种、联耕联种、土地托管等专业化规模化服务，新增农业补贴向新型农业经营主体倾斜。落实农业部等五部门发布的《金融支持新型农业经营主体共同行动计划》，加大金融支农工作力度。加快推进供销合作社综合改革，提升服务郊区农业农村水平。

创新农业社会化服务机制。建立健全覆盖全程、综合配套、便捷高效的社会化服务体系。充分发挥公益性服务机构作用，大力培育多种形式的农业社会化服务组织。鼓励和支持科研院所、企业、社会组织等为新型农业经营主体提供社会化、公益性服务。开展政府向农业经营性服务组织购买公益性服务机制创新试点。

加快培育新型职业农民。将职业农民培育纳入国家教育培训发展规划，把职业农民培养成建设都市型现代农业的主导力量。制定职业农民培养规划和支持政策，支持农业院校办好涉农（林）专业，健全完善农广校体系，定向培养职业农民，经过5年时间使新型农业经营主体带头人基本得到培训。鼓励和吸引投身农业农村发展的农村青年、返乡农民工、农技推广人员、农村大中专毕业生和退伍军人等加入职业农民队伍，创办家庭农（林）场、领办农民合作社、创立农产品营销企业和农业社会化服务组织。探索建立专业农业工作者的职业制度及准入、退出、继承等机制。

5. 深化农村金融改革创新。着力构建“全方位、多层次、针对性强、覆盖面广”的农村金融体系。加大金融支持新型城镇化和新农村建设力度。着力做好城乡结合部建设融资工作，支持发展各类涉农开发基金。探索发行小城镇建设专项债券。总结推广金融支持集体经营性建设用地统筹利用试点经验。积极开展新型农村合作金融试点。

加大金融支持现代农业发展力度。继续支持涉农企业上市融资。持续发行涉农中小企业集合票据，做好涉农企业和农民专业合作社贷款贴息工作。积极开展承包土地的经营权抵押担保贷款试点工作，扩大林权抵押贷款规模，推行大型农机具融资租赁试点，推广保单质押贷款。稳妥开展农民合作社内部信用合作。

提高农村基本金融服务水平。继续实施“村村通工程”，便利农民支付结算。深入开展“金融知识下乡”活动，提高农民金融素养。支持金融为农户和集体经济组织提供符合农民、农村特点的综合性金融服务。

支持其他金融要素发展。支持政策性农业担保公司发展，实现农业担保业务在涉农区全覆盖。完善财政出资的农业投资机构管理体系。发挥好农业投资基金的作用。加快要素市场建设，引导农村资产、资源入网交易。探索建立贷款风险分担机制，完善农村金融发展政策支持体系。推动农村信用体系建设，广泛开展信用户、信用村、信用乡镇创建活动。

着力构建以政策性农业保险为核心，灾前预防与灾后补偿相结合、保险机制与救济机制相结合、政策性保险与商业性保险相结合，覆盖农村生产生活生态各领域、财产人身责任各方面的涉农风险管理体系，拓展农业保险的深度和广度。结合农业产业结构调整，继续扩大政策性农业保险覆盖面，加快保险产品创新，开发适应新型农业经营主体需求的保险产品，探索开展产值保险、目标价格保险、信用保证保险、农业园区综合保险。提高农户参保率，努力做到应保即保，最大限度化解农业经营风险。提高政策性农业保险精细化管理水平。积极发展农村财产保险，大力推广农民住房财产综合保险，积极开发适合农民的人身保险。

（八）提升乡村治理水平

坚持农村基层党组织领导核心地位和创新发展理念，适应新型城镇化和农村经济社会转型的新形势，着力完善乡村治理体系，不断深化农村基层组织和民主政治建设，提升农村社区服务管理水平。

1. 切实加强农村基层组织建设。认真贯彻落实党要管党、从严治党要求，强化农村基层党组织政治功能和服务功能，巩固党的群众路线教育实践活动成果，强化基层党建工作责任制落实，充分发挥农村基层党组织战斗堡垒作用。

加强农村基层服务型党组织建设。用好用足基层党组织服务群众经费，强化区、乡镇、村三级便民服务网络建设，实施党组织引领发展“六个一百”工程，着力提升基层党组织改革创新、引领发展、服务群众的能力。

抓好乡村两级组织班子和干部队伍建设。健全以财政投入为主的基层党建经费保障制度，建立村干部基本报酬财政托底机制和社会保险财政补贴机制，选派优秀机关干部到村担任“第一书记”，配强基层党务工作力量。依托北京农业职业学院等院校开展农村后备干部人才培养工程，完善农村基层后备干部人才库。加大在返乡毕业生、务工经商人员、农民专业合作组织成员等群体中发展党员的力度，优化党员队伍结构，严格党内组织生活，强化党员日常管理监督，保持农村党员队伍的先进性和纯洁性。

健全软弱涣散村党组织整顿工作长效机制。每年抓尾倒排确定软弱涣散基层村党组织，加强工作指导帮扶，开展常态化集中整顿建设。落实“两个责任”，扎实推进农村基层党风廉政建设和反腐败工作，建立健全监督机制，抓早抓小，着力解决基层党员干部“四风”方面存在的突出问题，严肃查处涉农领域侵害群众利益的违法违纪行为和腐败问题。

2. 创新农村社会治理。提高农村法治建设水平，增强基层干部的法治观念，不断提高基层运用法治思维和法治方式深化改革、推动发展、化解矛盾、维护稳定的能力。推动社区管理向社区治理转变，推动农民市民化相关工作。

健全村民自治机制。规范和完善村委会选举工作，深入推进村务监督委员会建设，全面推广“四议一审两公开”工作法，不断提高村务公开和民主管理制度化、规范化、程序化建设水平，切实保障农村居民依法行使民主权利。

创新完善农村多元化社会矛盾排查调处体系、立体化社会治安防控体系，切实提高农村公共安全能力水平，基本实现农村地区网格化社会服务管理体系全覆盖。

推进农村社区自治组织全覆盖，指导已转制转居的农村社区做好精细化服务管理工作。健全完善乡规民约、村民自治章程等社会规范，充分发挥其在社会治理中的积极作用。加快推进农村服务性、公益性、互助性社会组织发展，健全党领导下的多元共治工作格局。

3. 创新农村社区服务。加快公共服务向农村地区延伸，推动农村社区综合服务设施建设，基本实现“一刻钟社区服务圈”。基本上保障每个乡镇建设一个集管理、服务、教育、活动等功能为一体的1 000平方米以上的综合服务设施。做实村级社区服务站，拓展社区公共服务项目，为农民提供社会保障、社区警务综治、医疗卫生、文化教育等公共服务。以各级社区服务中心（站）为依托，建立农村服务热线，为农民提供代办代理、便利缴费、商品配送、农科咨询等生产生活便利服务。

健全完善农村物流服务网络。整合商贸流通、供销、邮政等系统物流服务网络设施，加快完善农村物流体系。实施“快递下乡”工程，鼓励大型电商平台企业开展农村电商服务，支持地方和行业健全农村电商服务体系。

健全实有人口服务管理工作体系，巩固城乡结合部等重点地区专项整治成果，建立完善专项整治长效工作机制。

4. 大力促进乡风文明。深入推进农村精神文明建设。广泛开展“中国梦”等主题宣传教育活动，大力培育和践行社会主义核心价值观，深化农村精神文明创建活动，着力弘扬中华民族优秀传统文化和家庭美德。

不断丰富乡村文化生活。组织开展大型群众文化活动，办好北京市农民艺术节，有序推进文化特色村建设，实施“特色文化乡村建设示范工程”。持续提升美丽乡村品牌，继续开展“寻找‘北京最美的乡村’宣传评选活动”，开展系列主题宣传活动，更好地服务全市新农村建设。

积极营造健康舆论氛围，不断扩大宣传阵地，精心策划宣传方式，善于运用各级各类媒体，为“三农”发展提供有力的舆论支撑。

四、保障措施

为全面实现“十三五”时期城乡一体化发展目标，必须加强责任落实，加强投入支持，加强监测评估，确保各项任务如期完成。

（一）加强责任落实

1. 加强市级部门统筹。从城乡一体发展战略高度出发，转变和创新工作方式，加强部门统筹。市相关部门要按照职能分工，研究制定具体实施方案，并在规划编制、政策制定、工作推进、项目协调、资金投入、人员配置和监督检查等方面形成一体化的工作机制和合力。指导并帮助区、乡（镇）政府共同推进落实各项工作。

2. 落实区级主体责任。有效发挥区级规划责任主体作用，正确处理本区域内中心城和一般镇、城市地区和农村地区的发展关系。围绕规划重点任务，明确郊区各部门任务分工、时间要求和考核办法，进一步加大本区域农村生态环境治理、基础设施建设、公共服务均等化、基层治理推进等方面的投入力度，深化相关领域改革创新，努力缩小本区域内的城乡差距。

3. 加强规划协调衔接。加强京津冀地区之间、城市地区与农村地区、农业部门与非农业部门的统筹协调，以城乡发展一体化规划为核心，以专项规划、国土规划、区域规划为支撑，形成以建设“四个中心”和国际一流的和谐宜居之都为目标的规划体系，健全责任明确、重点突出、分类实施、监督有效的实施机制。统筹各类涉农政策、资金和社会帮扶资源向农村经济薄弱地区倾斜；建立政策联动机制，不断提高区域产业、人才、资金、土地政策联动水平和实施效果，有效推进城乡发展一体化进程。

（二）加强投入支持

1. 加大建设资金投入。把农业农村作为财政支出的优先保障领域，市区两级财政预算内投资继续向农业和农村倾斜，确保农业农村投入力度不减弱、总量有增加。合理划分市区两级政府间事权，加大对郊区特色创意农业、基础设施建设、公共教育卫生、生态文明建设和一二三产业融合的财政投入。进一步优化财政支农支出结构，转换财政资金投入方式，通过政府与社会资本合作、政府购买服务、担保贴息、以奖代补、民办公助、风险补偿等多种措施，带动金融和社会资本投向农业农村，发挥财政资金的引导和杠杆作用，倾力编织“三农”民生安全保障网。

2. 鼓励社会力量参与建设。积极引导社会资本参与，激活市场主体活力与潜力。深化投融资体制改革，采取政府购买服务、招商引资等多种方式鼓励社会资本和公共基金参与城乡发展一体化各项建设事业，形成政府财政投入与社会投资并重的投融资格局，建立来源多层次、多样化、责权利明确的投融资体制，保证城乡发展一体化建设投资需求。积极拓宽基础设施建设、公共服务项目和新型城镇化建设投融资渠道。

（三）加强监测评估

1. 实行综合评价考核。制定并完善有利于推动城乡发展一体化的绩效评价考核体系和具体考核办法，把城乡发展一体化规划主要目标和指标纳入各级政府和部门责任考核体系。弱化对经济增长速度的评价考核，强化对城市功能承接、产业结构调整、生态文明建设、农村民生改善等任务完成情况的综合评价考核。

2. 加强规划监测统计。加强规划监测统计工作，建立健全能反映北京市城乡一体化发展水平的生态环境治理、产业发展状况、基础设施建设、农村改革创新、公共服务均等化、基层治理推进等方面的监测指标体系。围绕规划提出的发展目标、重点任务和政策措施，结合统计结果，组织开展规划监测工作，全面检查各项政策措施落实情况、规划实施效果及存在的主要问题。

3. 强化规划实施监督。加强对规划实施情况的监督，定期组织开展规划监督检查工作。围绕规划提出的发展目标和重点任务，组织开展规划评估工作，全面分析检查规划实施效果及各项政策措施落实情况，提出评价改进意见，保证规划目标实现。各有关单位应加强对规划实施情况的监测，自觉接受监督检查，保证规划严格有效实施。

附件 1　北京市“十三五”时期城乡一体化发展监测评价指标

一级指标	序号	具体指标	单位	2020 年目标	属性
经济发展	1	发展新区 GDP 占全市比重	%	23%	预期性
	2	郊区服务业占地区生产总值比重	%	50%	预期性
	3	郊区旅游收入年均增速	%	8	预期性
	4	第一产业劳动生产率	元/人	10 万	预期性
公共服务	5	郊区高考升学率	%	80	预期性
	6	郊区千人拥有执业（助理）医师数	人	4	预期性
	7	新农合人均筹资标准	元	1 500	约束性
	8	行政村公共交通通达率	%	100	约束性
	9	行政村生活垃圾无害化处理率	%	100	约束性
	10	郊区污水处理率	%	90	约束性
民生质量	11	发展新区人口占比重	%	33	预期性
	12	农村居民人均可支配收入增速	%	快于城镇居民	约束性
	13	低收入农户人均可支配收入增速	%	快于农村平均水平	约束性
	14	农村居民财产性收入占比重	%	5	预期性
	15	农村居民养老金、退休金年均增速	%	10	预期性
	16	农村居民人均文娱消费支出比重	%	4	预期性
生态文明	17	农业生态服务价值年值年均增速	%	3	预期性
	18	森林覆盖率	%	44	约束性
	19	第一产业万元 GDP 能耗累计下降	%	15	约束性
	20	农业用新水总量	立方米	5 亿	约束性
	21	行政村使用清洁能源用户占比重	%	50	预期性
社会治理	22	居民对社会安全的满意度	%	95	预期性
	23	农村居民社会治理满意度	%	80	预期性
	24	农村基层民主建设满意度	%	80	预期性

附件2 环境影响评价

（一）环境影响识别与分析

规划实施后，将对城乡发展一体化的形成与完善产生积极的影响，并具有显著的生态效益。新型城镇化、新农村及环境保护基础设施的建设，将促进污染治理能力的提高，发挥治理的规模效益。退耕还林、森林绿地系统、山区搬迁等工程的实施，有利于进一步完善区域生态景观网络，提升生态保障、水源涵养、绿色产品供给等服务功能，促进区域生态改善。节水、生态和循环农业及都市型现代化农业示范园的发展与建设，可有效减少灌溉水量与农药、化肥施用强度，对农业生态带来有利影响。但是，在城镇与农村建设，道路、供水、排水与环卫基础设施建设过程中，会带来污染排放，产生一定的环境影响。城镇与农村建成后，会导致人口集聚与污染集中排放，产生区域环境压力。乡村旅游的发展，会导致旅游人口的增加，可能会产生环境污染与生态干扰。

（二）环境影响预测与评价

规划与国家、区域、地方相关法规、规划计划和发展战略高度一致。规划符合《中华人民共和国环境保护法》《中华人民共和国污染防治法》等相关法律法规要求，符合国家《大气污染防治行动计划》《土壤污染防治行动计划》与《水污染防治行动计划》，与《全国主体生态功能区划》《京津冀协同发展规划纲要》《京津冀生态环境保护规划》相协调，与《北京城市总体规划》《北京市国民经济和社会发展第十三个五年规划纲要》《北京市“十三五”时期环境保护与生态建设规划》等“十三五”规划相一致。

规划总体上满足资源可承载和环境可持续的要求。各项建设项目具有建设周期短、布局分散、工程量小等特点，带来的噪声、扬尘、污水、固体废物等污染强度小，程度轻，不会对环境造成显著不利影响。城镇与农村集中居住区的建设，会导致污染的集中排放，但通过同步建设与运行污染治理设施，加强协调与环境管理，可实现达标排放，不会对区域环境产生明显不利影响。通过加强旅游容量环境测算与引导，加强配套环保基础设施建设，不会造成旅游环境污染，影响旅游环境质量。总体上看，规划实施后，会对区域污染治理与生态环境具有积极的影响，并将提升区域生态功能，各项不利环境影响均较轻，影响均在可控范围。

（三）预防和减缓不良影响的措施与建议

1. 加强施工期环境污染控制。按照国家与本市相关要求，切实落实环境影响评价、施工环境监理与竣工环境保护验收制度，推行绿色施工，强化建设施工保证金制度，并建立有奖举报机制，加强社会监督，按照《北京市空气重污染应急预案》等相关规定，强化施工期环境监管与施工交通管理，加强建设施工过程中的各项环境监测，保证施工污

(废) 水、扬尘、噪声达标排放，避免噪声扰民，保障施工固体废物的妥善处理。

2. 同步建设与规范污染治理与生态保护设施。 新城镇、新农村建设过程中，严格按照国家与北京市环境管理要求，落实“三同时”制度，统一规划与设计，同步建设与运营污染治理与垃圾收集、清运与处理设施，并根据污染排放规模提前规划与建设。乡村旅游发展过程中，进一步完善规划设计，整合现有环境保护与污染治理资源，规范环境保护基础设施建设，保障旅游环境污染的全面治理与达标排放。

3. 强调生态工程手段的运用。 在新型城镇化、新农村与基础设施建设中，遵循生态理念，借鉴国内外先进经验与技术，结合透水砖、下凹式绿地系统的建设，加强渗透铺面建设，控制地表硬化率与开发强度；在农业发展中，结合生态农业的发展，推广保护性耕作等技术，减少化肥施用，推广高效低残留农药，强化人工湿地、农田缓冲带等生态化手段的使用，控制农业非点源污染；依托禽畜养殖场，推广农村沼气池，回收能量，减轻污染；集中与分散相结合，针对难以集中的分散村落，因地制宜，建设生态化污染治理设施，利用自然环境容量消纳污染，减少污染治理成本。

4. 加强环保监测与监管。 严格落实国家与本市相关环境管理法律法规与条例，强化建设项目的全过程环境管理，完善环境监测与管理制度，建立与现有环境监测网络有效衔接的城乡一体化环境监测网络体系，开展新城镇与新农村关键节点的环境质量监测体系建设，建立监控与管理平台，加强对各项污染治理设施建设与运营的环境监管，确保污水处理设施、垃圾清运系统等的规范运营。

(此规划由北京市人民政府以“京政发〔2016〕23 号”文件印发，http：//zhengwu.beijing.gov.cn/gh/dt/t1440447.htm)

北京市“十三五”时期现代产业发展和重点功能区建设规划

前　言

《北京市“十三五”时期现代产业发展和重点功能区建设规划》（以下简称《规划》）是北京市国民经济和社会发展第十三个五年规划中的市级重点专项规划，是对“十三五”时期本市现代产业发展和重点功能区建设目标及任务的进一步深化和细化。

《规划》坚持创新、协调、绿色、开放、共享的发展理念，牢牢把握首都城市战略定位，以优化经济结构、增强内生动力为目标，统筹考虑首都资源与环境承载能力，明确了优化与首都城市战略定位相适应的现代产业集群，建设与人口资源环境相协调的产业空间格局，构建促进新消费、培育新供给新动力的产业生态环境等重点任务和举措，为建设国际一流的和谐宜居之都提供有力保障。

《规划》以《京津冀协同发展规划纲要》《中共北京市委关于制定北京市国民经济和社会发展第十三个五年规划的建议》《北京市国民经济和社会发展第十三个五年规划纲要》《中共北京市委北京市人民政府关于贯彻〈京津冀协同发展规划纲要〉的意见》等为依据制定，是指导本市各级政府、各行业主管部门和各功能区管委会推动现代产业发展和重点功能区建设、制订各项专项规划和政策措施的重要依据。

第一章　新起点新发展

“十二五”时期，市委、市政府全面落实党中央、国务院各项决策部署，持续推进科技创新和文化创新双轮驱动战略，进一步优化产业结构，高端产业功能区高效集约发展态势明显，新的生产方式、商业模式、产业业态不断涌现，经济发展质量效益稳步提升，首都经济综合实力、创新能力和辐射带动影响力进一步增强。

一、发展成就

（一）综合实力稳步增强，发展质量不断提升。“十二五”期间，首都经济在保持平稳增长中实现提质增效升级。2015 年，地区生产总值达到 2.3 万亿元，“十二五”期间年均增长 7.5%；人均地区生产总值达到 1.7 万美元，实现从中高收入水平到高收入水平的跨越；一般公共预算收入达到 4 723.9 亿元，“十二五”期间年均增长 14.9%；规模以上工业企业实现利润 1 597.7 亿元，比 2010 年增长 55.4%；规模以上服务业实现利润 2.5 万亿元，比 2010 年增长 1.4 倍。超额完成“十二五”时期减排任务，节能减排工作继续走在全国前列。

（二）产业结构持续优化，开放型经济发展水平显著提升。首都产业服务化、高端化特征更加明显，三次产业结构由2010年的0.9∶23.6∶75.5调整为2015年的0.6∶19.7∶79.7，生产性服务业增加值占地区生产总值比重达到50%以上，高技术产业增加值占地区生产总值比重达到22.5%，战略性新兴产业引领产业结构调整作用明显，高端制造业智能化发展水平不断提高，农业种养殖业规模得到有效控制，质量效益与生态功能显著提升。经济发展更加开放，2015年实际利用外资130亿美元，境外投资95.5亿美元，服务贸易额达到1 302.8亿美元。

（三）科技文化双轮驱动，创新创业蓬勃发展。全国科技创新中心的引领示范和辐射带动作用明显增强。2015年，全市研究与试验发展（R&D）经费支出1 384亿元，相当于地区生产总值的6.01%，居全国首位。发明专利申请量和授权量连续多年国内排名第一，技术合同成交额3 452.6亿元，占全国37%。产业技术联盟百余家，占全国试点联盟的42%。全市共有众创空间近200家，各类孵化器、大学科技园等服务机构150余家，众创空间建设成为亮点。文化创意产业健康繁荣发展。2015年，文化创意产业实现增加值3 179.3亿元，占地区生产总值比重达到13.8%，文化与科技、金融等行业融合态势进一步显现，国家文化产业创新实验区等国家改革试点稳步推进。

（四）产业布局集约高效，协同发展扎实起步。六大高端产业功能区引领全市产业集约高效发展，中关村、金融街、商务中心区等带动示范作用显著。2015年，六大高端产业功能区增加值占地区生产总值比重达到47.4%，比2010年提高7.4%，成为全市经济发展的重要支撑。关停退出一般制造业和污染企业超过1 000家，清退撤并升级西直河、大红门、动物园等一批区域性专业市场。加快推进京津冀产业协作，曹妃甸协同发展示范区、北京新机场临空经济区、天津滨海-中关村科技园区、张承生态功能区等重点区域建设稳步推进，一批合作项目陆续开工。

（五）政策体系不断完善，改革创新深入推进。产业规划政策体系不断细化完善。中关村国家自主创新示范区“6+4”政策、北京市服务业扩大开放综合试点政策等全面落地实施，陆续颁布实施了战略性新兴产业、生产性服务业、科技服务业、文化创意产业、生活性服务业、现代农业、软件和信息服务业、健康服务业等一系列规划、政策和行动计划。2014年在全国率先制定了新增产业的禁止和限制目录，并于2015年调整修订，全市范围新增产业禁限比例达到55%。加大简政放权力度，深入推进商事制度改革、行政审批制度改革，不断规范行政审批行为，新兴产业领域企业登记注册活跃。“营改增”改革试点全面实施，政府购买服务取得新突破，石景山国家服务业综合改革试点、中关村现代服务业试点建设取得积极成效。

二、形势要求

世界经济正处于变革调整重组的关键时期，新一轮科技革命和产业变革蓄势待发。我国进入经济发展新常态，发展方式加快转变，改革开放释放新的发展活力，“一带一路”、京津冀协同发展等国家战略的实施，拓展了首都经济发展空间。积极推进北京市服务业扩大开放综合试点，推动京津冀全面创新改革试验，筹办好2019年世园会和2022年冬奥会，将在更加广阔的范围内参与国内外技术、人才、资本、市场等方面的竞争与合作，不断提升科技创新能力和国际化发展水平，有利于构建高精尖经济结构，增强全球资源配置能力和控制力，提高首都经济的竞争力、影响力和辐射带动能力。

同时，世界经济虽然总体保持复苏态势，但面临增长动力不足、需求不振、金融市场反复震荡、国际贸易和投资持续低迷等多重风险和挑战。我国经济运行仍存在不少突出矛盾和问题，产能过剩和需求结构升级矛盾突出，经济增长内生动力不足。本市人口资源环境矛盾突出，治理“大城市病”任务艰巨，产业结构有待进一步优化调整，科技、文化创新优势发挥不够，优势资源潜力未能充分释放，市民多层次、多样化服务消费需求还不能完全满足。

总体来看，本市经济发展仍处于重要战略机遇期，必须牢牢把握首都城市战略定位和经济社会发展的阶段性特征，坚持创新驱动、高端引领、开放共享，着眼于优化结构、提质增效，增强经济内生增长动力，不断培育新供给、促进新消费，加快构建高精尖经济结构。

三、总体思路

全面贯彻落实党的十八大和十八届三中、四中、五中、六中全会精神，坚持以习近平总书记视察北京重要讲话精神为根本遵循，坚持稳中求进工作总基调，牢固树立和贯彻落实创新、协调、绿色、开放、共享的发展理念，牢牢把握首都城市战略定位，更加突出高端化、服务化、集聚化、融合化、低碳化，适应把握引领经济发展新常态，坚持以提高质量效益为中心，优化发展服务经济、知识经济、绿色经济。坚持以推进供给侧结构性改革为主线，促进首都现代产业发展，加快发展生产性服务业，大力发展战略性新兴产业，促进制造业智能精细发展，提高生活性服务业品质，推动文化创新繁荣发展，集约发展都市型现代农业。优化调整产业空间布局，引导高端产业功能区集约高效发展，积极推进京津冀产业协作，形成具有北京特色的现代产业体系和布局，加快构建高精尖经济结构，为建设国际一流的和谐宜居之都提供重要支撑。主要发展导向是：

（一）高端引领，创新发展。服务国家创新驱动发展战略，发挥高端产业功能区对首都经济的支撑作用，汇聚、利用全球高端创新资源，瞄准国际前沿技术，提升自主创新能力，形成一批拥有技术主导权的战略性新兴产业及高技术服务业，强化全国科技创新中心地位，发挥产业引领辐射示范作用。

（二）跨界融合，协调发展。引导产业跨界融合发展，加大科技、金融、商务、文化、"互联网+"等对工农业生产和城市建设运营服务的创新融合与集成应用。重点加快城六区以外平原地区的基础设施建设，提升承载力。补齐山区发展短板，支持建立生态友好型产业体系。

（三）生态集约，绿色发展。全面节约和高效利用资源，发展资源耗费少、人均产出高的知识、技术、资本密集型行业，淘汰低效、高污染行业，加快城市老旧设施的更新改造，形成一批布局合理的全天候、无时差国际协同生态智能商务楼宇，促进绿色生产、绿色消费。

（四）区域协同，开放发展。对接国家重大战略，主动融入全球化发展格局，积极推进北京市服务业扩大开放综合试点，拓展对内对外开放的广度和深度，推动形成京津冀区域间产业创新链的梯次布局，争创双向开放新优势，引领全国开放型经济发展。

（五）改革创新，共享发展。坚持以推进供给侧结构性改革为主线，发挥首都人才、知识、技术、管理、资本等优势，推动京津冀区域全面创新改革试验区建设，鼓励大众创业、万众创新，积极促进民间投资，加快新动能培育和传统动能改造提升。推动公共服务市场化、社会化，不断增加有效供给，持续增进人民福祉。

四、发展目标

到2020年，实现第三产业提质增效发展、第二产业智能精细发展、第一产业集约优化发展，现代产业发展质量和效益大幅提升，高端产业功能区集聚带动作用进一步增强，首都经济国际竞争力和辐射影响力显著提升，品牌价值进一步彰显，京津冀产业对接协作取得新进展，形成与首都城市战略定位相匹配、与经济发展方式相协调、与人口资源环境相适应的高精尖产业发展格局。

（一）加快构建高精尖经济结构。服务业增加值占地区生产总值的比重达到80%以上，生产性服务业增加值占地区生产总值的比重达到53%左右，高端制造业智能精细发展，文化创意产业影响力不断提升，形成一批在全国有影响力的高端、高效、高辐射产业集群。

（二）创新能力大幅增强。突破一批关键核心技术，形成一批拥有全球技术主导权的产业集群。企业研究与试验发展（R&D）经费支出占比稳步提升，全社会研究与试验发展（R&D）经费支出相当于地区生产总值的6%左右，技术合同成交额达到5 000亿元。要素市场体系建设不断完善，创新成果转化能力持续增强，大众创业、万众创新蓬勃发展。

（三）发展质量和效益显著提升。产业发展更加集约，六大高端产业功能区增加值占地区生产总值比重达到53%左右。全市社会劳动生产率达到23万元/人，地均产出率增长

30%以上，万元地区生产总值能耗下降17%，万元地区生产总值水耗降低15%，万元地区生产总值二氧化碳排放下降20.5%。

（四）开放型经济建设实现新突破。对外开放领域和范围进一步扩大，服务贸易进出口总额达到2 000亿美元左右，国际经贸往来、科技研发合作、文化交流、商务活动更加活跃，壮大一批国际知名品牌和具有较强国际竞争力的跨国企业。

第二章 优化发展符合首都城市战略定位的现代产业

优化调整三次产业结构，注重激活存量，着力补齐短板，培育发展新产业，加快技术、产品、业态创新，积极引导产业跨界融合发展，扩大对内对外开放，加快产业功能化、功能集聚化，推动产业向价值链高端环节发展，实现提质增效发展。坚决退出一般性产业特别是高消耗产业，严控新增不符合首都功能的产业，加快形成创新引领、技术密集、价值高端的产业结构。

一、加快发展生产性服务业

牢牢把握首都城市战略定位，深入实施《北京市人民政府关于进一步优化提升生产性服务业加快构建高精尖经济结构的意见》，强化科技创新引领、信息覆盖应用、金融保障支持、商务融合渗透、流通高效链接，积极培育新业态，推动生产性服务业向专业化和价值链高端延伸，形成创新融合、高端集聚、集成应用、高效辐射的发展模式，不断提高生产性服务业对首都经济贡献度和发展质量效益，实现生产性服务业增加值占地区生产总值的比重达到53%左右，带动服务业升级换代和劳动生产率提高。有序退出区域性物流基地、区域性专业市场，有序引导金融机构电子银行、数据中心、呼叫中心等劳动力密集的后台服务功能从三环路以内整体迁出。

（一）创新发展金融服务业。积极对接国家金融改革发展战略，着力提升金融服务市场化、国际化水平。顺应人民币市场化改革、国际化发展趋势，推动国家科技金融创新中心建设，积极发展国际金融服务业。鼓励传统金融服务创新，着力做好与“一行三会”和银行、证券、保险等金融机构的对接，发展资产管理等专业化机构，鼓励保险公司集团化发展、专业化运营。推动全国中小企业股份转让系统、区域性股权市场、机构间私募产品报价与服务系统创新发展。积极稳妥发展互联网金融、消费金融、商业保理等新兴业态，推动数字普惠金融发展，构建绿色金融体系，探索区块链等创新型技术研究应用。有效防范和化解各类金融风险。

专栏1：推动金融服务业改革创新发展

支持亚洲基础设施投资银行、丝路基金等国际性金融机构在京发展，支持在京企业在

“一带一路”沿线跨境贸易和投资领域使用人民币结算，鼓励在京金融机构积极开展境外项目人民币贷款业务。充分发挥金融街在国内人民币资金配置、资产交易、清算及定价等方面的积极作用。

加快建设国家科技金融创新中心，提升中关村、商务中心区（CBD）、丽泽金融商务区等区域内金融服务资源的支撑作用和贡献力。支持国家文化产业创新实验区发展。高标准建设好北京保险产业园、中关村互联网金融创新中心、北京基金小镇等。

适应国家金融改革创新，促进金融与实体经济融合发展，支持全国中小企业股份转让系统（“新三板”）、区域性股权市场（“四板”）、机构间私募产品报价与服务系统、全国碳排放交易权中心等金融要素市场互联互通。探索完善银行、保险、证券、创投、金融租赁等机构合作模式，构建创业金融服务体系，为创业企业拓展融资渠道。

（二）融合发展信息服务业。全面推进“三网融合”，大力推广应用云计算、大数据、物联网、移动互联网等新一代信息技术，加快向互联网协议第六版（IPV6）演进升级。培育壮大首都大数据产业，不断拓展北斗应用服务领域，发展位置服务、智能导航、智能终端等新型运营业务，拓展信息集成服务、内容增值服务、智慧城市新兴产业等领域。依托国家通信设施、广电网络等领域总部资源，高标准建设信息传输网络，不断提高基础设施网络化水平，实现提速降费。完善大数据存储、信息安全维护等技术领域基础设施，推动下一代互联网根服务器的研发与落地应用，实现电信基础设施共建共享。支持基于互联网的产业组织变革、商业模式创新、供应链和物流链整合，拓展开放共享的网络经济空间。支持有条件的企业建设跨行业物联网运营和支撑平台，开展以城市运行、市民生活、企业运营和政府服务等为主要内容的“智慧北京”建设。

（三）做大做强科技服务业。落实《北京加强全国科技创新中心建设总体方案》，促进科技服务业向专业化、网络化、规模化、国际化发展。组织实施若干重点产业创新发展工程，统筹带动基础研究、前沿技术研究、技术开发、产业化、标准制定、市场应用等产业环节发展。重点在研发设计、成果孵化、技术转移、检验检测等方面提升服务能力和培育新兴业态，激发创业动力，拓展市场空间，新增一批具有国际影响力的骨干企业、服务机构和知名品牌。培育支撑行业转型升级和服务全国市场的综合科技服务业，鼓励各类新型科技服务业态发展，围绕创新链拓展服务链，促进科技服务业集成化、规模化发展。鼓励科技服务企业“走出去”开展境外服务，引导科研院所、高校和企业在境外申请专利，鼓励参与制定国际标准，推动科技服务加快融入全球化进程。

专栏2：加快科技服务业重点园区建设

深化首都科技条件平台、国家技术转移集聚区、国家工程技术创新基地、北京科技商务区（TBD）、未来科技城、中关村前沿技术研究院等科技创新基地建设，促进技术转移和产业化项目在北京落地。

在高端产业功能区探索建设一批科技服务产业综合基地，优化科技服务业空间布局。围绕信息技术、能源领域、生物科技等方向的关键技术研发和应用，布局一批原创性前沿技术，储备一批创新产品，培育一批技术服务、工程服务骨干企业，加快科技成果转化落地，推动产业升级。

（四）促进商务服务业高端发展。细化落实总部企业在京发展政策，发挥在京总部企业引领带动作用，鼓励在京总部企业开展研发设计、投资、采购、运营、营销、结算等实体化经营，开展资源整合、境内外收购、兼并、上市、模式创新等业务，提高参与全球资源配置的能力。推进商务服务领域对社会资本开放，鼓励社会资本投向创业投资、知识产权服务等商务服务业，支持社会资本以参股、并购等方式参与本市商务服务企业改造和重组。支持会计、审计、评估、信用、法律、咨询、知识产权等行业拓展国际市场，在全球范围内提供对外投资运营、资产管理、兼并重组、商务咨询、财务管理等服务。引导广告企业提升创意设计水平，培育集创意策划、营销策划、媒介代理、信息咨询、品牌整合等为一体的综合服务型广告集团。围绕国际交往中心建设，大力发展会展业，推动展览业国际化、品牌化、专业化、信息化发展。提高中国（北京）国际服务贸易交易会、中国北京国际科技产业博览会等品牌会展的国际化程度，引进国际知名品牌会展在京落户。

（五）调整提升流通服务业。充分发挥中央企业在石油、天然气、矿产品、贵金属、粮食等大宗商品批发业务方面的优势，搭建电子交易平台，增强“优进优出”和高效配置资源的能力。进一步优化城市配送网络，支持统一配送、共同配送、城市配送、电子商务物流等发展，运用现代信息技术、创新商业模式及金融服务配套等手段，提升流通业现代化发展水平。引导企业剥离物流业务，大力发展第三方物流。加快末端配送服务网点建设，鼓励发展集零售、配送和便民服务等多种功能于一体的末端配送网点。完善口岸功能，加强与跨境电子商务相关的快递转运中心建设。依托北京通用航空产业基地，积极申报建设国家通用航空产业综合示范区。

（六）推动生产性服务业业态创新。聚焦前沿技术应用领域，着力培育面向制造业领域的服务业态，创新城市建设运营管理服务。抢占可穿戴设备、智能汽车、智能医疗、智能家居等新兴移动终端市场。推动电子商务的普及应用，创新发展网络零售业，鼓励发展第三方电子商务综合平台服务，培育远程维护、数据托管、远程教育等新业态。加快发展电子认证、在线支付、物流配送、报关结汇、检验检疫、信用评价等配套服务环节。支持检验检测认证服务市场化发展，加强技术标准研制与应用，发展标准研发、信息咨询等服务业态。推动服务外包高端化、国际化发展，支持企业开展信息技术支持管理、财务结算等国际服务外包业务。强化人力资源服务的基础性作用，鼓励人力资源管理咨询、人力资源外包、人员素质测评、高级人才寻访、人力资源信息网络服务等新兴业态发展，构建与首都经济社会发展相适应的人力资源服务产业链。创新发展售后服务，积极运用互联网、物联网、大数据等信息技术，发展远程监测诊断、运营维护、技术支持等售后服务新业态。

二、大力发展战略性新兴产业和高端制造业

深入贯彻实施《〈中国制造2025〉北京行动纲要》，把发展战略性新兴产业作为经济结构深度调整的突破口，强化技术创新对产业的引领和支撑作用，加快绿色发展，大力发展智能制造，进一步推进北京制造业转型升级，实现重点领域跨越发展。坚持调整退出一般性产业特别是高消耗产业，提高产业层级。

（一）实现新能源汽车突破发展。聚焦智能网联电动汽车领域，鼓励发展电动汽车研发、设计、试验试制、验证等环节。建立完善的智能网联技术体系，重点突破动力电池材料和成组装备、电动汽车芯片、智能装备、整车控制等核心技术，推动电子科技、先进材料、传感器、车联网、智慧出行、辅助驾驶等多领域技术的协同创新，建设标准统一、兼容互通的充电基础设施服务网络。更新传统汽车设计、研发、制造理念，创新产业发展和商业运营模式，打造国内领先、全球一流的电动汽车科技创新中心。

专栏3：支持新能源汽车产业创新发展

加快推进北京（大兴）新能源汽车科技产业园、昌平新能源汽车设计制造产业基地、北京（房山）高端制造业基地、顺义新能源汽车产业基地等建设。以整车设计集成为龙头，在京津冀部署新能源汽车测试实验基地，带动形成动力电池、电机、汽车电子等产业链联动发展，带动轻量化材料、电池材料、智能制造装备等延伸链条升级。

落实《北京市电动汽车充电基础设施专项规划（2016—2020年）》，到2020年基本建成互联互通、智能高效的充电设施服务网络，充电设施服务网络可保障60万辆电动汽车的充电需求，重点区域的充电服务半径小于0.9千米，建成全国电动汽车示范推广引领区和充电设施建设样板区。

（二）推动新一代信息技术产业领先发展。抢占大数据、云计算、物联网、移动互联网、新型显示、集成电路、高端软件研发等产业高地，加快类脑计算、未来网络、智能驾

驶等研发应用。加速推进先进工艺技术研发及生产线建设，重点发展自主可控、安全可靠的集成电路产业，聚焦存储器、中央处理器、移动通信、图像处理、驱动电器等芯片。推动软件业从产品向服务转型升级，培育面向服务平台和终端的应用软件和集成软件，打造全球软件业领先接包地和全国软件发包地。积极承接国家重大科技专项，加大新一代移动通信、数字电视、卫星导航等核心芯片的设计研发，着力在新型计算、高速互联、先进存储、第五代移动通信（5G）、量子通信等核心技术方面取得突破，大力支持开源软件开发和应用，加强智能设计与仿真及其工具、制造物联与服务、工业大数据处理等高端工业软件核心技术研发，实现工业软件的高端化发展。

专栏4：促进新一代信息技术推广应用

依托宽带光纤、下一代通信网络、未来网络、新一代移动通信网络和数字电视网等信息基础设施，推进新兴技术融合应用与服务模式创新，加快基于云计算、移动互联、物联网、大数据的处理运营等创新服务发展，增强新型信息服务能力。

加快推进14纳米先进工艺技术研发及生产线建设，取得新一代集成电路关键核心技术上的突破性进展。促进电子设计自动化、知识产权（IP）库和专利池建设，优化集成电路制造基地布局，带动京津冀集成电路产业协同发展，实现集成电路制造由代工向创造转型。

完善云计算平台建设，加强大数据智能应用，培育一批国内领先的大数据技术和应用服务企业，构建大数据智能应用生态。

（三）推进高端装备制造智能化、精细化发展。重点支持发展传感器、智能仪控系统、汽车电子及关键器件、精密及超精密仪器等核心装置，高档数控机床、智能机器人、3D打印设备、无人机等高端智能装备，提升轨道交通、航空发动机、医疗器械、新材料的智能制造水平，支持智能微制造集聚区发展。积极对接国家“智能制造工程”，推动企业加强技术创新系统建设，高水平建设国家车联网产业基地等重点项目，加强物联网、智能工业机器人、增材制造等智能化生产技术和智能化生产系统开发及应用，推动数字化车间、智能工厂和工业互联网的广泛应用，支持高端机械装备企业推进生产外包、业务协同，不断提升智能制造水平。推广智能化生产模式，推广基于互联网的规模化个性定制等新的生产方式，引导发展全球网络化协同制造。

（四）推动生物医药产业跨越发展。创新发展生物制药，推进自主知识产权的新型疫苗、蛋白质药物、基因药物、人源化抗体、生物芯片研发，积极发展干细胞组织工程、生物农业等特色领域，推进中国生物医药创新港等生物医药产业创新基地建设。发展高端化学制药，重点发展高效、速效、长效、靶向给药的新型药物制剂、试剂，支持具有自主知识产权原创药物的研发及产业化。推进中药品牌发展，推动中药新品种产业化。继续深化北京生物医药产业跨越发展工程。推进医疗器械多元发展，重点发展新型数字医学影像设备、新型放疗等高端诊疗整机设备，支持可穿戴医疗设备、智能医疗器械等新型医疗器械开发。

（五）促进节能环保产业健康发展。着眼于生态环境建设和“大城市病”治理，围绕能效提高、温室气体排放控制、大气污染防治、水污染治理、生态修复等重点领域，鼓励发展高效节能、先进环保、资源综合利用、低碳排放等核心产品与技术。大力推行环境污染第三方治理，规范发展合同能源管理、节能技术咨询、能源审计、碳核查等节能环保服务，加快碳排放权交易试点应用推广，力争建成全国碳交易中心。积极发展新能源和可再生能源，推动节能环保技术成果的转化和应用，做好资源回收综合利用，完善环保服务业标准体系，提高节能环保企业核心竞争力，促进节能环保产业发展水平全面提升。

（六）形成一批拥有技术主导权的新兴产业。推动专利密集型产业发展，引导和利用北京市重点产业知识产权运营基金投入专利密集型产业，培育一批核心专利。探索建设知识产权密集型产业集聚区和知识产权密集型产业产品示范基地，推动设立知识产权布局设计中心。聚焦新能源产业研发设计与高端服务环节，加强智能电网、太阳能、地热能、核能、风能等领域关键技术研发，提升专业服务能力。全力推动基础材料产业调整与新材料产业发展相互融合渗透，重点推进第三代半导体、石墨烯、纳米等领域高端前沿新材料发展，建设好中关村国际石墨烯创新中心等新材料研发中心。

（七）加强战略性产业前瞻布局。积极对接国家大飞机专项、载人航天和探月工程专项、对地观测技术系统专项，围绕通用航空运营体系建设、卫星技术转化应用、城市轨道交通建设运营、高速重载轨道交通装备系统，聚焦发展研发试制、金融服务、运营管理等高端环节，支持央地、军民融合创新，推动北京通用航空产业基地、中国高铁创新中心、中核产业园等建设。

三、提高生活性服务业品质

坚持规范化、连锁化、便利化、品牌化、特色化发展，主动适应新时期城乡居民生活服务消费结构、消费方式、消费理念升级的趋势，综合发挥市场和政府作用，强化消费引领、创新驱动、市场主导、制度保障，以供给创新释放消费潜力，以消费升级带动产业升级，不断提升产业劳动生产率，更好地满足人民群众多样化、时尚化、个性化的消费需求。

专栏5：加快发展生活性服务业释放市民消费潜力

重点落实好《北京市提高生活性服务业品质行动计划》，加快实施品牌建设、营商环境建设、人才培养与岗位技能培训等三项重点工程，全面推进加强便民网点建设、促进新型商业模式发展、探索服务功能集成、引导业态转型升级、深化开放合作、推动绿色发展六项重点工作，着力加快居民家庭服务、教育培训、健康养老、体育、旅游等生活性服务业规范化、连锁化、便利化、品牌化、特色化发展。

（一）提升居民和家庭服务水平。着力提高供给质量和水平，规范房地产中介、物业管理、搬家、保洁等家庭服务业发展，支持利用互联网、大数据、云计算等先进技术改进生活服务流程，有序推进社区服务O2O项目，加强便民网点、社区商业便民服务综合体等建设，打造“一刻钟生活圈”。推动冷链物流、电商物流、居民消费“最后一公里”物流等配送网络建设，支持连锁服务企业投资建设末端配送网点、智能快件箱。促进住宿餐饮业连锁化、品牌化发展，提高服务文化品位和绿色安全保障水平。鼓励和规范家政服务企业以员工制方式提供管理和服务，实行统一标准、统一培训、统一管理。加快农村地区物流、商贸、医疗、文化、体育等服务设施建设，支持农村服务消费发展。

（二）提高居民基础性生活服务保障能力。鼓励社会资本参与水、电、气、热等基础设施建设和运营，增强生产和供应能力。构建多层次住房保障和服务体系，发展一批以住房租赁为主营业务的专业化企业，加快危旧房和棚户区改造，调整住房供地布局和结构，合理满足市民居住的刚性需求和改善性需求。大力发展城市轨道交通，完善快速通勤系统，加快微循环道路、停车设施建设，实现居民绿色便捷出行。加快山区和偏远农村水、电、气、热、路等基础设施改造，推动基本公共服务在全市均等化、合理化布局。

（三）培育发展健康养老服务业。加快构建多元化社会办医格局，支持企业、投资机构、商业保险机构等社会力量举办营利性健康服务机构。大力发展中医药医疗养生保健服务，建设好朝阳区国家中医药服务贸易区、东城区国家中医药发展综合改革试验区，推进中医药产业品牌化、规模化发展。加强健康服务业与旅游、文化、信息等产业融合发展，培育健康体检、健康咨询、健康文化、健康旅游、健康保险等新兴业态。继续深化医师多点执业、医疗机构设置、社会资本举办医疗机构医用设备配置等关键环节的改革。推动建设一批各具特色的大健康产业基地，加快培育一批健康服务业优势集群。落实好全面放开养老服务市场、提升养老服务质量的政策措施，全面清理、取消申办养老服务机构的不合理前置审批事项，进一步降低养老服务机构准入门槛，通过多种方式引导社会力量参与养老设施建设与运营，健全养老服务体系。重点发展老年生活照料、康复护理、老年产品用品等行业。深入推进医养结合，构建养老、医疗、照护、康复、临终关怀相衔接的服务模式，提高养老服务产业专业化、连锁化、集约化发展水平。推进公办养老机构改革，鼓励国有企业利用自有土地、厂房等建设养老设施。

（四）促进旅游产业转型升级。发挥好本市深厚的历史文化积淀、丰富的文化演出和体育赛事活动、国际化会展和酒店资源优势，积极开拓国际高端旅游市场，吸引国际商务会展高端客源来京。落实大众旅游、全域旅游理念，办好2020年世界休闲大会，推进旅游方式由观光游向休闲度假游转型升级，促进旅游业与会展、体育、文化、商务等行业融合发展。丰富旅游产业供给结构，积极推进环球主题公园、中影基地二期等重大项目建设。鼓励生态涵养区发展生态旅游，加快国家登山健身步道等建设，合理规划、适度布局房车、自驾车等新兴旅游配套设施，构建完整的郊区旅游路网体系。进一步完善旅游公共服务体系，强化旅游交通、信息、金融、住宿餐饮等服务能力，高标准建设O2O直购体验店、旅游综合体、免税店等设施。完善旅游市场监管机制，坚决打击非法从事旅游经营活动，提升旅游产业服务品质。

（五）加快发展体育产业。以承办2022年冬奥会为契机，进一步优化首都体育产业发展环境，塑造专业服务品牌，提高居民体育消费便利化程度，提升首都体育产业发展的市场化、专业化、国际化水平。以满足广大人民群众日益增长的多元化、多层次体育需求为宗旨，重点发展体育健身休闲、体育竞赛表演、体育场馆服务、体育会展、体育文化创意、体育中介服务等行业，支持开发与健身休闲相关的智能穿戴设备、互联网产品、O2O产品，鼓励开展冬季运动、登山、徒步、自行车等休闲运动。加强与天津市、河北省的协作，合作开发冰雪运动、滨海运动等体育休闲旅游项目，延伸体育服务市场半径。

四、推动文化产业创新繁荣发展

坚持社会主义先进文化前进方向，充分发挥首都历史文化资源优势，全面推进全国文化中心建设。深化文化体制改革，增强文化创新活力，巩固提升传统优势行业，发展壮大创意交易行业，深入推进文化与相关产业融合联动发展。切实增强首都文化软实力和影响力，努力建设社会主义先进文化之都。

（一）优化提升传统优势文化行业。立足首都历史文化资源优势，恢复“一轴一线”魅力景观，保护利用好北部长城文化带、东部运河文化带、西部西山文化带，推进区域文化遗产连片、成线保护利用。推动长城区域联合保护，传承好运河文化，实施好永定河历史文化长廊、“三山五园”历史文化景区、故宫北院区、北运河生态文化发展带等重要文化保护项目建设，彰显北京历史文化名城独特魅力。利用现代网络数字信息技术，优化升级文化艺术、新闻出版、广播影视、文化演艺等领域，增强传统优势行业活力。深化文化体制改革，加快推进经营性文化企事业单位转企改制，开展新闻出版传媒企业特殊管理股试点，培育一批拥有原创品牌、具有较强市场竞争力的骨干文化企业，加大对原创作品的扶持奖励力度，提升首都文化影响力和竞争力。融合戏曲文化元素，建设全国戏曲文化交流中心，优化提升剧目演出水平，运用北京市剧院运营服务平台，创新产业运营、管理、服务模式，实现剧场、院团、优秀剧目资源有效对接，培育、汇聚一批国际一流的品牌剧目，满足群众多元化文化需求，活跃首都文化消费市场。

（二）发展壮大创意交易行业。加快国家文化产业创新实验区、国家对外文化贸易基地（北京）、中国（怀柔）影视产业示范区、国家新媒体产业基地、中国艺术品交易中心、北京文化产权交易中心等重点区域和项目建设，发展壮大现代传媒、文化贸易、设计服务、广告会展、艺术品交易等创意交易行业。聚焦文化创意产品和文化衍生产品研发、设计、营销等关键环节，推进商业模式、营销模式创新，依托龙头企业积极培育一批国际知名的文化设计、工业设计、智能终端设计、建筑设计、服装设计、广告会展集团，支持中小微创意企业做专做精，加快形成一批“北京创意”“北京设计”品牌示范性项目，引导推出一批深刻阐释核心价值观内涵、思想性艺术性观赏性俱佳的文化精品力作。加大版权保护力度，推动北京国际图书城等版权贸易平台和场所建设，大力发展国际版权贸易。鼓励对外文化领域投资，积极承接国际设计、广告策划、文化软件等高端服务外包业务，提升北京文化企业品牌国际影响力。

（三）深入推进文化与相关行业跨界融合发展。充分发挥市级文化创意产业园区引领带动作用，深入推进文化与科技、金融、商务、旅游等相关行业高水平、深层次、宽领域融合发展。推动北京中关村国家级文化和科技融合示范基地建设，积极培育以数字内容、虚拟娱乐、新媒体、文化装备等为主体的文化科技融合产业。开发建设国家数字出版基地、国家音乐产业基地，加快壮大动漫游戏、动漫演艺、移动音乐、网络视频、微电影等新兴业态，推动文化产业数字化、网络化发展。繁荣文化资本市场，加快完善文化投融资服务体系，建设文化金融合作试验区。发挥好北京市文化中心建设发展基金等投融资平台作用，大力促进文化消费信贷、第三方支付、网上银行等文化消费金融，丰富文化信贷产品和服务。发挥京津冀三地地域相近、文化相亲地缘优势，开展文化生产、交易、消费等领域深度合作，建立三地历史文化遗产共同保护机制，形成京津冀互联互通、互促互融、共赢发展的良好局面。组织开展好北京文博会、国际设计周、国际电影节、国际图书节等一批重大文化交流品牌活动，做大做强对外文化贸易，提升国际文化交流水平，加快文化“走出去”步伐。

专栏6：着力推进文化产业重点项目建设

国家文化产业创新实验区。2014年7月31日批复设立，以“CBD—定福庄”一带为核心承载空间，重点发展文化传媒、数字内容、创意设计、文化贸易、休闲娱乐等五大产业，并将建设文化产业协同创新中心、文化产业金融服务中心等一批功能性、平台性项目。

国家对外文化贸易基地（北京）。即北京天竺综合保税区文化保税园。到2020年，在艺术品、影视、设计和信息服务等领域形成2~3个拥有较强国际竞争力的文化创意产业集群，建设一批具有较强辐射力的国际文化交易平台，成为集文化贸易口岸、协同创新平台等于一体的国家级文化贸易示范区。

北京文化产权交易中心。位于东城区前门地区，将打造文化产权交易平台、文化产业“互联网+”投融资平台、文化企业孵化平台、文化产权登记托管保护平台、文化产权信息发布平台等，引导文化要素有序流动和有效配置。

五、集约优化发展都市型现代农业

（一）优化都市型现代农业发展。紧紧围绕都市型现代农业生产、生活、生态、示范四大功能，集成首都科技、信息、金融等优势资源，支持高效节水农业、循环农业发展，加快农产品生产、收储、加工、运输、交易、检验检测等环节的信息化改造和标准化应用。推进北京国家现代农业科技城建设，推动通州区积极创建国家种业综合改革创新试验示范区，发展现代种业。创新农业生产、组织、营销模式，鼓励自主创新，支持发展“互联网+农业”，大力引导农产品电子商务发展。鼓励京津冀生态农业合作，推动本市与周边地区形成“总部+生产基地”合作模式。积极开展境外农业多层次、多内容合作，培育具有国际竞争力的农业跨国企业。压减高耗水作物生产，调减达不到健康养殖标准的畜禽养殖规模，稳定蔬菜、渔业和林果生产，大力发展籽种农业。

（二）强化都市型现代农业综合服务功能。强化农业生态服务、休闲度假、科研科普、城市应急保障等综合服务功能。以2019年世园会为契机，全面提升首都都市型现代农业的应急保障、生态休闲和科技示范水平，构建都市型现代农业产业体系。

专栏7：高效发展都市型现代农业

充分发挥北京农业嘉年华作用，培育休闲观光农业旅游综合体，建设一批集聚连片的休闲、观光、文化传承农业示范区。重点建设好“菜篮子”工程，加强农产品质量安全检测和动植物疫病防控，构建“从农田到餐桌”可追溯的全过程监管体系，提升农副产品的质量安全水平。加强农业现代化设施建设，重点加强对农业综合生产能力、农产品质量和效益保护、提高资金投入和政策支持。

发挥本市在籽种农业、生态休闲、科技示范等方面的优势，推动农业与第二、三产业的进一步融合发展，以2019年世园会为契机，加快首都都市型现代农业向更高水平迈进。

（三）促进农村集体建设用地集约利用。引导农村集体建设用地减量化发展，探索建立农村集体建设用地流转制度，推广西红门镇试点经验，扩大集体经营性建设用地入市试点范围。在符合规划和用途管制的前提下，鼓励集体经济组织按照“难题能破解、投入可持续”的思路，以自主开发、联营联建等方式，对农村集体建设用地进行集约利用和腾退改造。

第三章 优化提升重点产业功能区

牢牢把握首都城市战略定位，优化调整区域功能布局，按照分类指导、分业促进、分区施策、分步实施的原则，引导各类高端产业功能区和特色功能区差异发展、集约发展、联动发展、协调发展，不断完善配套服务体系，增强产业承载能力，培育各具特色的优势产业集群，增强对全市经济发展的支撑能力和带动京津冀产业协同发展的能力。发挥好功能疏解对人口疏解的带动作用，实现人随功能走、人随产业走，推动人口、居住、产业等功能的协调发展。

一、优化调整高端产业功能区

完善高端产业功能区配套服务体系，增强产业承载能力，培育各具特色的优势产业集群。严格资源、环保、人口等准入标准，完善投入产出评价体系，提高园区产出效益，提高高端化、集约化发展水平。强化中关村、金融街、商务中心区（CBD）、奥林匹克中心区内涵式发展，合理控制空间规模、从业人员数量，着力优化提升金融管理、高端商务、文化交流、国际交往等功能；加快推动北京经济技术开发区、临空经济区的产业承载能力建设和产业转型升级，引导高端要素资源集聚，增强对全市经济发展的支撑能力。

（一）中关村国家自主创新示范区。全力建设中关村国家自主创新示范区，打造具有全球影响力的科技创新中心。充分发挥中关村在政策试点、机制创新探索方面的先行先试作用，在人才培育、金融支持、技术创新和成果转化等方面积极研究新的先行先试政策，加快推进试点示范。优化中关村创新功能布局，加强一区多园统筹协调发展，探索完善跨区域园区共建、共管、共享的机制和模式。着力提升创新驱动发展能力，超前部署应用基础研究，集中力量实施脑科学、量子通信、纳米科学等重大科学研究计划，力争取得一批具有国际影响力的原始创新成果。培育壮大创新型企业，加强创新成果转化应用，积极探索业态、模式创新，重点发展前沿信息、生物健康、智能制造、新材料、生态环境与新能源、现代交通、生产性服务业等主导产业。到2020年，中关村高精尖经济结构基本形成，现代服务业收入占总收入比重超过70%。创新能力显著增强，企业研究与试验发展（R&D）经费投入强度达12%左右，劳动生产率高于全市平均水平60%以上，万元地区生产总值能耗低于全市平均水平70%以上。

（二）北京经济技术开发区。坚持优化调整、高端发展，建设好高技术制造业和战略性新兴产业集聚区。聚焦先导技术和原创技术，带动现有产业转型升级，重点发展新一代信息技术、汽车及新能源汽车、生物医药、智能装备等主导产业，加快推动重大项目建设。探索与中关村联动发展的工作机制，推动科技成果转化利用，提高土地、资金、技术、人才、基础设施等全要素生产率。引导和推动一般制造业龙头企业新增产能、非科技创新型企业向京外转移疏解，做好腾退空间的转型再利用。加强京津冀产业对接协作，不断完善共建共赢的合作模式，积极参与全球产业分工和价值链重组，实现跨区域全产业链布局。

（三）商务中心区（CBD）。进一步发挥商务中心区在国家双向开放中的枢纽作用，建设好国家文化产业创新实验区，强化国际商务中心功能。巩固提升高端商务、国际金融、文化传媒等主导产业的国际竞争力和影响力，优化跨国地区总部发展，促进服务业领域的对外开放、创新发展和融合发展。加快培育国际医疗、国际教育等新兴产业增长点，支持有实力的本土商务服务机构品牌化、国际化发展，积极探索符合国际市场规则的服务业发展新模式。积极推进重点项目建设，力争建成CBD核心区北区，加快CBD核心区南区建设，推进化石营、永安里棚户区改造和旧城更新，完善CBD及周边市政管廊、交通环廊、绿地景观等公共配套设施，有序实施功能疏解，实现存量空间的功能置换和产业升级。力争到2020年CBD功能区增加值年均增长6.8%，达到3540亿元以上，集约经济效益和劳动生产率水平明显提升，产业结构进一步优化，建设成为国际一流的高端智慧商务中心区。

（四）金融街。提升金融街金融产业能级，完善全国性的要素交易市场，服务好国家金融改革和多层次资本市场建设。顺应人民币市场化、国际化发展趋势，强化国内人民币资金配置、国际支付清算能力。培育国际型和专业服务型金融机构，服务好丝路基金等国际组织和金融机构，提升国际化、专业化服务水平。促进金融街发展与历史文化名城保护、城市功能提升的有机结合，调整疏解不符合区域功能定位的机构，做好周边存量资源置换和转型再利用，完善商务、生活、文化等配套服务，增强区域高端金融要素资源承载力。

（五）奥林匹克中心区。强化国际交往联络窗口、世界文化交流平台、国家体育休闲中心等核心功能。依托区内国家体育场、国家游泳中心、国家会议中心等国家级场馆和配套设施，加强环境建设和秩序管理，积极承接和引进国际重大文化、体育等活动，成为具有全球影响力的国际交往活动聚集地。因地制宜调整区域发展建设范围，做好亚洲基础设施投资银行、2022年冬奥会场馆等国家重大项目建设工作，建设中国工艺美术馆暨中国非物质文化遗产展示馆等国家级文化设施。探索国家体育场、国际会议中心等既有设施的市场化运营模式，增强国际文化和体育活动举办、会议展览承办等服务能力。加快形成金融、科技、商务服务、旅游、会展与文化体育融合发展的新模式。

（六）临空经济区。强化首都国际机场航空服务与国际枢纽转运功能，加快区域功能整合和产业转型升级，建设好国家临空经济示范区。鼓励汽车制造、电子信息等现代制造业高端智能精细发展，重点发展航空高端制造业，以航空运输、保税物流、融资租赁等为主的临空高端服务产业，创新发展跨境电子商务、广告会展等关联产业。发挥天竺综合保税区优势，积极发展离岸金融，高标准建设好国家对外文化贸易基地。推动地理信息产业园、跨境电子商务产业园、国际航空航材展示交易体验中心等建设，推进港区一体、产城融合发展。加强与北京新机场临空经济区产业交流与合作，形成各具特色、协同发展的临空经济新格局。

二、加快高端产业新区和特色功能区建设

坚持高标准规划、高水平建设、分时序推进，有序推动四大高端产业新区发展，高度关注特色功能区的培育和政策引导，加快完善基础设施建设，提升公共服务配套水平，承接和集聚国际交往、文化创意、科技创新等高端资源，增强首都科技文化、教育医疗、国际交往服务功能。

（一）通州高端商务服务区。服务北京城市副中心建设，提高承接中心城区调整疏解功能和产业的能力。加快建设环球主题公园，促进首都文化产业和旅游产业发展。推进运河商务区等重大项目建设，带动现代服务业集聚。积极支持通州区创建国家种业综合改革创新试验示范区，发展现代科技农业。稳步推进宋庄文化创意产业集聚区发展，促进形成“创意—创作—交易”的原创艺术产业链。

（二）新首钢高端产业综合服务区。集中力量建设首钢老工业区北区，优先提升区域城市服务功能，加强工业遗存保护利用，重点发展高端数字智能、现代金融、文化创意等产业，促进冬奥广场、世界侨商创新中心等项目建设，推动首钢北京园区与曹妃甸园区联动发展。

（三）丽泽金融商务区。加强与金融街的统筹联动，重点培育互联网金融、金融信息、金融中介等新兴业态，加快金融与科技、文化、信息、商务等高端服务业融合发展，统筹推进符合功能定位的金融机构落户，构建新兴金融产业集群，全力提升金融创新、商务服务功能。完成丽泽北区土地一级开发，基本建成南区商务楼宇和公共设施，加快完善园区内部路网、地下交通环廊等基础设施，创建国家级智慧城市试点和北京市低碳生态试点区。

（四）怀柔文化科技高端产业新区。全面加快怀柔科学城、中国（怀柔）影视产业示范区建设，进一步完善北京雁栖湖生态发展示范区配套设施，大力发展影视文化产业、科技研发产业、会展休闲产业和商贸金融产业，重点打造原创性、基础性、前沿性科技成果研发基地。

（五）强化特色功能区的产业承接能力。重点支持北京新机场临空经济区、北京科技商务区（TBD）、海淀北部生态科技新区、环球主题公园、中关村软件园、北京保险产业园、北京高端制造业（房山）基地、北京基金小镇、北京通用航空产业基地、密云生态商务区、延庆现代园艺产业园等发展建设，主要承接科技研发、文化创意、高端制造、现代金融、航空服务等高端产业资源，带动区域城市化和城乡一体化发展，不断培育壮大区域发展新支撑。加快推进电子商务、三网融合、下一代互联网、软件及应用系统等国家试点示范城市和基地建设。因地制宜发展各类专业集聚区和品牌特色街区，引导总部商务、文化休闲、商贸餐饮等产业实现特色集群发展。规划建设、改造提升一批特色商务楼宇，促进研发、办公、商贸、娱乐融合发展。

专栏8：加快特色功能区建设

加快建设环球主题公园。环球主题公园项目位于通州区文化旅游区内，核心区占地1.2平方千米，将规划建设包括环球主题公园、城市大道和主题酒店等，是全球第6家和国内第1家环球主题公园。

推进海淀北部生态科技新区发展。以“北清路—七北路”为轴线，积极发展新一代信息技术、新能源新材料、节能环保、生物医药产业，打造高端产业聚集示范区。

创新发展北京科技商务区（TBD）。以北京科技商务区（TBD）核心区为重点，大力发展科技服务、信息服务、金融服务等生产性服务业，力争建设成北京市生产性服务业发展高地。

打造北京高端制造业（房山）基地。加快推进中关村新兴产业前沿技术研究院尽快运营，聚焦城市轨道交通、新能源汽车和特色航空产业，发展产业高端环节。加速高端人才、高端团队及研发型、总部型企业集聚，全面打造科技研发及成果转化的高端服务环境。

其他特色专业园区和重要区域功能节点。主要包括北京通用航空产业基地、密云生态商务区、北京保险产业园、北京基金小镇、中关村软件园等。重点完善基础设施和配套服务，提高高精尖产业承接能力，带动区域城市化和城乡一体化发展。

三、强化功能区联动协调与辐射带动

贯彻落实《京津冀协同发展规划纲要》及本市贯彻意见和北京城市总体规划要求，坚持疏解和承接一体谋划、统筹实施，立足各功能区特色资源禀赋，发挥比较优势，促进产

业要素资源在功能区内与功能区间、市域内与津冀地区间合理重组、高效流动，实现创新协同发展。

（一）优化提升城六区重点功能区的首都功能承载能力。中关村、金融街、商务中心区（CBD）、奥林匹克中心区等重点功能区，要坚持调整疏解与优化提升并重，严控增量，有序疏解非首都功能业态和环节，促进“人随功能走”。高效利用疏解空间，重点对接好国家重大战略，服务好国家重大项目落地，提升科技创新、文化交流、国际交往等高端服务功能。促进金融管理、信息服务、商务服务等重点产业专业化、高端化、国际化发展，改造提升传统服务业。

（二）增强城六区以外平原地区重点功能区的首都功能和产业承载能力。城六区以外的重点功能区和特色功能区，要加快完善基础设施建设，提升公共服务配套水平，增强承接能力。支持在昌平区、顺义区、通州区、大兴区等地适度布局建设总部经济发展新区，承接和集聚国际交往、文化创意、科技创新等高端资源，增强首都科技文化、教育医疗、国际交往服务功能。重点发展生产性服务业、战略性新兴产业、高端制造业和临空经济，进一步提升技术创新和优势产业发展水平。

（三）强化重点功能区带动京津冀产业协同发展的能力。充分发挥重点产业功能区辐射带动作用，沿京津走廊、京保石、京唐秦三大产业带，加强重点功能区与天津市、河北省两地的产业对接协作，聚焦曹妃甸协同发展示范区、北京新机场临空经济区、天津滨海—中关村科技园、张承生态功能区等战略合作功能区，用好京冀协同发展产业投资基金、中关村协同创新投资基金等，支持重大项目建设，为实现交通一体化、生态环境保护、产业升级转移的率先突破提供支撑，支持构建区域协同发展和产业协作的主体框架。

专栏9：“4+N”战略合作功能区

曹妃甸协同发展示范区。创新园区合作共建机制，重点建设曹妃甸产城融合先行启动区和首钢京唐二期等重大项目，发展高端装备制造、新能源、节能环保、通航等先进制造业，培育融资租赁、电子商务、第三方物流等与生产密切相关的生产性服务业，打造首都产业转移的主要承接地。

北京新机场临空经济区。加快推进新机场建设，做好基础设施、能源和水资源供应、生态环境建设等配套工作，确保2019年正式投入运营。深度谋划好新航城、新机场临空经济区产业发展规划和建设，同步促进高端航空服务、高端商务服务等生产性服务业发展。

天津滨海—中关村科技园。发挥中关村国家自主创新示范区和天津滨海新区发展优势，推进科技成果转化基地和交易信息服务平台建设，开展投资和贸易便利化试点，重点发展科技服务、高端制造、移动互联网、生物医药、集成电路等产业，打造全国先进制造研发基地、中试基地和生产性服务业集聚区。

张（家口）承（德）生态功能区。以北京、张家口联合承办2022年冬奥会为契机，深化北京市、河北省在体育赛事、文化旅游、基础设施建设等方面的全面合作，推动两地在张承地区合作培育发展大数据产业。加大生态补偿和政策支持力度，发展绿色生态产业、文化旅游、体育健身、健康养老等产业，共建生态文明先行示范区。

N个开放式共建园区。有序引导规范各高端产业功能区资本、技术、管理、人才、标准、品牌输出，与津冀合作共建一批产业对接协作平台、产业创新合作平台、“政府-企业”合作平台、产业联盟。

第四章　营造支撑高精尖经济结构的产业生态环境

深化以科技创新为核心、文化创新为引领的改革创新，注重增强科技原始创新和文化内容原创能力，以供给侧结构性改革为主线，在适度扩大总需求的同时，去产能、去库存、去杠杆、降成本、补短板，以新一轮开放发展提升国际竞争力，以产业跨界融合发展促进业态与模式创新，强化市场在资源配置中的决定性作用，提高政府效能，进一步激发市场和社会主体活力，激发消费者潜力，优化资金、人才等高端要素配置，提升“北京服务”和“北京创造”的品牌价值，不断探索实现高精尖经济结构的发展路径，全力构建促进新消费、培育新供给、增强新动力的产业生态环境。

一、实施创新驱动发展战略

（一）以科技文化双轮驱动为重点推进改革创新。坚持战略前沿导向，积极对接国家重点研发计划、科技重大专项，力争突破一批核心关键技术，取得一批具有国际影响力的原始创新成果。健全促进科技成果转化机制，加快培育一批具有国际竞争力的创新型领军企业，完善创新产品服务采购政策体系，深入实施创新成果示范应用。深入落实并继续推出鼓励创新的先行先试政策，积极构建普惠性政策支持体系，激发科技人才创新创业活力。立足全国文化中心建设，大力促进文化创新，积极推动社会主义先进文化理论创新发展，打造一批思想深刻、感染力强烈的文化原创精品，推动文化产业蓬勃发展。

（二）促进开放式产学研协同创新。推动科技资源开放共享，加快建设企业主导的产学研用协同创新体系，形成协同创新良性发展的局面。在新一代信息技术、生物医药、节能环保、高端装备等领域，建设若干重大创新功能性平台。支持高校和科研院所培育一批协同创新中心，搭建协同创新平台网络。支持企业整合利用国内外创新资源，探索建立全球研发中心、高端实验室、企业技术研究院等新型研发机构，吸引跨国公司在京设立研发中心。鼓励龙头企业建设专业化创新创业平台，面向企业内外部人员开放创新资源和研发能力，打造企业创新生态圈。

（三）提升创新创业服务能力。发挥中关村创新创业引领示范作用，发展市场化、专业化、网络化的众创空间。以科技企业孵化器、大学科技园、留学人员创业园、众创空间为主体，搭建创新创业服务平台，强化以“投资+孵化”为主导的创业服务模式创新，加强创业品牌输出。

二、深入推进重点领域改革和试点示范

（一）积极稳妥推进市场化改革。在制度上、政策上营造宽松的市场经营和投资环境。实行统一市场准入，全面落实国家负面清单管理制度，严格执行北京市新增产业的禁止和限制目录，组织实施“疏解整治促提升”专项行动。建立完善公平竞争市场审查机制，加大对不利于创新创业的垄断协议和滥用市场支配地位及其他不正当竞争行为的调查和处置力度。创新投资运营机制，进一步鼓励社会投资特别是民间投资，服务首都经济社会发展，参与重点产业领域建设。深入推进要素市场化改革，优化交易制度和监管制度，鼓励支持北京产权交易所、中国技术交易所、北京文化产权交易中心、北京环境交易所等重点交易平台做优做强，推动建立京津冀区域一体化的技术、产权、碳排放权、股权等要素市场，促进资本、技术、信息等产业要素资源的有序自由流转，加快创新成果转化和产业化进程。

（二）抓好非基本公共服务供给侧改革。积极稳妥推动教育、文化、卫生、体育、养老等领域非基本公共服务的市场化、社会化进程，支持上述领域非公益性事业单位转企，鼓励社会资本参与非基本公共服务领域的设施建设和公立机构改革。探索民办非企业机构连锁化经营、教育培训机构设立营利性法人机构的路径。以国家文化产业创新实验区建设为重点，积极推动文化产业改革、文化经济政策创新以及产业融合发展。允许外商在重点文化产业园区投资设立演出经纪机构，不断完善区域文化资源开放共享机制。稳妥推进以足球、篮球、排球为代表的职业体育发展，鼓励有条件的国有体育场馆进行混合所有制改革试点，完善赛事市场开发和运作模式，积极推进赛事安保服务社会化。完善养老服务支持政策，鼓励社会力量投资养老产业，健全养老服务体系，培育养老产业集群。

（三）扎实推进试点示范建设。结合国家相关领域重点改革工作，在中关村国家自主创新示范区、国家文化产业创新实验区、海淀区国家服务业综合改革试点区、石景山区国家服务业综合改革示范典型、国家技术转移集聚区等开展试点示范工作，各有侧重、先行先试企业法人登记、科技金融、规划土地、人才集聚、技术创新、成果转化、知识产权质押等政策，集中协调解决共性问题。深入推进外籍高端人才永久居留资格程序便利化试点，放宽人才中介机构外资出资比例限制试点。继续开展科技成果使用、处置和收益管理改革试点。继续深化西城区、朝阳区两个国家级养老服务业综合改革试点区建设，在财政、金融、保险、用地、税费、人才及服务模式等方面进行探索创新，构建养老、照护、康复、临终关怀相衔接的服务模式。

三、促进产业跨界融合发展

（一）积极推进“互联网+”行动。积极培育基于“互联网+”的新技术、新服务、新模式和新业态。推进“互联网+”与金融、文化、商务、制造、能源、农业等产业的融合创新，鼓励运用信息技术重构和整合产业链条，促进产业转型升级。支持利用“互联网+”技术盘活各类社会资源，规范发展基于互联网、移动互联网的信息展示、在线交易、众包、众筹、出行共享等分享经济模式和业态。推进“互联网+”在公共安全、生态环境、城市交通等城市运行保障行业，以及在教育、医疗、养老等公共服务行业的服务创新，发展一批符合首都城市战略定位的新兴业态。

（二）推进服务业与工农业融合发展。积极推动制造业服务化、融合化发展，培育产品设计、品牌运营、资源集成、产权经营等服务业态，围绕新能源智能汽车、集成电路、轨道交通、航空航天、智能装备等高端制造业，发展网络众包、规模化个性定制、精准供应链管理等服务，促进生产方式向柔性化、智能化、精细化、绿色化转变。鼓励龙头企业整合关键产业链条，促进研产供销、工控体系应用、经营管理等全流程无缝连接和综合集成，重构产业价值链，抢占战略制高点，辐射带动制造业转型升级。发挥首都农业研发资源富集优势，聚焦农业现代化薄弱环节，鼓励面向全国推广优良品种和病虫害防治、农产品检验检测认证等农业技术，推动农业信息化改造和标准化应用，加快农产品生产、收储、加工、运输、交易等环节的信息化改造和标准化应用，保障农产品质量安全和供给。

（三）发展平台经济支撑跨界融合。支持有条件的企业向平台型企业转型，推动云计算、物联网、大数据等新技术在平台经济中广泛应用，提升平台经济的创新内涵和技术含量，形成多业态、多功能、多业务融合发展。强化平台经济对上下游产业的双向带动和统筹整合能力，加快形成以平台经济为核心，现代服务业与高端制造业互动并进、融合发展的良性格局。鼓励各类互联网平台与实体经济嫁接，发展定制化生产和线下产业链，提升互联网平台的服务价值和带动功能。

四、壮大培育多元市场主体

（一）服务好中央单位在京发展。支持中央在京企业综合运用人才、资本、科技、信息、市场等方面的优势，做强创新型研发设计、全球枢纽型营销、高效融资和资金结算、高端智能制造等核心业务。支持中央在京教科文卫体事业单位发展，配合做好经营性事业单位的转企工作。推动央地企业协同发展，深化央地、军民融合创新，促进信息、技术、人才等要素资源流动共享、渗透兼容。

（二）增强国有企业发展活力。不断提升国有企业资本运营能力，聚焦城市水、电、气、热、路等基础设施建设和运营，切实保障首都城市安全有序运行。以混合所有制改革为突破口，加大国有企业调整重组力度。探索试点组建国有资本投资运营公司，加快推进垄断行业改革。推动企业改制上市，不断提升国有资本市场价值。

（三）支持非公有制经济健康发展。推动非公有制企业进入特许经营领域，鼓励各类资本参与混合所有制改革，保护各种所有制企业产权和合法利益，改善企业市场预期。发挥中小企业在创新、创业、增加就业中的作用，建立健全中小企业融资担保体系，大力发展融资担保机构，用好中小企业创投引导基金，破解中小企业融资难融资贵问题。落实国家小微企业税收政策。

（四）充分发挥新型产业组织作用。推进行业协会商会与行政机关脱钩，进一步发挥行业协会商会的服务功能。鼓励构建以企业为主导的产业技术创新战略联盟，推动跨领域、跨行业协同创新。重点支持一批在技术或服务标准创制、技术平台设定、组织企业参与国际市场竞争等方面贡献突出的产业联盟、产业协会等社会组织。

五、进一步扩大对外开放

（一）积极推进北京市服务业扩大开放综合试点建设。围绕科学技术服务、互联网和信息服务、文化教育服务、金融服务、商务和旅游服务、健康医疗服务等六大重点领域有序放宽市场准入，支持朝阳区、顺义区等示范区先行先试。改革监管模式，深化对外投资管理体制改革，简化境外投资结汇手续，优化配套支撑体系，提高投资贸易便利程度，推动国际货物和服务贸易优进优出，努力形成国际化、法治化、透明化的服务业双向扩大开放新格局。动态调整、不断充实服务业扩大开放清单。主动争取更多国家层面改革开放措施在本市先行先试，不断拓展服务业开放的深度和广度，加快技术、标准、服务走出去步伐，深度融入全球产业链、价值链、物流链。

（二）创新开放型经济发展方式。统筹贸易与投资，坚持引进来和走出去并重、货物贸易和服务贸易并进、引资和引技引智并举，发展更高层次的开放型经济。主动融入和服务国家“一带一路”战略，加强与沿线国家和地区的深入合作，实施一批重大项目，带动关联产业在沿线国家协同布局。创新对外投资合作方式，鼓励企业通过海外并购、联合经营、设立分支机构开拓国际市场，支持优势产业市场主体到境外建立货源供应基地、生产制造基地和贸易平台。深化与境外园区合作，建设符合企业需求的海外产业园区、研发基地、产业孵化基地。继续扩大外资利用规模。鼓励货物贸易企业向价值链高端延伸，支持具有自主知识产权和自主品牌的企业出口。提升服务贸易发展水平，促进制造业与服务业、货物贸易与服务贸易协调发展，提高货物贸易中的服务附加值。大力推进跨境电子商务发展。

（三）建设好世界高端企业总部聚集之都。优化发展总部经济，鼓励总部企业积极参与“一带一路”、京津冀协同发展等国家战略。引导总部经济在京合理布局，实现差异化发展。优化提升城六区总部经济集聚区，加快发展城六区以外总部经济发展新区，重点培育科技创新型总部经济集聚区。进一步深化服务业扩大开放综合试点，吸引世界高端企业、国际组织、跨国公司根据规划布局设立全球总部或地区总部。支持总部企业扩展充实研发设计、财务结算、国际营销等实体功能，在京津冀区域完善产业链条，拓展发展空间。鼓励总部企业加强全球布局，深度融入全球产业链，加强国际合作，提高全球配置资源能力和控制力。鼓励航空航天、高铁、装备制造、新型建材、电子信息等领域央企与市属企业抱团出海，共同开拓海外市场，推动装备、技术、服务、标准、品牌走出去，提升总部企业国际竞争力和影响力。支持金融、科技、商务等领域骨干企业，做好境外投资相关的商务、法律、前期评估、战略咨询、投融资支持、投资环境考察等配套服务，与国际标准接轨，开展国际化业务。

六、创新金融服务体系

（一）拓展产业发展的直接融资渠道。积极扩大股权直接融资渠道，大力发展创业投资、股权投资、并购基金。支持有条件的企业在境内外资本市场上市，鼓励科技公司在“新三板”“四板”等资本市场挂牌、融资，鼓励和支持符合条件的公司运用各类直接债务融资工具。

（二）创新发展形式多元的间接融资。适应人民币市场化改革，鼓励金融机构向符合首都城市战略定位的科技、文化等高精尖经济结构领域提供融资支持。引导金融机构开展金融产品和金融服务创新，深化信用贷款、股权质押贷款、投贷联动、知识产权质押贷款、信用保险和贸易融资、产业链融资等各类信贷创新试点，加强针对科技企业、文化企业的信贷产品和服务创新，积极发展金融租赁产业。加强与国家政策性银行开展金融战略合作，加快推动京津冀金融业务同城化发展，降低跨行政区金融交易成本。

（三）充分发挥财政资金的导向作用。完善市级产业投资引导基金体系，发挥创业投资引导基金、股权投资基金、京冀协同发展产业投资基金、北京城市副中心建设发展基金等系列基金的导向作用，广泛吸引社会资本参与，拓展和丰富多主体、多层次、多门类的“北京服务”“北京创造”基金群，推动形成多元化、多层次、全方位的投融资渠道。加快完善投资风险补偿基金体系，完善政府与社会投资机构风险共担机制。

七、建设高端人才队伍

（一）集聚全球高端产业人才。落实人才强国战略和首都人才优先发展战略，继续实施好“海聚工程”“高创计划”，在全球范围内吸引国际顶尖科学家、工程技术专家、高级经营管理人才等来京创新创业。开展产学研用联合培养人才试点，依托领军企业与国际一流高校、科研机构，培养一批顶尖技术骨干和高层次产业领军人才。深化中关村人才特区建设，进一步优化海外高端人才引进和服务保障政策，提高工作准入、居留、医疗和出入境等便利化程度。建立灵活多样的高端创新、创业人才流动和配置机制，鼓励高校教师、科研机构人员从事成果转化、创新创业。

（二）建设国际化智库汇聚地。发挥首都人才优势、智力优势，支持通州区、怀柔区等引进国内外智库机构，推动全市形成多学科、多门类、具有国际影响力的智库体系。建设高端智库人才队伍，引导各类智库参与政府决策咨询，培育一批具有国际影响力的智库人才。积极加强与国际化智库机构的合作，推动智库间国际交流，支持智库合作开展全球重大课题研究，不断提高智库国际化水平。建立健全智库发展资金保障体系。

（三）强化创新型人才培养。充分释放高校院所创新创业潜力，支持在京高校院所开设创业课程、创业讲座，打造高校院所创客空间、科技成果转化和技术转移平台，营造青年科技人员和大学生敢于创业、乐于创业的文化氛围。发挥好科技企业孵化器、留学人员创业园、创客空间等作用，为连续创业者、海外创业者、具有自主知识产权的创业者等提供融资、咨询、市场调查等系统创业服务。支持领军企业加强与全球知名高校、企业、科研机构合作，建立海外孵化基地，建立信息和市场资源共享渠道，帮助创业企业和创业者开拓国际市场。

八、实施品牌发展战略

（一）促进知识产权创造、运用、保护和管理。深化国家知识产权试点示范城市建设，推动中关村国家知识产权服务业集聚发展示范区发展，加快培育一批国家知识产权示范企业和知识产权优势企业，推进技术专利化，专利标准化，标准国际化，加快提升专业化、规范化、国际化的知识产权服务品牌。建立健全知识产权交易平台和服务体系，培育评估、交易、转化、投融资等专业化、市场化服务机构，提高知识产权分析评议、运营实施、评估交易、投融资和维权等服务水平。发挥好知识产权法院作用，加大对科技创新活动和科技创新成果的法律保护力度，依托知识产权快速维权中心，为企业提供便捷、快速的一站式服务。全面实施知识产权战略，壮大专利、商标、版权等产业链高端环节，占领市场竞争制高点。

（二）深入实施标准化战略。深化标准化工作改革，加快标准化与产业发展的深度融合，激发市场主体活力，引导支持企业将拥有的自主技术转化为标准，提高企业在国际、国家和行业标准制定中的话语权。全面启动中关村国家技术标准创新基地建设，搭建标准创新公共服务平台。提升标准对生产性服务业的覆盖范围和支撑力度，提高金融、研发、咨询、技术转移、知识产权等专业服务领域的标准化和规范化水平。围绕生产性服务业、战略新兴产业、高端制造业等现代产业和优势主导产业，形成一批包含自主创新先进技术、在国内外具有重要影响力的核心标准，培育一批创制、采用先进标准的优势企业群体和标准联盟，彰显“北京标准”品牌价值，提升“北京服务”“北京创造”品牌价值，增强国际竞争力和影响力。

（三）加快推进高端要素市场建设。不断完善各项政策和配套机制，打造一站式、一体化的股权投资服务体系。围绕首都城市战略定位、金融支持京津冀协同发展和国家重点领域市场化改革等方面，推动“新三板”“四板”市场及重点交易场所建设，不断优化首都要素市场结构。支持中国水权交易所、北京产权交易所、北京金融资产交易所、北京环境交易所、京津冀协同票据交易中心等重点交易平台进一步整合资源，健全规则体系，不断增强市场竞争力、行业影响力和区域辐射力。

第五章　保障措施

一、着力推进简政放权

积极对接国家商事制度改革，深入落实注册资本认缴制、企业年报、“先照后证”、“多证合一、一照一码”等措施，提高工商登记注册便利化水平。进一步深化行政审批制度改革，规范行政审批行为，减少、简化、整合产业重大项目投资的前置审批及中介服务，降低企业的制度性交易成本；加强配套监管体系建设，强化事中事后监管。进一步简化企业境外投资核准程序。运用大数据、云计算、物联网等信息化手段，提升政府服务管理效能。认真落实各项涉企政策，正税清费，进一步清理各种不合理收费，积极解决企业在转型升级和调整疏解过程中遇到的困难与问题。

二、严控产业准入标准

严格执行北京市新增产业的禁止和限制目录，严控新增不符合首都城市战略定位的产业，坚决控制高耗能、高排放项目新建和改扩建。认真落实《北京市推进节能低碳和循环经济标准化工作实施方案（2015—2022年）》，建立市场准入标准与产业的禁止和限制目录相互衔接机制。大力实施产业绿色化改造，健全重点行业领域节能、降耗、减污、增效的长效机制。深入落实各区、各高端产业功能区功能定位，严格资源、环保、人口等准入标准，强化劳动生产率、地均产出等效益指标，完善投入产出评价体系。研究低端存量资源退出、置换机制，合理控制园区开发强度，促进产业结构调整工作有序进行。

三、加强政策集成创新

完善政府采购办法，逐步加大政府购买服务力度。执行扶持小微企业各项税收优惠政策，落实好高新技术企业所得税优惠政策。进一步完善科技创新政策体系，推动科技成果的使用权、处置权、收益权改革。研究制定支持非基本公共服务领域市场化、社会化改革的政策，支持社会资本投资教育、文化、卫生、养老等领域。创新消费促进政策，鼓励绿色消费、品质提升型消费等。

四、推动京津冀产业协同发展

积极推进京津冀区域全面创新改革试验，全面打造协同创新共同体，建立健全产业有序转移的需求发现和对接服务机制，探索一批可复制、可推广的改革措施和创新性政策。积极推进京津冀创新主体市场化合作，协同实施一批技术创新工程，联合建立一批产业技术创新战略联盟，共建京津合作示范区等一批产业园区和科技园区，建立跨区域创新协作服务平台，构建企业、高校院所、产业投资机构、科技咨询机构等多主体参与的创新合作体系，支持在京高等学校、科研机构在天津市、河北省建立技术转移转化平台，提高创新成果转化效率。加快推动区域协同创新和产业升级转移，合作搭建京津冀服务业融合创新和展示交易平台，支持企业跨行业、跨区域开展合作。促进优势产业链发展，推动形成覆盖区域的生产性服务业辐射圈，加快建立京津冀大旅游格局，推进区域农产品研发、产销、服务一体化，促进航空航天、新能源装备制造、智能终端、大数据、生物医药、汽车等跨区域优势产业链发展，推动产业加快转型升级。

五、加强空间资源配置

鼓励疏解转移的企事业单位在符合城乡建设用地减量提质要求的基础上，改造利用老旧商业设施、仓储用房、工业厂房发展符合首都城市战略定位和本市产业政策的现代产业。改造项目应严控建筑增量，在补充城市功能短板的基础上合理确定规划指标，通过优化设计方案提高建筑及环境品质。加强高端产业功能区基础设施和配套服务体系建设，改造利用和规划建设一批全天候、无时差的国际协同生态智能商务楼宇，提高产业承载能力。

六、完善统计评价体系

根据国家产业分类标准，结合本市实际，加强新兴产业统计研究，完善产业统计制度，健全统计指标体系。根据高端产业功能区发展定位，完善高端产业功能区发展评价机制。强化对重点产业、高端产业功能区的动态监测、分析研判工作，为保障首都经济平稳健康发展提供依据。

七、强化规划实施监督

全面落实本规划确定的各项目标、任务，完善规划监督考核机制，做好规划中期评估，促进规划目标和任务顺利完成。加强各行业主管部门与各区、各产业功能区的沟通对接，进一步发挥产业联盟、行业协会、商会等的作用，健全规划政策制定、重大项目协调、监测分析预警工作体系。

（此规划由北京市人民政府以“京政发〔2017〕6号”文件发布，http：//zhengce.beijing.gov.cn/library/192/33/50/49/438660/142691/index.html）

北京市“十三五”时期都市现代农业发展规划

前　言

《北京市“十三五”都市现代农业规划》（以下简称《规划》）是北京市国民经济和社会发展第十三个五年规划所属的专项规划之一，是在总体规划纲要指导下的专项规划，具有明显的区域性和专业性。

《规划》归纳总结了“十二五”时期北京农业的发展成效，分析“十三五”时期所面临的机遇与挑战，从农业在首都经济与社会发展中的地位与作用出发，确定发展思路，从结构调整、布局优化、主要任务、重点工程、保障支撑等层面谋划都市现代农业未来五年的发展。通过统筹城乡资源，转变发展方式，深度开发农业多功能，使都市现代农业成为首都鲜活安全农产品供给的基础保障、宜居之都的生态保障，打造农民的家园和市民的乐园，为首都“十三五”时期经济社会科学发展与宜居之都建设提供有力支撑。

《规划》的主要依据有：党的十八届三中、四中、五中全会精神，《北京市国民经济和社会发展第十三个五年规划纲要》《京津冀协同发展规划纲要》《北京城市总体规划（2004—2020年）》，北京市委、市政府《关于调结构转方式、发展高效节水农业的意见》（京发〔2014〕16号），《北京市“十三五”时期城乡一体化发展规划》《北京市土地利用总体规划（2006—2020年）》《北京市国家现代农业示范区建设实施方案（2015—2020年）》（京新农发〔2015〕1号）。规划期限为2016—2020年。

一、背景分析

（一）“十二五”北京农业发展成效

“十二五”时期是北京都市现代农业深入发展的重要阶段，首都农业根据城乡一体化经济社会发展新格局的战略部署，创新发展模式和工作机制，加大政策扶持力度，实施了一批重大工程，取得了重要的阶段性成果，基本形成了业态丰富、功能多样、环境友好、特色鲜明的都市现代农业产业体系和支撑保障体系。

1. 农业生产高端高效特征日趋明显。统筹推进“菜篮子”产业发展，大力发展设施农业，全市设施面积达到了35.5万亩，全市设施农业实现收入55.5亿元。加快推进养殖业的规模化发展和标准化生产，畜禽规模化养殖比例已达到80%。扎实推进“种业之都”建设，2014年全市种业销售额达117亿元。沟域经济建设取得新的进展，休闲农业与乡村旅游快速发展，2015年实现总收入39.2亿元。会展农业方兴未艾，成功举办了世界草莓大会、世界种子大会、北京农业嘉年华等具有国内外影响力的农业会展。全面加强动植物疫病防控，稳步提升农产品质量安全水平，生产基地农产品合格率处于全国前列。

2. 农产品供给保障水平保持稳定。在不断提升自身生产发展水平的基础上，强化区域合作，完善农产品供应链条，发展外埠蔬菜基地超过60万亩，通过龙头企业建立起一批联系紧密、可控性强的畜禽产品外埠生产基地；畅通鲜活农产品绿色通道，春节期间北京蔬菜日均供应量增加10%左右，圆满完成了APEC会议、中国人民抗日战争暨世界反法西斯战争胜利70周年阅兵、世界田径锦标赛等重大活动的农产品供应保障。全市肉、禽、蛋、奶自给率已达31%、63%、54%、56%，市场控制率已达到83.3%、69%、67%、79.7%，有力保证了首都农产品市场的有效供应，提升了应急保障水平。

3. 农产品市场竞争力不断增强。农产品加工业形成了“三区统筹发展、两环拓展提升、一带特色添彩”的空间发展格局。全市拥有国家重点龙头企业达到39个，涉农上市龙头企业10个，各类农业龙头企业吸纳劳动力就业12万人。形成了一批有影响力的农业品牌，三元食品、德青源鸡蛋、鹏程肉食等品牌知名度不断上升，品牌价值超过1 000亿元。农业合作组织发展壮大，全市农民专业合作社达到6 744个，辐射带动近3/4的一产农户。

4. 农业生态服务价值持续提升。大力开展农作物秸秆禁烧与综合利用，全市主要农作物秸秆综合利用率达到97.7%。测土配方施肥技术连续5年全覆盖，推广绿色防控技术、推行精准科学施药和病虫害统防统治，亩均化肥用量降幅超过25%，化学农药使用总量降幅超过20%。加快规模化养殖场粪污处理，实施增殖放流涵养水源，开展北运河流域水系农业面源污染防治，2015年全市农业源化学需氧量和氨氮排放总量比2010年减排17%，超额完成了国家“十二五”减排任务。不断强化农业“生产性绿色空间”的定位，2015年北京都市型现代农业生态服务价值年值达到3 481亿元，贴现值达到10 414亿元。

5. 现代农业支撑能力明显提高。全面实施新农村“三起来”、都市现代农业综合开发等一系列民生工程，打造了113万亩优质产业田、优良生态田和优美景观田，农田节水灌溉率超90%，全市主要农作物耕种收综合机械化水平提高到87.6%。全面实施新农村建设“五+三”工程，实现了村庄全覆盖。深入推进农业科技创新推广体制机制创新，加快农业科技成果转化，研制了世界首个水稻全基因组芯片，主导完成了世界首张西瓜序列图谱，建成世界最大的玉米标准DNA指纹库，京红、京粉和农大节粮型蛋鸡配套系世界销量第一，京科系列玉米品种推广面积占全国玉米种植面积的18%。国家现代农业科技城建设稳步推进。北京市农业科技贡献率超过70%，高出全国平均水平约16个百分点，接近发达国家水平。

（二）“十三五”北京农业发展形势

现阶段，我国经济进入新常态、改革进入深水区，北京的经济社会发展将更加突出疏解非首都功能、治理大城市病，面临更加深刻的结构调整，以突出发展的质量和效益。北京农业发展的内外部环境也因此而发生了深刻变化。

新形势下，北京农业发展在自然资源、市场竞争等方面面临的压力更加明显。农业生产空间不断调减，粮菜占地规模由230万亩减少到150万亩，2万亩畜禽养殖、5万亩渔业、70万亩菜田、80万亩粮田组成的“2578”格局成为未来北京农业的主战场。水资源与环境对农业的约束日益趋紧，社会对农业的负外部性愈加关注。农业的土地使用成本和机会成本、生产资料价格、劳动力成本等都在不断抬升。随着经济全球化进程的加快，国际国内市场全面开放，以及互联网+农业的不断发展，北京农业面临的市场竞争将愈加激烈。

但综合来看，北京都市现代农业发展依然大有可为。一是京津冀协同发展提供广阔空间，统筹资源、优化布局、对接产业，可以实现三地农业的优势互补、互利共赢。二是北京四中心定位中关于“科技创新中心”的定位，为科技创新驱动都市现代农业发展创造了有利条件。三是信息技术的发展为农业转型升级开辟了新途径，“互联网+”必将成为改造传统农业、促进集约化经营、提高农业生产经营效率的重要手段。产业融合拓展了北京农业的外延与内涵，成为农业产业发展的新趋势及农村经济增长的新动力。

这些机遇和挑战将是当前和今后一个时期北京都市现代农业发展的新常态。“十三五”期间，北京都市现代农业仍然是首都鲜活安全农产品供给的基础保障，是首都生态屏障的重要组成，是首都和谐宜居的基础支撑，是农民的家园和市民的乐园。这就要求北京在“十二五”时期全面开发农业功能的基础上，在“十三五”时期，北京的农业要向着设计更精细、形态更高端、功能更多元的方向发展，以建设国家现代农业示范区为契机，培育农业新的发展主体、转变发展方式、调整产业结构、创新发展动力，实现北京都市现代农业又好又快的发展。

二、基本思路

（一）指导思想

深入贯彻落实党的十八大以及十八届三中、四中、五中全会和习近平总书记系列重要讲话精神，紧紧围绕“创新、协调、绿色、开放、共享”的发展理念和首都功能定位，强化农业生态、生活、生产、示范四大功能，以发展北京都市现代农业为方向，按照高科技、高辐射、高效益、生态环保、质量安全、集约节约的发展要求，着力构建与首都功能定位相一致、与二三产业发展相融合、与京津冀协同发展相衔接的农业产业结构，打造生态环境友好、产业产品高端、田园乡村秀美、管理服务精细、城市郊区共融的都市农业“升级版”，为建设国际一流的和谐宜居之都提供有力支撑和坚实保障。

（二）基本原则

——绿色发展、生态优先：坚持绿色发展理念，立足资源可承载能力、环境可容纳能力，围绕水土资源去库存、农业投入品降成本、生态建设补短板，突出强化农业的生态功能。发挥农业正外部性，发展节水农业、生态农业和循环农业，推进节水、节肥、节药等资源节约型、环境友好型农业发展，推动农业降成本。减少农业负外部性，强化农业面源污染防治，促进农业废弃物资源化利用和农业节能减排。丰富首都市民生活，为和谐宜居之都建设提供有效支撑。

——协调发展、打造高端：坚持协调发展理念，立足首都优势和市场需求，做优做精籽种农业、观光农业、设施农业、农产品流通服务业等重点产业，打造都市现代农业高精尖产业和安全农产品品牌；瞄准市场更加多元、更高层次需求，深化农业结构调整，推进农业供给侧结构性改革，使首都农产品生产与首都市场的需求相适应，保障首都农产品高品质、多元化有效供给。积极发展互联网+农业，走集约化、生态化、精致化、融合化、信息化之路，加快推进一二三产融合，促进农业集群化发展，不断提高农业生产效率和市场竞争力，打造农业发展新增长点。

——开放发展、引领津冀：坚持开放发展理念，按照国家京津冀协同发展战略部署，积极引导部分产能向津冀转移。拓展首都农业发展空间，形成多层次、开放互补型的域内外产业结构。推进京津冀技术推广、品种认定、质量安全监管、屠宰检疫、动植物疫情防控等方面协同合作发展。发挥北京科技资源多、发展水平高、市场潜力大、消费能力强等优势，利用津冀的广阔发展空间，推进产业、市场、科技、生态协同发展，推动生产要素合理流动与资源高效利用，为区域一体化发展提供基础支撑。

——共享发展、服务首都：坚持共享发展理念，充分发挥北京都市现代农业示范功能，在发展理念、政策机制、科学技术等方面，引领全国都市农业发展，与全国共享北京农业的发展经验与机制。丰富都市现代农业发展内涵，让农业不仅为从业农民增收服务，也为市民需求服务，围绕城市宜居和精神文化需求，统筹城乡，延伸农业的服务面，让农业进城，让市民下乡，共享都市现代农业发展成果。

——创新发展、示范全国：坚持创新发展理念，瞄准北京“科技创新中心”的定位，抢占农业科技制高点，打造国家现代农业发展的样板区和农业科技创新的引领区，加快设施农业、质量安全、种业、农业废弃物综合利用、物联网信息化等方面技术创新。围绕要素配置、经营主体培育、适度规模化经营、农业支持保护、社会化服务等开展模式和机制创新，实现产业提质增效和绿色安全，示范辐射全国都市现代农业发展。

（三）总体目标

按照三高并举（高端、高效、高辐射）、三产融合（一、二、三产业）、三生共赢（生态、生产、生活）、四化同步（工业化、信息化、城镇化、农业现代化）的理念，全面推进国家现代农业示范区建设。到2020年，土地产出率、劳动生产率、资源利用率国内领先，农业的多功能广泛拓展，农业发展方式有效转变，一二三产深度融合，现代农业的核心竞争能力、服务城乡能力、生态涵养能力显著提升，使北京成为全国都市农业引领区、国家现代农业示范区、高效节水农业样板区、京津冀协同发展先行区，率先在全国全面实现农业现代化。

（四）具体目标

全面提升“菜篮子”保障水平。本市蔬菜供应能力稳步提升，菜田面积达到70万亩，禽蛋、鲜奶供应保持稳定。外埠供应能力明显提高，到2020年河北供应北京的蔬菜提高5个百分点以上，肉蛋奶提高10个百分点以上，水产品提高3%以上。

全面提升农业生态建设水平。化肥、化学农药施用量实现负增长，农用化肥和化学农药利用率分别提高到40%和45%；规模养殖场畜禽粪便污水处理利用率力争达到100%，农膜回收率达95%以上，农作物秸秆全部综合利用，水生生物养护实现水域全覆盖，农业生态系统服务价值提高10%以上。

全面提升农业生活服务水平。将农业生产空间打造成优质产业田、优良生态田、优美景观田，山水林田路生态格局初步形成，农业多功能得到深度挖掘与拓展，一二三产深度融合，休闲观光农业收入50亿元。

全面提升现代种业发展水平。围绕农作物、畜禽、水产、林果四大种业，打造全国种业创新研发中心和交流交易中心，种业销售额达到150亿元以上。

全面提升农业节水水平。农业用新水减少到5亿立方米左右，农业灌溉水利用系数提高到0.75，农田有效灌溉面积达到95%以上，水资源利用率提高15%以上，达到国际先进水平。

全面提升基础设施与装备水平。农田水利设施基本配套，高标准农田面积比重达到60%以上，节水灌溉比例达到95%以上，主要农作物耕种收综合机械化水平达到90%以上；设施生产机械化、智能化、信息化水平明显提高。

全面提升农业经营管理水平。农民组织化程度和规模化经营水平显著提高，其中农户参加合作社比重达到75%；提高规模化经营水平，土地适度规模经营比重达到70%；畜禽规模化养殖比重达到85%；农产品加工业产值与农业总产值之比达到3.5∶1；农村居民人均可支配收入达到30 000元。

全面提升农业科技服务水平。农业科技创新能力、新型产业培育能力和社会化服务能力显著提升，“互联网+”农业得到广泛应用。打造成京津冀地区的“农业科技创新高地”和“农业信息化应用高地”。到2020年，北京农业科技贡献率达到75%，土地产出率达到3 125元/亩，劳动生产率达到6万元/人，农业用水效益达到50元/立方米。

全面提升农业安全生产水平。全市“三品”认证农产品产量比重提高到60%，农产品安全生产与质量监管水平显著提升，确保不发生重大质量安全事件；动植物疫病防控实现联防联控，提升应急与处置能力。确保不发生重大疫情与病害；农业生产环节安全监管与农业执法能力建设得到进一步加强；基本实现农产品优质优价。

全面提升京津冀协同发展水平。强化三地区域合作与机制创新，统筹生产保供给，联防联控保安全，互动协作保生态。实现产业协同、科技协同、生态协同、安全协同与信息协同，形成各具特色、布局合理、产销衔接、产业融合水平较高的京津冀农业发展格局。

“十三五”时期北京都市现代农业发展核心指标

指　标	单　位	2015年	2020年	增幅
农村居民人均可支配收入	元	20 569	30 000	45.9%
农业生态服务价值	亿元	10 414	11 455	10.0%
种业销售额	亿元	117	150	28.2%
休闲农业收入	亿元	39.2	50.4	28.6%
菜田面积	万亩	65	70	7%
土地产出率	元/亩	2 080	3 120	50%
劳动生产率	万元/人	2.9	6.0	107%
高标准农田面积比重	%	60	75	15
主要农作物耕种收综合机械化水平	%	87.6	90	2.4
“三品”认证农产品产量比重	%	37.2	60	22.8
农业用新水量	亿立方米	6.45	5	-29
灌溉水利用系数	—	0.71	0.75	5
化肥利用率	%	29.8	40	10.2
农药利用率	%	39.8	45	5.2
农作物秸秆综合利用率	%	97.7	100	2.3
农业科技贡献率	%	70	75	5
农户参加合作社比重	%	55	75	20

三、产业结构与布局

（一）产业结构调整

按照“调粮、保菜、做精畜牧水产业”的总体要求，推进农业产业结构调整，努力

“调出高效益、调出可持续、调出新机制”。

1. 种植业。以地下水严重超采区为重点，减少商品粮田与高耗水作物种植面积。粮经产业重点打造“三块田”（籽种田、景观田、旱作田），着力提升综合生产能力、生态服务能力和景观服务能力。平原区以节水、高效、种养结合为目标，着力发展小麦玉米籽种、饲草、大田景观等作物种植；半山区以调整优化产业结构为目标，着力发展玉米、杂粮等特色经济作物种植；山区以推进沟域景观化为目标，着力发展生态作物和景观作物种植。蔬菜产业重点打造“三类园”（规模化蔬菜专业镇，特色蔬菜专业村，园艺化蔬菜生产园），着力发展具有北京地域特色、高附加值或不耐长途运输的蔬菜生产，资源利用率低的蔬菜生产方式逐步退出；城市周边建设以休闲为主的现代都市蔬菜体验展示区；南部的大兴、房山等区形成以冬淡季设施蔬菜生产为主的京郊蔬菜主导产区；北部的延庆、怀柔、密云、昌平和门头沟等区重点发展喜冷凉蔬菜，将其建设成北京市夏淡季蔬菜供应生产区；通州、顺义、平谷三个区强化蔬菜品牌培育和深加工，形成北京市特色、精品、高档蔬菜产品优势区。科学划定80万亩粮田、70万亩菜田与100万亩果园生产空间。扶持黑龙江首农双河农场的发展，为北京市民的菜篮子、米袋子提供更多的优质安全农产品。

2. 畜牧业。建立无害化、规模化生产体系、繁育体系和屠宰加工体系，重点发展“三个场”（良种场、养殖场和屠宰场）。科学划定畜禽禁养区，不再新建和扩建畜禽养殖场，逐步扩大规模化养殖比重，其中生猪的规模化养殖比重由目前的75%上升至90%，家禽和奶牛达90%以上。生猪出栏调减100万头左右，肉禽出栏调减2 500万只左右，奶牛存栏调减2万头，稳定蛋鸡存栏1 700万只。

3. 渔业。根据“以水定产”的原则，扩大生态净水面积，优化品种结构；鼓励有实力的企业、个人，将养殖场向津冀等水资源相对充足的地区转移。以池塘改造、温室循环和工厂化养殖为主，重点发展“三条鱼”（籽种鱼、休闲鱼、精品鱼）。降低草鲤鱼养殖面积，扩大观赏鱼和籽种鱼比例；加快发展远洋捕捞渔业。到2020年全市渔业养殖水面稳定在5万亩左右。

4. 林果业。优化“八带、百群、千园”布局，将100万亩鲜果园划定、上图、入库。大力开展高效节水果园建设，实施低效果园更新改造；探索果园土地经营权流转方式，创新企业、社会、农民投入为主体的经营模式，建立现代果品经营体系。强化现代化果树管理技术创新与推广应用，促进果树产业规模化、集约化、现代化发展，提升北京果品产业整体水平。

（二）总体布局

根据土地适宜性、资源禀赋和市场需求，按照调结构、转方式，发展高效节水农业的要求，优化产业布局，形成“一核”带动、“五区”互动、协同发展的格局。

1. 一核。一核是指北京市现代农业示范区核心区，位于顺义区和通州区。顺义区将重点打造成北京市重要的农副产品生产基地、农业高新技术产业集成与智能装备综合展示区。通州区将重点打造成中国种业硅谷、北京农业科技总引擎、北京新兴农业孵化器以及城乡一体化试验区。

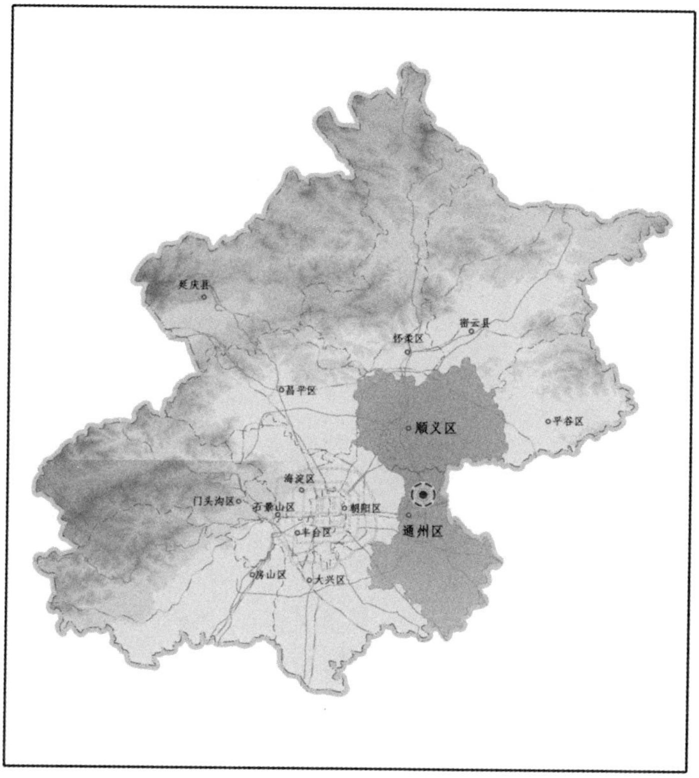

图 1 北京都市现代农业“一核”

2. 五区。城市创意休闲农业区：包括东城、西城、石景山、朝阳、海淀、丰台城乡结合部和新城的周边地区，重点发展农业高新技术研发、总部经济、景观农业、创意农业、农产品流通业、农业主题公园和休闲观光农业，打造农产品展示交流交易平台，并为农业提供科技支撑和金融、保险等社会化服务，发挥城市农业的基本功能。平原高效精品农业区：包括顺义、大兴、通州和房山、平谷、昌平的平原地区，以绿色、无公害农产品生产为重点，发展高效节水农业、籽种产业、设施农业和农产品加工物流产业，打造一批优质、高端、有机农产品生产基地，保障本市“菜篮子”的有效供给和应急供应。山地生态服务农业区：包括房山、门头沟、昌平、怀柔、延庆、密云、平谷的山区和浅山区，以绿色、有机农业为重点，发展特色农业、健康养殖产业。深山区以生态涵养为主，着重发展循环农业、低碳农业、有机农业和沟域经济，拓展农业功能，服务城区市民休闲需求。京津冀农业协同发展区：包括天津市和河北省廊坊市、承德市、唐山市、保定市、沧州市等区域的26个区县。以实施京津冀农业合作项目为重点，共建一批环京津的肉、蛋、菜、奶“菜篮子”产业基地，与首都“菜篮子”产品销售网络相对接，形成首都农产品外埠供应基地网络。环京津高效生态农业区：除京津冀农业协同发展区外的河北省其他区域，包括146个县（市、区）。该区域将突出高产高效、加工物流、生态涵养三大功能，以疏解首都非核心功能为契机，大力建设冀中南粮菜生产基地、冀东北农产品加工与物流基地、冀西北生态安全绿色屏障。

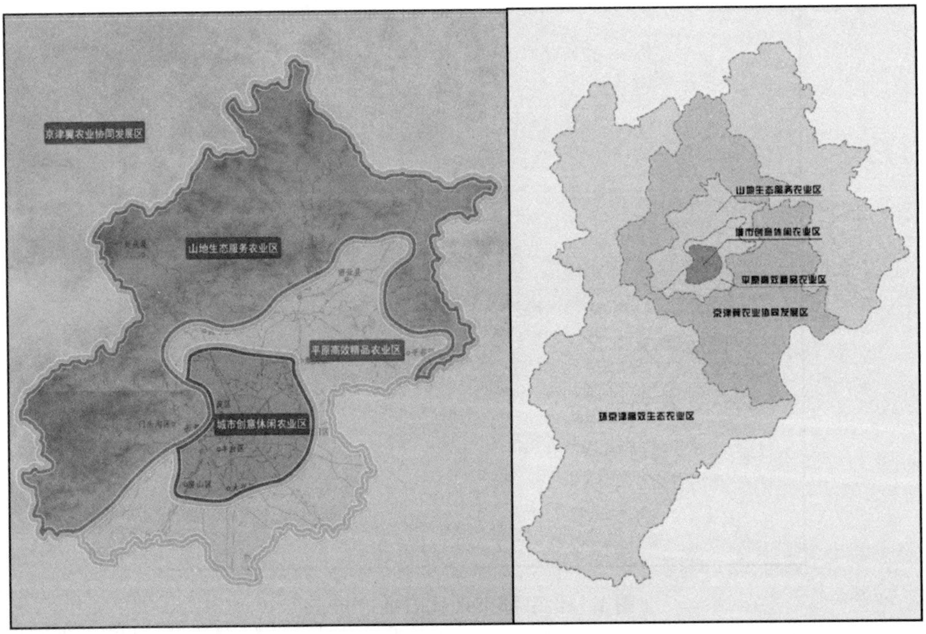

图2　北京都市现代农业五区布局

四、主要任务

加快农业供给侧结构性改革，强化以水定产、以市场需求定产、以环境承载力定产，深化农业结构调整，调粮保菜，控制农业发展增量；优化产业结构、产品结构和生产力布局，做精做优存量；加快推进农业京津冀务实合作，加快提升发展变量。

（一）建立健全都市现代农业产业体系

全面推进农业瘦身健体、提质增效、转型升级。以“菜篮子”产业、现代种业、休闲农业、农业高新技术产业等为核心，建立健全都市现代农业产业体系。实施新一轮“菜篮子”工程，加强京内外菜篮子基地建设，稳步推进环京津一小时鲜活农产品物流圈建设。积极推进现代种业发展，重点围绕农作物、畜禽、水产和林果花卉四大种业，构建以产业为主导、以企业为主体、产学研相结合、育繁推一体化的现代种业体系，加快建设“种业之都”。大力发展高新技术产业，重点发展生物农业、“互联网+农业”“文化创意+农业”、农业高端装备产业等新型产业，推进一二三产业深度融合。积极培育龙头企业与农产品品牌，扶持一批具有上市潜力的龙头企业走向资本市场，扩大市场影响力，培育一批高端、优质、安全的农产品品牌，提升品牌知名度；带动一批从事农村生产、加工、服务业的农户，促进农民增收。

（二）建立健全都市现代农业生态保护体系

立足环境承载能力和资源约束，加快转变农业生产方式。大力发展节水农业，重点推进工程节水、结构节水、农艺节水及管理节水，建立高效的农业综合节水体系。加快发展生态农业、循环农业，全面推进农业面源污染防治和农业废弃物资源综合利用，鼓励农牧结合，实现种养联动。推进沟域经济与景观农业建设，重点发展文化创意、旅游度假、休闲养生等高端产业，促进沟域经济集群发展、品牌发展、融合发展。深化京津冀农业生态建设合作，在生态农业园区创建、农业清洁生产、病虫害统防统治、秸秆禁烧、增殖放流、水生野生动物保护等方面展开广泛合作，逐步实现京津冀生态农业建设的一体化、长期化。

（三）建立健全都市现代农业生产经营体系

加快培育家庭农场、专业大户、农民合作社、农业产业化龙头企业等新型农业经营主体，构建符合首都实际和发展阶段的立体式、复合型现代农业经营体系。推动土地经营权规范、有序流转，发展多种形式的适度规模经营。加强农民合作社规范化建设，构建农户、合作社、企业之间互利共赢的合作模式，让农民更多分享产业链增值收益。培育壮大农业龙头企业，鼓励社会资本投资适合企业化经营的现代种养业，并与农户建立紧密型利益联结机制。建立健全现代农产品营销体系，加快实现农产品交易方式的多元化和现代化，降低农产品流通环节成本，全力促进农产品优质优价。

（四）建立健全都市现代农业服务体系

围绕都市现代农业主导产业，进一步发展形成市、区、乡镇、村纵向到底，产前、产中、产后服务横向到边的便捷高效服务网络。完善农业技术推广服务体系，形成市、区、乡镇、村四级农技推广全覆盖服务网络。完善农机服务体系建设，围绕农业结构调整，加快推进全程、全面机械化进程，大力推进农机农艺融合、农机化信息化融合。完善农业信息化服务体系，提升都市现代农业智能化水平和城乡信息服务均等化水平。建立农村金融服务体系，通过政策性金融、合作性金融、商业性金融相结合，建立现代农村金融制度。

（五）建立健全现代农业安全保障体系

加强农产品质量安全监管体系建设，强化农产品质量安全检验检测和对农产品生产主体的监管，提升农业生产主体质量安全源头控制能力，大力推进农业标准化生产，实施农产品质量追溯制度，深化“三品”认证，提升农产品质量安全水平。完善动植物疫病防控体系，提升动植物疫病预防控制、检疫、疫情应急处置、外来物种入侵防范等方面的能力，提高执业兽医、动物诊疗、兽药饲料行业等社会化服务的水平。拓展农业保险的深度和广度，建立覆盖农村生产、生活、生态各领域的农业保险体系。

（六）建立健全都市现代农业科技支撑体系

瞄准北京“科技创新中心”的定位，深化北京国家现代农业科技城建设，抢占农业科技制高点。加强现代农业产业技术体系北京市创新团队建设，将科技资源优势转化成产业发展优势。加快推进现代农业重大关键技术研究与成果转化，加大农业生物技术、信息技术和环境友好技术等高新技术领域的研发力度，带动现代种业、食品安全与物联网等产业发展。发挥首都科技资源优势，加强京津冀三地农业关键技术联合研发与应用，开展协同创新，全面提升三地农业科技研发与支撑水平。加强农业国际交流合作，引进消化吸收优良种质、先进技术、现代装备和发展理念，丰富首都农业科技资源。

五、重点工程

（一）新一轮“菜篮子”建设工程

1. 实施新一轮菜篮子工程。新发展菜田10万亩左右，使本地蔬菜种植占地面积达到70万亩；按照规模化发展、园区化建设、标准化生产的要求，加快发展高标准设施农业与北部山区露地菜田，建设一批园艺化蔬菜标准示范园和集约化蔬菜育苗场；建设一批有机果园，改造提升低产低效果园；着力禁养区调减疏解和限养区改造提升，对现有规模化畜禽养殖场与屠宰场实施标准化改造提升，逐步取消散养，扩大规模化养殖比重至90%。实施老旧池塘标准化改造，发展渔业循环健康养殖，切实提高本市鲜活农产品日常供应能力、应急保障能力、市场竞争能力。

2. 建设环京津鲜活农产品基地。鼓励涉农企业在周边地区加快建设紧密型蔬菜生产基地，做好重点时期（夏淡季、冬淡季）首都市场蔬菜保障供应。每年在周边地区扶持4万亩（2万亩外埠、2万亩京张合作）蔬菜生产基地建设，到2020年，建设面积达到20万亩左右，年供京蔬菜达到3.6亿千克左右，供京蔬菜占比提高5个百分点以上。建立紧密型的“肉、蛋、奶”生产外埠基地和屠宰场。积极鼓励和引导本市养殖龙头企业与津冀开展有效对接互补，以顺鑫集团、二商集团、首农集团等龙头企业为主体，重点向河北省中南部平原区转移生猪、奶牛标准化规模养殖业态；以首农集团等龙头企业为主体，重点向河北省北部山区半山区转移肉禽标准化规模养殖业态。鼓励支持大型屠宰加工企业在津冀建设新厂、分厂或将产业由北京向津冀转移；进一步规范进京屠宰的活畜禽准入和退出机制，计划到2020年，每年建设畜牧业外埠基地10个，河北供应北京的肉蛋奶占比提高15%以上，津冀两地供京屠宰的活畜禽占比提高5%。鼓励北京水产企业在津冀地区发展冷水鱼养殖，建立优质鱼产品养殖基地，鼓励津冀大型水产养殖企业在京建立直营店、直销点和专柜，共同建设水产品农超对接基地，实现水产品供应提供3个百分点以上。

（二）生态农业建设工程

大力开展农业面源污染治理，推动生态循环农业发展，不断提高农业减源增汇水平。到2020年，畜禽养殖粪污基本实现资源化利用，科学平衡施肥全面覆盖，绿色植保防控技术覆盖范围显著提升，农作物秸秆全部综合利用，逐步推进京津冀三地农业生态一体化发展。

1. 加强耕地建设与保护。落实最严格耕地保护制度，加快划定永久基本农田，确保“两田一园”落地到户、上图入库、信息共享。落实最严格耕地保护政策，加大力度改造中低产田，完善耕地保护补偿机制。实施耕地质量保护与提升行动，开展退化耕地综合治理、污染耕地阻控修复、土壤肥力保护提升、耕地质量监测等建设。研究和推行种养结合、“三生结合”型的绿肥种植技术模式，重视绿色培肥、生态培肥。加强耕地质量的动态精准监测，实现对全市耕地质量退化障碍问题的空间定位预警，构建预警体系和制度。

2. 防治农业面源污染。在化肥减量方面，继续开展测土配方施肥，推广水肥一体化技术和精准施肥技术，增施有机肥，加快高效缓释肥、水溶性肥料、生物肥料、土壤调理剂等新型肥料的应用，全市耕地化肥用量（折纯量）减少到28千克/亩以下，化肥利用率达到40%。在化学农药减施方面，逐步淘汰剧毒高毒农药，大力推进生物防治、促进专业化统防统治与绿色防控融合，全市主要农作物病虫害专业化统防统治覆盖率达到40%、绿色防控覆盖率达到60%，化学农药利用率达到45%，生态涵养发展区全部施用环境友好型农药；全面推广使用厚度在0.01毫米以上地膜，示范推广全生物可降解地膜，开展农田废弃农膜和农业包装物的回收处理，减少农膜残留对环境的污染，农膜回收率达95%以上，农田景观持续改善。在清洁空气方面，继续实施农作物秸秆全面禁烧，通过肥料化、基料化推进农作物秸秆全部综合利用。

3. 发展循环农业。大力推广多种作物轮作、套作、间作，有序实现耕地休养生息；发展以林下种植、林下养殖、采集加工等为主要内容的林下经济。积极推广生态环保型养殖模式，实施规模化养殖场粪污治理环保专项工程，实现粪污治理全覆盖。以沼气和食用菌为纽带，建立循环生态系统，鼓励农牧结合，实现种养联动。实施水生生物增殖与养护，发展鱼菜共生等生态循环养殖模式，全市增殖放流和生物养护的水域实现全覆盖，每年投放各种鱼类2 000万尾，实现“鱼肥水净景更美”。

4. 发展休闲观光农业。以优美农田、沟域经济、水岸经济、农业公园、城市农业建设为抓手，大幅度提升观光休闲农业产业发展水平，建设一批集聚连片的休闲农业示范区，打造一批基础设施完善、景观优美、文化主题突出的休闲观光农业园，辐射带动150万亩农田景观建设，基本形成三季有景、四季覆盖。发展校园农业、屋顶农业、社区农业、阳台农业等城市农业业态。开展有特色、有创意的农事节庆活动，丰富乡村文化艺术生活；创新农耕体验活动，充分展示地方文化和民俗风情，带动农业文化消费。拓展京津冀市民的休闲观光半径，以北京为中心，沿沟域向外辐射，形成房山十渡—野山坡、怀柔白桦谷—丰宁、密云雾灵香谷—兴隆、平谷黄松峪—河北兴隆县—天津蓟县等沟域景观。继续办好北京农业嘉年华，利用2016年世界月季洲际大会、2019年世界园艺博览会、2020年世界休闲大会等机遇，带动周边休闲农业和民俗旅游发展。

5. 推动京津冀生态协同发展。在秸秆综合利用、畜禽粪污综合利用、有机肥生产、病虫害统防统治等领域开展技术交流与合作，针对京津冀范围内的面源污染防控，联合推广一批节肥、节药新技术，做好协同防控、协同治理；开展生态农业领域联合执法，实现信息互通，联防联治；建立京津冀重要水域水生生物资源保护和增殖放流协调机制，重点在潮河、白河、拒马河流域和官厅水库与河北共同进行水生生物增殖与养护（包括濒危物种）。

6. 开展农业文化遗产保护。开展北京农业文化遗产资源普查和本市重要农业文化遗产认定工作。研究编制《北京市农业文化遗产保护规划纲要（2016—2020）》。积极申报中国和全球重要农业文化遗产，积极争取全球重要农业文化遗产展示平台落户北京。加大宣传推介力度，提升社会关注度、认可度和参与度，促进北京农耕文明的传承。

（三）种业之都建设工程

紧紧围绕中国现代种业创新中心与世界种业服务中心两个基本定位，加快种业体制改革，强化种业创新能力建设，构建商业化育种体系，不断优化种业管理服务，推动北京国家现代种业示范区建设。

1. 提升种业产业能力。支持科研院所和高等院校开展种业基础性公益性研究，构建以企业为主体的商业化育种体系，不断提升种业研发创新能力和市场竞争能力。育成一批主要粮食作物和重要经济作物新品种，培育年推广面积超过千万亩的主要农作物新品种2~3个，百万亩品种数10个以上，万亩以上蔬菜新品种百个以上；培育2~3个畜禽新品种（配套系），建设5座具有国内先进水平的畜禽良种产业科技示范园，改造提升有基础的规模种畜禽场；开展鲟鳇鱼、金鱼优良新品种保种与选育，培育优势水产种苗品系2~3个，改造提升渔业种苗繁育基地，开展优势特色鱼种产业化推广；支持乡土节水林木树种筛选研究，提升苹果、梨、桃等10大果品树种选育中心，开展花卉优势品种研发示范与引进推广。

2. 打造种业服务创新平台。支持种业企业和科研单位建立公共育种研发平台，建立先进育种技术支撑的现代化育种技术体系；加快种业物联网与信息化平台建设，创新“互联网+种业交易”商业模式，探索品种权新型交易方式与途径，完善通州林木种苗交易市场；建设畜禽种质检验测试中心，开展种猪、奶牛、种禽、精液和胚胎等遗传物质的测定实验工作；建设宫廷金鱼、鲟鱼种质鉴定中心、建立种质资源库和种质标准体系，加强设施设备购置，提升水产良种选育和苗种质量。

3. 开展种质资源保护管理。开展种质资源普查、搜集和保护，建立农作物种子资源和畜禽种质资源共享平台，改造升级农作物和畜禽种质资源基因库；建立重点保护树种的林木种质资源保育基地，开展鲜切花、开花植物等五大类展示花卉种子资源的筛选、储备和生产示范；推进北京油鸡、北京鸭、北京黑猪、“北方王字虎头”为代表的宫廷金鱼等地方特色品种保护和开发利用，挖掘地方品种的历史文化价值。

4. 优化种业发展综合环境。制定扶持种业龙头企业发展融资等相关政策，建立企业信用星级评价制度；健全“1+4”种子管理体系，完善品种试验展示基地；提升种子质量监督检测技术水平，加强种子执法装备，提升种业执法能力；开展种畜禽疫病净化，加强执法监督力度，提升畜禽良种产业发展环境；完善企业诚信评价制度，提高行业标准和准入门槛，创造合理有序的市场竞争环境。

5. 统筹优化种业区域布局。建立跨省主要农作物新品种审定和展示机制，进一步完善非主要农作物登记互认制度；开展联合攻关，示范一批适宜京津冀的主要粮菜作物品种，2017年示范面积达到100万亩，2020年达到500万亩。建立京津冀农作物种子质量监管体系，构建京津冀林果花卉种业创新服务联合体，引进、选育和培育一批都市生态型林果花卉新品种；开展京津冀畜禽种业、水产种业外埠基地建设，建立京津冀一体化种业协同发展机制。

（四）农产品优质优价推进工程

以发展多种形式农业适度规模经营为核心，加快推进农业供给侧结构性改革，推动一二三产融合发展，培育首都农产品品牌，延长农业产业链条，增加农业附加值，积极推进农产品优质优价。

1. 推动农业适度规模经营。推进以家庭农场、专业大户、农民合作社、农业产业化龙头企业等为主的适度规模经营，开展适度规模经营试点。完善财税、信贷保险、用地用电、项目支持等政策，撬动规模化经营主体增加生产性投入。支持多种类型的新型农业服务主体开展代耕代种、联耕联种、土地托管等专业化规模化服务。充分发挥多种形式适度规模经营在农业机械和科技成果应用、绿色发展、市场开拓等方面的引领功能。完善工商资本租赁农地准入、监管和风险防范机制。

2. 继续推进农业产业化。推动“龙头企业+专业合作组织+农户”的产业化发展模式，鼓励龙头企业与本市基地和农户建立稳定的利益统一体。加强对农业产业化龙头企业的引导和扶持，以打造一批领军人才、扶持一批上市龙头企业、发展一批示范基地、培育一批优质品牌、带动一批农户增收为目标，重点打造一批年销售收入超过100亿元的领军龙头企业，提高龙头企业整体带动水平；扶持一批具有上市潜力的龙头企业走向资本市场，扩大市场影响力；发展一批农业产业化示范基地，增强集聚效应。引导和鼓励农业产业化龙头企业加强“一带一路”沿线国家农业领域的合作，既“走出去”又“引进来”，构建本市都市现代农业海外发展空间。

3. 提升首都农产品品牌。按照“都市引导、区域特色、错位竞争、功能拓展”的思路，大力发展唯一性特色农产品，打造培育一批高端、优质、安全的农产品品牌，提升品牌知名度。推进北京自主品牌建设，申报和推介驰名商标、名牌产品、著名商标、原产地标记、农产品地理标志等，有针对性地培育农产品驰（著）名商标和老字号企业，积极协调北京名牌产品进入中国驰名商标和北京市著名商标评审目录，支持龙头企业申请国际注册商标。

4. 推进农产品现代流通业稳步发展。大力发展农产品储藏业、运输业、销售业，利用商业流通资源和“互联网+”服务于农产品市场开拓，发展农产品超市经营、连锁配送等现代流通业。支持龙头企业、农民专业合作组织等直接为城区超市、社区菜市场、便利店和农产品电子商务企业配送农产品，缩短产后环节。支持开展展会、展销等各类对接活动，强化产销信息对接服务，扶持建立京郊农产品展示体验点。扶持农产品电子商务发展，实现专业大户、家庭农场、农民合作社、农业产业化龙头企业等新型农业生产经营主体产品资源与电商、渠道商等新型互联网企业销售订单的实时对接，降低流通成本，实现农产品优质优价。

（五）现代安全农业建设工程

确保农产品质量安全与动植物防疫安全，重点提升农业生产主体的质量安全保障能力，打造一流的北京安全农业品牌，持续提升我市生物安全水平及防范外疫的能力，加强京津冀三地在农产品质量安全监管、动植物疫情防控等方面的互联互通与合作。

1. 加强农产品质量安全。全面提升农产品质量安全保障能力。一是实施“长矛工程”，强化监管体系和执法体系的建设；二是实施“盾牌工程”，大力推进标准化生产、“三品一标”认证、检测体系建设、质量安全检测与检打联动工作；三是实施“清洁工程”，强化农业投入品与产地环境管理；四是实施“品牌工程”，加强大型产业化龙头企业的质量安全控制，树立本市安全品牌；五是实施“信用工程”，完善监管信息系统，统筹利用监管信息，强化生产主体信用体系建设；六是实施“长臂管控工程”，加强本市生产主体外埠生产基地进京农产品质量安全的管理，督促其严格实行农业投入品安全使用、农产品生产记录、包装标识等制度，全面推进农产品质量安全追溯管理。推进京津冀农产品质量安全监管协作，确保本市农产品质量安全。

2. 强化动植物疫病防控。贯彻落实国家和本市中长期动物疫病防治规划，建立健全早期预警、预防控制、检测检疫、应急处置和长效机制，开展兽医公共卫生宣传教育行动，重大动物疫病、人畜共患传染病、种畜禽重点疫病等防治工作达到国家考核标准，构筑首都动物防疫安全屏障；建立覆盖城乡的病死动物无害化收集处理体系，构建科学完备、运转高效、可持续运行的病死动物无害化处理机制。全面推动完成各区重大动植物疫情应急机构和队伍建设，强化联防联动，切实做好应急预案、应急物资储备、做好隐患排查与预警分析研判，对重大动植物疫情应急防控和积极应对。建立健全动物防疫体系，提高动物疫病预防控制和检验检测水平；加快农作物病虫害远程视频会诊和农药管理，加强农药检验检测体系建设，加大植物疫情监测点运行管理。确保本市不发生区域性重大动植物疫情。

3. 推进京津冀农业安全合作。努力推进统一标准化体系和检测结果互认，共享各类检测资源。完善区域农产品质量安全监管体系，加强对外埠进京农产品的检测，加强三地检测技术交流。创新风险预警和监测合作机制，建立农产品质量安全预警预报合作机制与安全风险预警会商制度。建立农产品质量安全信息共享平台，实现三地农产品质量安全检测信息的共享与交流。切实做好区域间重大动植物疫病联防联控，逐步实现京津冀动物防疫一体化，积极构建植物疫情及重大农业有害生物联防联控的工作机制，保障北京乃至区域内不发生重大动物疫情和重大动物产品质量安全事件。三地水产养殖场与水生野生动植物经营利用、自然水域水生生物资源保护信息实现共享，推动渔业协同发展。

（六）“互联网+”农业建设工程

围绕农业生产、经营、管理、服务等环节，应用大数据、云平台、物联网、移动终端等互联网技术工具，使互联网成为服务农业全产业链的重要手段。

1. 推进智慧农业建设。以互联网为纽带，以物联网技术做依托，以大田、设施蔬菜标准园、农业生态园、规模化养殖场、农机智能装备等农业重点产业为应用对象，实现农业生产方式的精细化、精准化，用“数字”指导生产，转变农业生产方式，强化农业科技和装备支撑。提高物联网和互联网技术对农业生产、畜禽养殖、水产养殖、农业机械化的服务支撑，重点打造感知和控制体系建设。实现智能节水、生产环境精准调控、远程控制、质量安全全程监管、疫病防控等。做好农业产业相关数据的采集、研究，建设北京农业数据中心。

2. 积极引导和支持农产品电子商务。鼓励互联网企业建立基于移动互联的新型营销平台，推进农产品生产流通销售方式变革，开展一村一品一电商创建工作，实现农业生产与新型互联网企业销售的提前对接，缩短农副产品生产到流通领域的经济价值链。

3. 加强农产品市场监测预警。从农产品“生产—产地—批发—零售”等全链条布局，开展农产品产销综合信息的采集，实现农产品市场信息采集格式、内容、名称、数量、单位的统一标准；构建符合北京市场的农产品价格预测和预警系统；构建全市权威的农产品市场监测预警信息发布平台，通过互联网使相对分散的农业小生产对接国内、国际大流通、大市场。

4. 强化农业信息服务。借助互联网、云、大数据等先进的信息技术，实现各类数据跨行业、跨专业、跨业务的采集、汇聚、加工、分析和数据可视化，通过互联网及时推送给用户端，更好引导现代农业生产经营活动。构建全市农业信息资源共建共享模式，建设全市联动的12316信息服务体系。强化信息进村入户服务，实现城乡信息服务同质化。鼓励休闲农业合作社、龙头企业、经营大户与电商平台合作，提升在线展示、网上交易、信息发布、咨询投诉等服务能力。

5. 京津冀“互联网+”协同发展。建设京津冀农业信息协同平台，提供统一标准的软件工具、统一口径的市场信息、统一队伍的科技资讯服务、统一编码的质量安全追溯，为京津冀大区域的农业生产结构调整、农产品市场监测预警等工作提供数据支撑，促进三地农业信息化协同发展。

（七）高效农业节水工程

按照“地下水管起来，雨洪水蓄起来，再生水用起来”的原则，降低农业用新水量，提高农业用水效率。

1. 实施工程设施节水。按照先建机制后建工程，缺什么补什么的原则，新建、改建节水灌溉基础设施，大力推广微灌、喷灌等节水技术，推进农业用水计量管理，到2020年，实现250万亩农业生产空间节水灌溉设施全覆盖。

2. 推进结构调整节水。通过调减高耗水农作物及种植方式的转变，实现结构节水。粮经产业着重发展旱作农业，水生蔬菜基本退出。在地下水严重超采区和重要水源保护区内，除已建成的规模化的万亩示范区、高标准高产示范区，规划内的基本菜田外，原则上不划定基本粮田，不再发展新的菜田，并逐步有序退出生产性小麦等高耗水粮食作物种植，发展旱作农业。在粮食退出区域重点推荐“生态作物+雨养旱作作物”“景观作物+雨养旱作作物”“多年生越冬生态作物”等节水模式种植。大力推广观赏鱼等节水养殖新品种。

3. 推广农艺技术节水。大力推广实施节水品种、镇压保墒、保护性耕作、雨养旱作、化学抗旱、测墒灌溉、抗旱播种、水肥一体化等一系列农艺节水技术措施，实现北京150万亩农田农艺节水技术全覆盖。实施畜禽养殖场高效集雨工程，对养殖场屋面、路面和养殖场圈舍雨水收集再利用，做到雨污分离；通过设施设备改造升级，做到工艺节水；水产养殖全面推广基于节水的工厂化改造、循环温室改造、标准化池塘改造。加大农作物灌溉制度、精量智能控制技术，以及水资源循环利用技术的研发推广力度。

4. 强化管理措施节水。强化灌溉用水标准管理，针对不同作物、不同耕作方式，制定节水的精细化标准，即按照设施蔬菜年用水量不超过500立方米/亩，大田作物不超过200立方米/亩，果树不超过100立方米/亩，将用水量化到地块；着重加强田间地头用水管理，完善用水机制；加强宣传与技术培训，培养和提高农民的节水观念。大力普及和推广经济实用、操作简便、效益明显的节水农业技术，不断提高节水农业的发展水平。

（八）都市现代农业服务支撑工程

以促进农业调结构、转方式和发展高效节水农业为核心，围绕都市现代农业体系建设与创新驱动的战略要求，进一步强化农业科技创新与技术支撑，提高适合都市农业发展要求的农机装备与服务水平，建立健全公益性服务与经营性服务相结合、专项服务和综合性服务相协调、一二三产高度融合和京津冀协同的新型农业社会化服务体系，为高精尖都市农业产业发展提供有力保障。

1. 构建“高精尖”都市农业技术体系。实施自主创新和原始创新，以北京市创新团队建设、农业科技城建设为载体，整合在京科技资源、人才资源、信息资源、成果资源、资本资源，创建农业科技研发中心。瞄准新的农业产业形态，着力构建与“高精尖”都市现代农业产业相适应的科技支撑服务体系。开展蔬菜、畜牧、水产安全、高效生产技术研发与推广，开展农业面源污染和畜禽养殖污染防治技术推广，加大渔业循环养殖等技术的引进和推广，加大裸露农田治理和农作物秸秆综合利用技术研究与应用。支持企业建立育繁推一体化商业育种机制，推进优质、高效、多抗、节水、广适的品种培育，开展分子标记、DH单倍体分子等育种技术的创新，推动全国种业创新服务中心建设。

2. 构建京津冀农业协同创新链。健全京津冀协作联合攻关机制，形成跨区域、跨学科、跨专业的科研联合攻关，努力在农业共性关键技术研发、农产品安全生产、资源集约利用、生态农业技术创新等方面取得突破性成果。加大首都农业高新技术向津冀的推广辐射力度，加快农业科技成果转化，建立农业科技成果转化和交易信息服务平台，实现创新链与产业链无缝对接。依托重大科研项目、重点学科和重点科研基地，加强京津冀农业科技人才队伍建设，大力培养和引进农业科技领军人才和创新团队。

3. 开展新型农民培育。按照“科教兴农、人才强农、职业农民固农”战略要求，创新体制机制，加快建立“三位一体、三类协同、三级贯通”的职业农民培育制度。依托一主多元的农民教育培训体系，开展职业农民认定，通过培训示范引领带动，培育一大批以农业为职业、具有一定专业技能的职业农民，为都市现代农业持续健康发展提供坚实的人力基础和保障。

4. 提升农机装备支撑服务能力。着力提升节水农业、生态农业、籽种农业、“菜篮子”生产农机装备水平。加快推进全程、全面机械化，实现主要农作物生产全程机械化，设施农业、畜牧业、渔业、农产品初加工机械化全面发展。培育扶持规范化农机合作组织，推进京津冀区域农机社会化服务；大力推进农机农艺融合、农机化信息化融合，促进京津冀区域农机鉴定、技术推广服务一体化发展。

5. 建立多元服务体系。稳定农业技术推广、动植物疫病防控、农产品质量安全等公益性服务组织，加快职能转型升级，健全公益性经费保障，创新服务机制，提高服务手段，着力改善基层服务人才结构；加快构建质量安全、价格合理、服务规范、监管有力的生产资料经营服务体系；围绕社会化服务的重点领域，大力发展动植物咨询问诊、农机具作业及维修保养、种苗繁育、生物防治、农产品推介、包装和品牌设计、仓储物流、农业废弃物无害化处理和循环利用等一批专业化服务公司，鼓励企业和服务组织通过直营、加盟、资本联合等方式，加快推广合作式、承包式、订单式、代理式、保姆托管式、政府购买服务等服务模式。

（九）都市现代农业示范工程

构建“区级现代农业示范区、乡镇级现代农业示范区（示范乡镇）、村级现代农业示范基地（特色产业村）、家庭农场和专业大户”四大“横向体系”，以“十个示范区、百个示范乡镇、十五大示范生产基地、十一大示范园区”建设为抓手，全面推进国家现代农业示范区建设。

1. 区级现代农业示范区建设。在已经建成顺义、房山两个国家现代农业示范区的基础上，继续完成其余8个远郊区的现代农业示范区建设。到2020年，形成10个现代农业示范区。按照农业部考核评价办法，建立“目标考核、动态管理、能进能退”的管理机制和考核评价体系，做大政策支持平台，加强政策扶持；做通融资服务平台，强化金融服务；做强科技支撑平台，提升科技含量；做优品牌营销平台，促进产销对接；做深改革创新平台，增强发展活力。

2. 现代农业示范乡镇建设。围绕都市现代农业建设的重点领域，深入开展现代农业示范乡镇创建工作，进行全面的、综合的产业发展和体制机制创新，大胆试验、率先突破，为整个示范区的发展探索道路、提供经验。通过“规划先行、目标考核，区级组织、市级支持，动态管理、能进能出”的办法加强示范乡镇创建管理。通过组织现场观摩、座谈交流，搭建北京镇域农业的横向联结平台，调动乡镇主动性、创造性，实现差异化、特色化、可持续发展。到2020年，使全市的示范乡镇达到100个，成为有北京特色、地域特点，突出高端高效、绿色安全，能够引领示范、辐射带动的都市现代农业示范乡镇。

3. 特色产业村建设。结合全国“一村一品”培育和北京特色产业村建设工作，发掘优势资源，实行整村推进、整体开发，培育壮大主导产业。通过专业村的辐射带动，促进优势产业集聚。发挥产业的聚集效应，带动相关配套产业发展，延长产业链条。支持专业村镇申请无公害农产品、绿色食品和有机食品认证，鼓励具有地域特色和文化传统的产品申报驰名商标、农产品地理标志。积极组织专业村镇参加各种农产品展销展示活动，为“一村一品”特色产品搭建销售平台，鼓励和引导专业村镇与龙头企业、农民专业合作社等进行有效对接，提高产品商品化率。

4. 示范生产基地与示范园区建设。重点打造北京都市现代农业万亩示范基地、大兴设施蔬菜示范生产基地、延庆北菜园示范生产基地、房山窦店食用菌示范生产基地、顺义鲜花港示范生产基地、平谷大华山大桃示范生产基地、平谷峪口蛋鸡养殖基地、北京三元绿荷奶牛养殖基地、京东观赏鱼养殖基地、朝阳区金盏乡村休闲旅游基地、密云古北水镇乡村休闲旅游基地、通州漷县镇节水示范基地、燕山板栗示范生产基地、大兴生物医药（动物疫苗）生产基地、北京农产品中央物流基地等十五个生产基地。建设通州国际种业园区、房山“中国北京农业生态谷”、延庆世界葡萄博览园、昌平国家农业科技园区、丰台种业科技展示园区、顺义金马农产品加工园区、大兴庞各庄高科技农业示范园区、密云酒乡之路农业园区、怀柔冷水鱼种业园、延庆德青源健康养殖生态园、大兴旧宫首农·第六产业园等十一大示范园区。

（十）农业法制保障工程

以权力运行规范化、行业管理制度化、服务监督系统化、行政执法品牌化、农法文化大众化、执法手段科技化为基本原则，开展农业标规体系、农业执法体系、农法监督体系、农法文化体系建设，为首都调结构、转方式、发展节水农业提供法治保障。

1. 完善农业法律法规与标准体系。开展《北京市耕地质量保护条例》《北京市农业机械监督管理办法》（修订）和《北京市实施〈中华人民共和国渔业法〉办法》（修订）等立法调研与起草，完善农业地方法规规章体系。梳理公开农业系统“权力清单、责任清单、负面清单”等三个清单，做到职权法定、权责一致、公开透明。开展农业系统行政裁量权基准制度建设，规范行政处罚自由裁量标准，确保规范执法。推进行政审批制度改革，转变政府职能，深化简政放权，提升便民服务水平。以农产品质量安全相关内容为重点，开展农业地方标准和农业企业标准的制修订工作，构建与完善具有本市特点的农业标准体系。

2. 强化农业依法行政。深化行政执法体制改革。积极推进种植、畜牧兽医、渔业、农机等行业综合执法，理顺执法体制。推进依法履职能力建设。完善市区两级农业行政主管部门、农业行政主管部门与执法机构、市区两级执法机构间的职能配置，理顺职责关系。完善行政执法级别管辖制度和属地管理责任。进一步整合基层执法力量，推动执法力量重心下移，积极有效开展农业执法，提高基层执法效能。健全行政执法协调机制。加大与天津、河北农业执法部门之间的协调与联系，建立互联互通的农业执法综合服务平台，针对影响区域协同发展的重点问题开展联合执法。加大与公安、工商、质监等部门的协调与配合，统筹部署重大农业执法活动，实现执法工作高效合作。

3. 加强农业执法监督。落实行政执法责任制，确保监督履职到位。深入开展“绿剑行动”，创新执法监督方式，推行“三线三类”诚信责任制度和“风险分级、量化监督、档案管理”的监管模式。完善农业执法程序，加大执法保障力度，改进执法手段与装备水平，提升人员素质水平，推进农业执法的规范化建设。加强农业执法奖惩机制建设，强化农业执法的内部监督和社会监督，提高农业依法行政水平。

4. 加大农业法制宣传。广泛开展以人为本、执法为民和公平正义的宣传，深化农业执法理念。深入开展农业执法示范窗口建设，推进农业执法标识标志广泛应用，提升农业执法形象；加大农业执法力度，扩大“绿剑行动”农业执法品牌效应。强化队伍培训，加大法治宣传，深化信息公开，创造良好的农业执法内外部环境，形成农业执法良好氛围。

六、保障措施

（一）完善组织保障

各区政府要结合本区实际制定相应的都市现代农业发展“十三五”规划，明晰发展目标，明确重点任务，强化绩效考核和工作督查。各部门要加强协调沟通与协作，从用地规划、基础设施建设、项目资金支持、技术指导服务、督查指导等多方面密切配合，扎实推进规划各项主要任务与重点工程高质量完成。

（二）强化政策支持

切实加大对首都现代农业的投入，优化财政资金支出结构，转变投入方式，完善都市现代农业相关扶持政策。积极探索建立基本农田补偿政策，实行基本菜田最低保有量制度和种植补贴制度，重点加大对菜篮子外埠基地建设、节水农业、生态农业、农业提质增效、农产品质量安全、新型经营主体培育、社会化服务等的支持力度，制定和完善相应的节水政策、产业政策、就业政策、金融政策等。发挥财政资金的杠杆作用，建立健全农业生态补偿机制。

（三）推进机制创新

加快转变农业发展方式，创新农业组织经营模式，建立健全社会资本投入引导机制，发展多种形式适度规模经营。加快形成有利于农业创新发展的市场环境、产权制度、投融资体制、分配制度、人才培养引进使用机制。深化农业行政审批制度改革，持续推进简政放权、放管结合、优化服务，打破部门壁垒，集中资源，聚焦政策，形成合力，提高政府效能，激发市场活力和社会创造力。

（四）深化区域合作

按照“统筹推进、联防联控、互认结果、生态优先”的基本思路，加强顶层设计，建立京津冀协同发展工作机制，进一步扩大和深化三地合作与联动，努力实现优势互补、良性互动、共赢发展。扶持黑龙江首农双河农场的发展，支持新疆和田、西藏拉萨、湖北十堰等地区农业发展，为促进区域平衡协调发展做出积极贡献。

七、环境影响评价

本规划在编制过程中，重点突出了转变农业发展方式、强化农业生态功能、服务和谐宜居之都建设的指导思想，将全面提升农业生态建设水平作为都市现代农业发展的重要目标。本规划充分体现了与《北京城市总体规划（2004—2020年）》《北京市国民经济和社会发展第十三个五年规划纲要》《京津冀协同发展规划纲要》等上位规划在空间布局和生态环境保护目标的协调性。尽管本规划主要涉及的农业产业发展及工程建设项目总体的环境效益突出，但也存在农业化学品投入及农业废弃物造成的环境风险。因此，规划中特别强调了减缓环境影响的具体任务和措施。

（一）农业水土资源保护

北京耕地资源数量奇缺并逐年下降，水资源更加匮乏。北京市土地利用总体规划、北京水资源规划、城乡统筹规划等上位规划，分别提出了北京耕地保有量、农业用水总量等具体目标，本规划在产业布局和建设内容中严格遵循相关规划指标。为切实提高北京市水土资源利用效率，本规划设定了150万亩农田上图入库、农业用新水减少到5亿立方米左右、农业灌溉水利用系数提高到0.75、农田有效灌溉面积达到95%以上、水资源利用率提高15%以上等具体目标。提出了提升耕地质量、加强农田水利基础设施建设，以及实施工程设施节水、结构调整节水、农艺技术节水、管理措施节水等具体任务和工程。

（二）农业面源污染防控

化肥、农药、农膜等化学投入品的不合理使用会造成环境污染，引起食品安全问题，合理妥善的解决这一问题是农业生态环境保护的重点任务。北京市农业集约化水平较高，农田单位面积化肥、农药施用量较高；尽管近年来环境监测结果没有发现大面积污染现象，但对环境的潜在威胁客观存在。本规划提出在“十三五”期间加快发展生态农业、循环农业，全面推进农业面源污染防治和农业废弃物资源综合利用的主要任务，在化肥减量、化学农药减施、秸秆全面禁烧等方面提出了具体的措施，到2020年实现化肥、化学农药施用量实现负增长，农用化肥和化学农药利用率分别提高到40%和45%，农膜回收率达95%以上，农作物秸秆全部综合利用。

（三）养殖废弃物环境污染控制

畜禽及水产养殖废弃物造成的环境污染是北京市农业发展面临的突出问题，随着近年来养殖业空间布局不断调整和治理力度持续加大，养殖废弃物对环境影响逐年减少，但依然是北京市农业环境保护工作的重点。本规划明确提出了通过规模化养殖场粪污治理和健康养殖，使全市规模畜禽养殖场畜禽粪便治理与资源化利用率达100%，规模化养殖场全部达标排放或零排放的努力目标。另外，规划将发展循环农业和农村可再生能源作为重点，有效提高养殖业废弃物资源化利用效率和效益。

（四）农业温室气体减排

农业温室气体排放也是全球气候变化的重要影响因素之一，提高农业碳汇能力及减少农田生产、畜禽养殖的温室气体排放是北京市“十三五”都市农业发展的重要目标。规划将发展循环农业与低碳农业作为重点工程进行实施，将大力示范应用减量化、再循环、再利用低碳农业技术，促进农业的可持续发展。

（此规划由北京市农村工作委员会等三部门以“京政农发〔2016〕31号”文件印发，http://www.bjnw.gov.cn/zfxxgk/fgwj/zcxwj/201612/t20161208_379050.html）

北京市农村工作委员会关于加快转变农业发展方式深入推进农村产业融合发展的实施意见

郊区各区人民政府：

为贯彻落实中央农村工作会议精神和《国务院办公厅关于加快转变农业发展方式的意见》（国办发〔2015〕59号）、《国务院办公厅关于推进农村一二三产业融合发展的指导意见》（国办发〔2015〕93号）、《国务院办公厅关于进一步促进农产品加工业发展的意见》（国办发〔2016〕93号）以及《京津冀协同发展规划纲要》文件精神，经市政府同意，提出如下实施意见。

一、总体要求

（一）指导思想。牢固树立并切实贯彻创新、协调、绿色、开放、共享发展理念，以完善利益联结机制为核心，以深化改革、深度创新、深层融合为主要动力，以龙头企业、合作社、现代农业服务组织、新型职业农民为主体，以推进一产与二三产业深度融合发展为主要途径，加快转变农业生产方式、经营方式、服务方式、资源利用方式和管理方式，深入推进农业供给侧结构性改革，厚植发展优势、增强发展动力，促进农业增效、农民增收和农村增绿，打造与首都城市战略定位相一致、与二三产业发展相融合、与京津冀协同发展相衔接的都市型现代农业，为建设国际一流和谐宜居之都提供有力支撑和坚实保障。

（二）工作目标。到2020年，北京农业转变发展方式取得显著成效，高端、高效、高辐射特征更加明显，农产品质量安全保障能力显著提升，生态、生活、生产、示范多种功能广泛拓展，产业链条完整、业态丰富、利益联结紧密的新格局基本形成，农业的核心竞争能力、城乡服务能力、生态涵养能力大幅提升，成为全国都市现代农业示范区、农业产业融合先行区、高效节水农业样板区、京津冀农业协同发展引领区。

二、精心培育各类经营主体，完善利益联结机制

（三）发挥龙头企业引领带动作用。引导农业产业化龙头企业重点发展农产品加工流通、电子商务和农业社会化服务。鼓励支持农业企业积极运用互联网思维、技术加快改造升级，推进由纯生产型向以服务为核心的综合型企业转型发展。鼓励龙头企业为农户提供技术培训、贷款担保、农业保险资助等服务，大力发展一村一品、村企互动的产销对接模式；鼓励龙头企业创办或领办各类专业合作组织，实现与农民专业合作社深度融合。完善

龙头企业认定监测制度，实行动态管理，逐步建立社会责任报告制度。不断完善农业企业、合作社、农户的利益联结机制，发展土地入股、订单生产、规范雇用等多种形式的合作，实现多方主体共享发展。

（四）推进农民专业合作社向质量效益型转变。以国家级和市级示范社为重点，进一步加强合作社规范化建设，实行全员注册，强化成员账户管理。支持市级以上示范社优先承担政府投资的各类涉农项目建设。支持示范社强化农产品质量安全自控体系建设，开展标准化生产、产后初加工、农技推广、营销平台等项目建设。鼓励和支持合作社以参股等方式与企业开展紧密合作，形成紧密型利益共同体。鼓励和支持示范社通过吸收新社员、兼并小型合作社以及相互联合等方式，丰富农产品种类，扩大生产规模。支持合作社建设农产品加工仓储冷链物流设施，进一步延伸产业链，提高农产品附加值，培育一批全国领先的规模适度、规范化程度高、产销能力强的示范社和联合社。培育农业职业经理人队伍，探索“土地股份合作社+农业职业经理人+现代农业服务体系”的农业经营模式。鼓励发展股份合作，引导农户自愿以土地经营权等入股合作社，采取“保底分红+按股分红”等方式，让农户分享加工销售环节收益。

（五）培育新型职业农民。实施青年职业农民带头人培育行动，加快培育一批青年农场主、专业大户，支持大中专毕业生、退役军人、“农二代”“新农人”等青年骨干人才返乡创业，领办合作社、创办家庭农场（林场）、农业园区等经营组织。鼓励企业家、科技人员创办农业园区。创新职业农民培训模式，实施以需求为导向的精准培训。加快形成生产经营、专业技能、社会服务“三类协同”，初、中、高“三级贯通”，培育、认证、扶持“三位一体”，市级示范、区级负责的职业农民培育工作格局。

三、纵向延伸农业产业链条，提升农产品附加价值

（六）发展低碳循环农业。加强农业资源保护和高效利用。继续推进高标准农田建设。探索实行耕地轮作休耕制度试点。落实最严格的水资源管理制度。全面推进农业水价综合改革，加快建立合理水价形成机制和节水激励机制。推进重点水源保护区、地下水严重超采区、地下水防护性能较差区等重点区域农业产业结构调整，逐步有序退出高耗水农作物种植。推进生态清洁小流域建设。到2020年农田灌溉水利用系数提高到0.75以上。大力推进耕地质量保护与提升，加大农业面源污染防治力度，继续开展测土配方施肥，推广水肥一体化技术。大力推进全程绿色防控技术体系建设，推广生物防治、物理防治和精准施药技术，到2020年全市病虫害统防统治水平达到40%，绿色防控覆盖率达到60%。推进农业废弃物资源化利用。开展农田废弃农膜和农业包装物的回收处理试点工作。切实抓好农作物秸秆禁烧，促进农作物秸秆全部综合利用。在畜禽养殖区内加快推进规模化养殖场

粪污治理和资源化利用，2020年年底前基本实现全市规模化养殖场粪污资源化利用、水产养殖用水循环利用。建设一批生态农业标准园区。加快推进设施农业、园艺业（果树、花卉、种苗和蜂产业）、畜牧业、渔业生产用能无煤化，大力推广使用清洁能源。研发农产品碳排放评估工具，制定农产品低碳评价认证程序性标准文件。

（七）提升农产品精深加工业。支持农业企业实施农产品加工设备改造提升和技术创新，促进农产品初加工、精深加工及综合利用加工协调发展，提高农产品加工转化率和附加值。培育一批北京市农产品精深加工的领军企业和国内外知名品牌。强化环保、能耗、质量、安全等标准作用，促进农产品加工企业健康发展。引导农产品加工业向园区集聚发展，形成一批优势产业集群。

（八）建设农业现代物流业。加快农产品冷链物流体系建设，促进供给侧到需求侧的高效对接。加强物流基础设施建设。推广产后预冷、预选分级、初级加工、储存保鲜、冷链配送等实用技术，增强农业经营主体临时收储和错峰销售能力。充分挖掘交通、农业、邮政、供销行业资源，合理布局和建设一批农产品区域集配中心；鼓励邮政、快递企业参与鲜活农产品物流配送。以区域为单位整合物流配送资源，引导种养大户、家庭农场、农民合作社、农业企业加强合作，建立物流配送利益共同体，促进农业资源有效利用和效率提升。鼓励本市农业生产企业、农民专业合作社、种养大户、家庭农场利用农机补贴政策购置预选分级、保鲜储藏设施；支持农产品冷链物流企业购置新能源车辆开展城市配送服务。引导地产农产品短链直销。鼓励和支持有条件的京郊农产品生产基地，通过建立连锁化、规范化的社区直营店、社区车载车售等形式，向城市社区直供直销，引导市民与生产基地直接对接。加强地产农产品产销组织化建设，提高农业订单化生产水平，引导发展多种模式的产销联合体。

四、横向拓展农业多种功能，促进产业转型升级

（九）升级休闲农业。鼓励各地根据资源禀赋和市场需求，创新农旅结合、农科结合、农文结合等发展模式，紧密结合中小学生教育示范基地、北京市科普教育基地、A级景区等建设标准，因地制宜发展各类特色业态。打造集农耕文化、田园美景、特色饮食、娱乐休闲、健康养老、民间工艺等为一体的现代农业综合体。加强规划指导和市场开发，培育专业特色小镇，做好传统村落的保护工作。启动100个旅游休闲村镇创建工作。继续推进3 000公里乡村旅游休闲步道建设和民俗村户旅游经营者万人培训工作。开展农田创意景观建设，实施规模农田镶边、农田缓冲带种植、闲置地景观化改造、坡地景观栽培、沟路林渠景观提升等生态景观农业工程。建设景观农业示范区，继续开展农田观光季活动、市民采摘节、花海游等活动，引导市民广泛参与。加强农业文化遗产保护和开发。依托农业

节庆发展会展农业，打造北京会展农业品牌。积极发展城市农业，促进创意农业走进市民家庭，拓展农业发展空间，提高市民生活品质。

（十）发展沟域经济。立足沟域自然景观、人文遗迹和传统文化等资源要素，统筹推进沟域产业发展和生态保护，延长沟域产业链条，优化沟域经济产业布局，推进沟域内经济、生态、文化融合发展，提升发展品质。培育沟域内现代农业生产、休闲旅游、文化创意、生态友好型加工、沟域大数据等业态，丰富沟域经济内涵。支持沟域内发展民俗旅游等农民合作联社。在有条件的地区，推进相邻沟域间的整体规划、协同发展，打造一批服务市民、富裕农民的生态服务型沟域经济带。探索京津冀跨区域沟域经济带建设。

五、全面发展社会化服务体系，提高农业保障能力

（十一）丰富农业生产性服务。加快培育种苗、农资、农机、生产管理、检验检测等生产性服务主体。鼓励开展代耕代种代收、大田（果园）托管、统防统治、烘干储藏、科技服务等市场化和专业化服务。培育新型流通业态，大力发展农业电子商务，引导各类农业经营主体与电商企业对接。支持供销合作社利用综合服务优势，广泛开展农业社会化服务。鼓励扶持涉农院校、产业联盟、行业协会和其它各类社会化、市场化服务组织积极参与公益性政府购买服务项目。

（十二）推进农业信息化服务。整合农业部门信息资源，推进涉农信息服务共享，加强数据挖掘、关联分析、知识发现等大数据技术在农业中的应用。推动“互联网+”与农业生产、经营、服务、管理各环节深入融合，提升农业生产智能化、精细化、规范化水平，引领生产导向向消费导向的转变。建立一批“互联网+”现代农业示范工程。引导农业企业建设基于互联网技术的行业垂直平台。加快构建鲜活农产品电子商务分级、包装、配送等标准制定和推广体系。促进新型农业经营主体、加工流通企业与电商企业全面对接融合，推动线上线下互动发展。鼓励农业企业、农民专业合作社上网营销，扩大网上交易规模。推动电子商务企业、农民合作社与社区便利店、直销店资源整合利用，探索设立自提点、提货柜共建、共享、共管机制，推进“基地+社区”的鲜活农产品直配模式。鼓励“一村一品一电商”发展。提升新型职业农民信息化专业技能，为新型职业农民提供在线教育培训、移动互联服务和政策配套等服务。

（十三）创新农村金融服务。综合运用奖励、补助、税收优惠等政策，鼓励金融机构与新型农业经营主体建立紧密合作关系，推广产业链金融模式，支持政策性农业担保、农业投资、农村信用发展，加大对农村产业融合发展的信贷支持。稳妥推进符合条件的涉农企业发行集合票据，对发行费用给予补贴。支持农业产业化龙头企业互助基金进一步扩大

规模，拓宽企业融资途径。鼓励大兴区、平谷区稳妥有序开展农村承包土地的经营权抵押贷款试点。坚持社员制、封闭性、民主管理原则，发展新型农村合作金融，稳妥开展农民合作社内部资金互助试点。强化农村金融消费者风险教育，保护农民合法权益。逐步建立土地流转、订单农业等风险保障金制度，探索与农业保险、担保相结合，提高风险防范能力。积极探索农业保险保单质押贷款和农户信用保证保险。不断创新具有区域特色的涉农保险产品，提高农户参保积极性，发挥政策性农业保险对农村产业融合发展的保障作用。依托京郊旅游融资担保体系，引导银行资金支持民俗户进行改造提升。

六、着重完善保障机制，推进产业融合发展

（十四）落实地方责任、加强部门协作。各郊区政府要认真学习深入贯彻党中央、国务院和市委、市政府关于“三农”工作的一系列重要指示精神和决策部署，坚持农村战略地位不放松，坚持农业基础地位不动摇，坚持农民主体地位不替代，加强对农业工作的领导，大力发展都市型现代农业。要提高对农业转方式、促融合重要性的认识，加强组织领导和统筹协调，落实工作责任，健全工作机制，切实把各项任务措施落到实处。要按照本意见要求，结合各区“十三五”规划实施和农业“调转节”工作，制定具体的实施方案。坚持并创新“部门联动、政策集成、资金聚焦、资源整合”的工作机制，加快推进农业转方式、促融合工作。市农委牵头，市园林绿化局、市水务局、市农业局、市农经办等农口部门紧密配合，切实加强对转变农业发展方式的组织领导，推动各项政策落地，密切跟踪工作进展，及时总结和推广经验；积极协调市发展改革委、市规划国土委、市财政局、市金融局等部门对农业重大政策、重大工程和重大项目的扶持，落实金融支持政策；配合市教委、市科委、市经济信息化委、市商务委、市旅游委、市环保局、市质监局等部门研究出台相关配套政策，为全市加快转变农业发展方式促进农业融合发展创造有利政策条件。

（十五）加大财政支持力度。积极统筹整合财政涉农资金，不断加大对农村产业融合发展的投入。创新财政投入方式，逐步减少无偿补助，更多地采取贷款贴息、保险保费补贴、担保费补贴、投资基金管理、预提风险准备金等市场化运作模式，发挥财政资金对社会资本的撬动作用。进一步完善农业领域专项转移支付整合资金的分配及考核制度，引导各区统筹市区两级资金实施一批“转方式、促融合”试点示范工程。

（十六）强化人才和科技支撑。推进农业科技体制改革，重点开展农业科技成果使用权、处置权、收益管理和股权激励改革试点，鼓励和支持科技人员到生产一线创新创业，提升北京农业创新发展水平。完善农业科技服务体系建设，建立村级全科农技员培训长效机制，提升全科农技员的综合素质和服务能力。加强农村实用人才建设。鼓励和支持农业

科研院所、高等学校与新型农业生产经营主体对接，实施推广型教授、推广型研究员制度，促进产业融合发展。加快推进具有自主知识产权的农业新品种、新技术、新成果的转化应用。

（此意见为北京市农村工作委员会“京政农发〔2016〕32号”文件，http://www.bjnw.gov.cn/zfxxgk/fgwj/zcxwj/201701/t20170111_380187.html）

农业部等八部门联合印发京津冀现代农业协同发展规划（2016—2020年）

推进京津冀现代农业协同发展，有利于形成特色鲜明、优势互补、市场一体、城乡协同的区域发展新格局，对确保京津冀协同发展战略顺利实现意义重大。经商京津冀协同发展领导小组办公室同意，农业部、发展改革委、工业和信息化部、财政部、交通运输部、商务部、人民银行、银监会八部门近日联合印发《京津冀现代农业协同发展规划（2016—2020年）》。

一、总体思路

（一）指导思想。深入贯彻落实党的十八大和十八届三中、四中、五中全会精神，坚持“四个全面”战略布局，牢固树立创新、协调、绿色、开放、共享的发展理念，立足京津冀资源禀赋、产业特色、环境关联、经济差异的现实，以促进京津冀传统农业向现代农业转型升级为目标，以统筹生产保供给、互动协作保安全、联防联控保生态、提质增效促增收为主攻方向，以推进产业、市场、科技、生态、体制机制、城乡协同发展为重点，着力深化改革创新、破除体制机制障碍，着力推动生产要素合理流动与资源高效利用，着力疏解农业产业非首都功能，着力探索一二三产融合发展新方向、协同发展新模式、“四化同步”新路径，提升京津冀现代农业发展的总体水平，使之成为引领全国现代农业发展的示范区，努力形成目标同向、措施一体、优势互补、利益相连的现代农业协同发展新格局，建立以工促农、以城带乡、工农互惠、城乡一体的新型工农城乡关系，为区域一体化发展提供基础支撑。

（二）发展目标。到2020年，京津冀现代农业协同发展在产业融合水平、协同创新能力、基础设施建设、农业资源利用效率、协同发展效益五方面取得明显进展。基本实现产业发展互补互促、科技平台共建共享、生态环境联防联控、资源要素对接对流，在经济社会发展中的基础地位更加巩固。其中，京津农业率先基本实现现代化，率先实现“三农”协调发展，率先实现“四化”同步发展；河北农业建设取得重大进展，部分地区、部分行业跨入农业现代化行列，生态屏障功能进一步增强。

二、重点任务

发挥比较优势，推进产业协同。按照稳粮保菜、扩特强果、优牧精渔、加工提质、休闲增收的思路，优化粮食、蔬菜、林果和畜禽产业布局，推进农业标准化、规模化、产业化、绿色化发展。积极发展休闲农业和乡村旅游，推进农业与旅游、教育、养老等产业深度融合。构建服务大都市、互补互促、一二三产业融合发展的现代农业产业结构。

完善流通体系，推进市场协同。构建集散结合、冷链物流、产销对接、信息畅通、追溯管理的现代农产品市场流通网络。大力实施农业物联网区域试验工程，建设部省纵横联通的农产品市场信息服务平台，加快构建环京津1小时鲜活农产品物流圈。发展农业直营直销和电子商务，引导各类农业生产经营主体与电商企业对接，推进电商企业服务“三农”进程。

创新资源配置，推进科技协同。构建开放、畅通、共享的科技资源平台，建立工作、项目、投资对接机制，推动综合服务平台互联互通。建设区域农业科技创新联盟（中心），支持鼓励区域内农业科技人才合理流动，探索完善科研成果权益分配激励机制，完善农业科技成果转化和交易信息服务平台，推进三地农业技术市场一体化建设，促进成果共享共用。

加强资源保育，推进生态建设协同。严格水资源管理红线，实施农业用水量和效率指标控制，在地下水超采区逐步减少超采水量。突出抓好农业重点领域面源污染防治，开展种养结合循环农业试点示范，建设高产高效生态农业示范区和海洋牧场示范区。建立健全生态补偿长效机制，建设国家生态循环农业综合试点县，构建区域生态屏障。

深化农村改革，推进体制机制协同。支持区域内用5年左右时间基本完成农村土地承包经营权确权登记颁证，并与不动产统一登记工作做好衔接。积极推动农户承包土地经营权等农村产权交易流转综合服务与管理平台互联互通，推进农村集体产权股份合作制改革试点。研究辐射京津冀三地的农村信贷担保体系。开展农村土地征收、集体经营性建设用地入市、宅基地制度改革试点。

建设美丽乡村，推进城乡协同。同步推进三地城乡基础设施建设，加大公共财政向农村基础设施的倾斜力度，加快打造美丽宜居的新家园。统筹发展农村基层综合公共服务平台，推进教育、文化、卫生、警务等公共服务设施的共建共享和综合利用。在适宜乡村建设生产体验、民俗展示、文化创意、旅游接待等综合设施，传承农耕文化。

三、发展布局

立足京津冀资源禀赋、环境承载能力和农业发展基础，按照核心带动、梯次推进、融合发展的思路，将京津冀三地农业发展划分为“两区”，即都市现代农业区和高产高效生态农业区。

都市现代农业区是京津冀现代农业发展的核心区，包括京津和河北省环京津的27个县市。该区域以发展都市现代农业为主攻方向，突出服务、生态、优质、科技、增收、传承六大功能，着力推进五项重点任务：即以“调粮增菜、扩果控畜”为重点，优化农业产业结构，强化京津“菜篮子”产品供给保障能力；大力发展生态循环农业，着力打造环京津生态保育圈；积极发展主食加工业和农产品物流业，建设布局合理、快速便捷的加工物流网络；以种业、信息化为重点，打造农业科技创新高地；稳步发展休闲农业、传承农耕文明，满足居民健康生活需求。着力打造服务城市、宜居生态、优质高效、科技创新、富裕农民、传承农耕文明的农业，实现农业田园景观化、产业园区化、功能多元化、发展绿色化、环境生态化，发挥率先突破、引领带动作用。

高产高效生态农业区是京津冀现代农业发展的战略腹地，包括河北省146个县（市、区）。该区域以承接都市现代农业区产业转移、强化支撑保障、促进转型发展为主攻方向，突出优质高效、加工物流、生态涵养三大功能，着力推进五项重点任务：即以山前平原区为主建设粮食等重要农产品生产基地，提高京津冀都市群“米袋子”“菜篮子”产品供给能力；以黑龙港地下水超采区为主发展高效节水型农业；以冀北坝上和接坝地区为主建设高原特色农牧业；以太行山、燕山为主建设山区生态农业，为建设京津冀都市群生态安全绿色屏障提供有力支撑；以环渤海地区为主打造沿海水产经济带，保护近海水域渔业资源和生态环境。着力打造服务都市的产品供给大基地、农业科技创新成果转化大平台、农产品加工物流业转移承接大园区、生态修复和环境改善大屏障。

四、保障措施

为确保各项目标任务落实，“十三五”期间，规划实施“菜篮子”生产和安全保障、农业生态环境建设、科技创新能力条件建设、中央厨房示范、信息化助农建设、休闲农业提档升级、农产品流通体系建设七大重点工程，加强区域农产品物流便利化、科技协同创新、农产品质量安全联合监管、重大动植物疫病联防联控、融资担保等五方面协同机制探索。

（此规划由农业部等八部门以“农计发〔2016〕57号”文件印发，http：//www.moa.gov.cn/sjzz/jhs/dongtai/201604/t20160421_ 5103249.htm）